# 《左傳》空間地域與行政區劃析論

黃聖松 著

臺灣學生書局印行

# 《左傳》空間地域與行政區劃析論

# 目　次

# 圖目次

# 表目次

# 第一章　緒　論

　　本書所謂「空間地域」名詞如「郊」、「野」、「疆」等，大抵具特定區域與範圍。如《說文解字·邑部》（以下簡稱《說文》）「郊，距國百里為郊」；知距國都百里之內之空間地域為郊。又《說文·里部》：「野，郊外也」；是郊之外稱野。又《說文·田部》：「畕，界也，从畕、三其介畫也。疆，畕或从土、彊聲」；[1]是疆乃謂一國之邊境。至於「行政區劃」乃援用今日定義，指在領土境內分劃之次級區域或政權單位，如「郊」內設「鄉」而「野」上置「遂」，「鄉」與「遂」即本書所謂「行政區劃」單位。

　　「空間地域」與「行政區劃」於《左傳》出現頻繁，除上揭諸詞，最廣為學者討論的部分應當是「國」、「野」、「都」、「鄙」。諸如近人徐中舒（1898-1991）〈試論周代田制及其社會性質——并批判胡適井田觀點和方法的錯誤〉、[2]林甘泉

---

[1]　漢·許慎著，清·段玉裁注：《說文解字注》（臺北：黎明文化事業公司，1994年，據經韵樓藏版影印），頁286、701、704。

[2]　徐中舒：〈試論周代田制及其社會性質——并批判胡適井田觀點和方法的錯誤〉，原載《四川大學學報（哲學社會科學版）》1955年第2期（1955年5月），頁51-90；收入氏著：《徐中舒歷史論文選輯》（北京：中華書局，1998年），頁829-895。

（1931-2017）〈中國封建土地所有制的形成〉與〈從《左傳》
看中國古代城邦的政治體制〉、[3]徐復觀（1904-1982）〈西周政
治社會的結構性格問題〉、[4]韓連琪（1909-1990）〈西周的土地
所有制和剝削形態〉、[5]杜正勝《周代城邦》與〈關於周代國家
形態的蠡測——「封建城邦」說芻議〉、[6]馬先醒〈中國古代城
郭形制考述〉、[7]胡新生〈西周春秋時期的國野制與部族國家形
態〉、[8]趙世超《周代國野關係研究》與〈論早期國家〉、[9]周蘇

[3]　林甘泉：〈中國封建土地所有制的形成〉，《歷史研究》1963 年第 1
　　期（1963 年 2 月），頁 95-116。林甘泉：〈從《左傳》看中國古代城
　　邦的政治體制〉，《中國社會科學院研究生學報》1998 年第 6 期
　　（1998 年 11 月），頁 20-29。

[4]　徐復觀：〈西周政治社會的結構性格問題〉，《周秦漢政治社會結構之
　　研究》（臺北：臺灣學生書局，1975 年），頁 1-50。徐復觀：《兩漢
　　思想史》（上海：華東師範大學出版社，2002 年），頁 23-24。

[5]　韓連琪：〈西周的土地所有制和剝削形態〉，原載於《中華文史論叢》
　　1979 年第 1 輯（1979 年 1 月），頁 81-102；收入氏著：《先秦兩漢史
　　論叢》（濟南：齊魯書社，1986 年），頁 52-77。

[6]　杜正勝：《周代城邦》（臺北：聯經出版事業公司，1979 年），頁 29-
　　31。杜正勝：〈關於周代國家形態的蠡測——「封建城邦」說芻議〉，
　　《中央研究院歷史語言研究所集刊》第 57 本第 3 分（1986 年 9 月），
　　頁 465-498。杜正勝：《古代社會與國家》（臺北：允晨文化實業公
　　司，1992 年），頁 475。

[7]　馬先醒：〈中國古代城郭形制考述〉，《簡牘學報》第 8 期（1979 年
　　11 月），頁 1-108。

[8]　胡新生：〈西周春秋時期的國野制與部族國家形態〉，《文史哲》1985
　　年第 3 期（1985 年 4 月），頁 57-65，收入文史哲編輯部編：《早期中
　　國的政治與文明》（北京：商務印書館，2011 年），頁 47-65。

[9]　趙世超：《周代國野關係研究》（成都：四川大學中國文學系博士論
　　文，1988 年）。趙世超：《周代國野關係研究》（臺北：文津出版

平〈周代國家形態探析〉、[10]唐嘉弘《先秦史新探》、[11]佐原康夫撰，趙叢蒼摘譯〈春秋戰國時代的城郭〉、[12]陳恩林《先秦軍事制度研究》與〈談中國古代國家形成的道路及特點〉、[13]楊寬（1914-2005）《中國古代都城制度史研究》、[14]許倬雲《西周史》、[15]吳榮曾〈周代的農村公社制度〉、[16]田昌五（1925-2001）與臧知非《周秦社會結構研究》、[17]李朝遠（1953-

---

社，1993 年），頁 52-56。趙世超：〈論早期國家〉，收入陝西歷史博物館編：《第二次西周史學術討論會論文集》（西安：陝西人民教育出版社，1993 年），頁 431-441。

[10] 周蘇平：〈周代國家形態探析〉，收入陝西歷史博物館編：《第二次西周史學術討論會論文集》，頁 731-744。

[11] 唐嘉弘：《先秦史新探》（開封：河南大學出版社，1988 年），頁122、149-150。

[12] 日本・佐原康夫撰，趙叢蒼摘譯：〈春秋戰國時代的城郭〉，《文博》1989 年第 6 期（1989 年 12 月），頁 42-49。

[13] 陳恩林：《先秦軍事制度研究》（長春：吉林文史出版社，1991年），頁 6-9。陳恩林：〈談中國古代國家形成的道路及特點〉，《河南大學學報（社會科學版）》2003 年第 4 期（2003 年 7 月），頁 15-18。

[14] 楊寬：《中國古代都城制度史研究》（上海：上海古籍出版社，1993年），頁 43。楊寬：《西周史》（臺北：臺灣商務印書館，1999年），頁 374-380。楊寬：《先秦史十講》（上海：復旦大學出版社，2006 年），頁 154-164。

[15] 許倬雲：《西周史（增訂本）》）（北京：三聯書店，1995 年），頁296。

[16] 吳榮曾：〈周代的農村公社制度〉，收入氏著：《先秦兩漢史研究》（北京：中華書局，1995 年），頁 48-49。

[17] 田昌五、臧知非：《周秦社會結構研究》（西安：西北大學出版社，1996 年），頁 47-52。

2009）《西周土地關係論》、[18]李自智〈東周列國都城的城郭形態〉與〈略論中國古代都城的城郭制〉、[19]劉學勇〈春秋聚居考〉、[20]田昌五、安作璋（1927-2019）與孟祥才主編《中國歷代經濟史（一）先秦兩漢卷》、[21]張榮明〈《周禮》國野、鄉遂組織模式探原〉、[22]孫曉春〈中國古代國家形成問題初論〉、[23]李玉潔主編《中國早期國家性質：中國古代王權和專制主義研究》、[24]黃啟標〈試論春秋戰國的商業對中國古代城市發展的影響〉、[25]張懷通〈先秦時期的基層組織——丘〉、[26]徐杰令〈試

---

[18]　李朝遠：《西周土地關係論》（上海：上海人民出版社，1997 年），頁 273。

[19]　李自智：〈東周列國都城的城郭形態〉，《考古與文物》1997 年第 3 期（1997 年 5 月），頁 69-75；與氏著：〈略論中國古代都城的城郭制〉，《考古與文物》1998 年第 2 期（1998 年 3 月），頁 60-66。

[20]　劉學勇：〈春秋聚居考〉，《管子學刊》1997 年第 3 期（1997 年 9 月），頁 90-93。

[21]　田昌五、安作璋、孟祥才：《中國歷代經濟史（一）先秦兩漢卷》（臺北：文津出版社，1998 年），頁 314-317。

[22]　張榮明：〈《周禮》國野、鄉遂組織模式探原〉，《史學月刊》1998 年第 3 期（1998 年 5 月），頁 2-8。

[23]　孫曉春：〈中國古代國家形成問題初論〉，收錄於吉林大學古籍整理研究所編：《吉林大學古籍整理研究所建所十五周年紀念文集》（長春：吉林大學出版社，1998 年），頁 225-242。

[24]　李玉潔：《中國早期國家性質：中國古代王權和專制主義研究》（開封：河南大學出版社，1999 年），頁 159、173。

[25]　黃啟標：〈試論春秋戰國的商業對中國古代城市發展的影響〉，《廣西教育學院學報》1999 年第 5 期（1999 年 10 月），頁 1-6。

[26]　張懷通：〈先秦時期的基層組織——丘〉，《天津師大學報（社會科學版）》2000 年第 1 期（2000 年 2 月），頁 35-39、49。

論先秦鄉官制度〉、[27]王玉哲（1913-2005）《中國遠古史》、[28]傅道彬〈春秋：城邦社會與城邦氣象〉、[29]顧德融與朱順龍《春秋史》、[30]何茲全（1911-2011）《中國古代社會》、[31]劉暉〈中國古都宮、城、郭、國的位置與朝向關係初探〉、[32]晁福林《先秦社會形態研究》與《夏商西周社會史》、[33]周長山〈漢代的城郭〉、[34]徐衛民〈秦都咸陽城郭之再研究〉、[35]王秀臣與陳彥輝〈春秋城邦社會特徵簡論〉、[36]袁廣闊與曾曉敏〈論鄭州商

---

[27] 徐杰令：〈試論先秦鄉官制度〉，《求是學刊》2000 年第 2 期（2000 年 3 月），頁 113-118。

[28] 王玉哲：《中國遠古史》（上海：上海人民出版社，2000 年），頁 630-631。

[29] 傅道彬：〈春秋：城邦社會與城邦氣象〉，《北方論叢》2001 年第 3 期（2001 年 5 月），頁 4-17。

[30] 顧德融、朱順龍：《春秋史》（上海：上海人民出版社，2001 年），頁 343-344。

[31] 何茲全：《中國古代社會》（北京：北京師範大學出版社，2001 年），頁 35-46。

[32] 劉暉：〈中國古都宮、城、郭、國的位置與朝向關係初探〉，《古建園林技術》2002 年第 3 期（2002 年 9 月），頁 19-22。

[33] 晁福林：《先秦社會形態研究》（北京：北京師範大學出版社，2003 年），頁 513-526。晁福林：《夏商西周社會史》（北京：北京師範大學出版社，2010 年），頁 264。晁福林：《夏商西周的社會變遷》（北京：中國人民大學出版社，2010 年），頁 300-301。

[34] 周長山：〈漢代的城郭〉，《考古與文物》2003 年第 2 期（2003 年 3 月），頁 45-55。

[35] 徐衛民：〈秦都咸陽城郭之再研究〉，《文博》2003 年第 6 期（2003 年 11 月），頁 70-74。

[36] 王秀臣、陳彥輝：〈春秋城邦社會特徵簡論〉，《哈爾濱工業大學學報（社會科學版）》2004 年第 1 期（2004 年 2 月），頁 78-82。

城內城和外郭城的關係〉、[37]李文治（1909-2000）與江太新《中國地主制度經濟論：封建土地關係發展與變化》、[38]姜義華主編《中國通史教程・第 1 卷・先秦兩漢時期》、[39]梁雲〈戰國都城形態的東西差別〉、[40]沈長雲《先秦史》、[41]李學勤（1933-2019）主編《春秋史與春秋文明》、[42]杜勇〈關於春秋時代晉縣的性質問題〉、[43]萬國鼎（1897-1963）《中國田制史》、張國碩、王瓊〈史前夏商城址城郭之制分析〉、[44]張國碩〈試析洹北商城之城郭佈局：兼談大城城垣的建造〉、[45]陳炫瑋《考古發現

---

[37] 袁廣闊、曾曉敏：〈論鄭州商城內城和外郭城的關係〉，《考古》2004年第 3 期（2004 年 3 月），頁 2、59-67。

[38] 李文治、江太新：《中國地主制度經濟論：封建土地關係發展與變化》（北京：中國社會科學出版社，2005 年），頁 34、41。

[39] 姜義華主編，劉澤華本卷主編：《中國通史教程・第 1 卷・先秦兩漢時期》（上海：復旦大學出版社，2005 年），頁 145。

[40] 梁雲：〈戰國都城形態的東西差別〉，《中國歷史地理論叢》第 21 卷第 4 輯（2006 年 10 月），頁 124-136。

[41] 沈長雲：《先秦史》（北京：人民出版社，2006 年），頁 163-164、267。

[42] 李學勤主編，孟世凱副主編，王美鳳、周蘇平、田旭東著：《春秋史與春秋文明》（上海：上海科學技術文獻出版社，2007 年），頁 104-105。

[43] 杜勇：〈關於春秋時代晉縣的性質問題〉，《天津師範大學學報（社會科學版）》2009 年第 1 期（2009 年 1 月），頁 41-45。

[44] 張國碩、王瓊：〈史前夏商城址城郭之制分析〉，《中原文物》2014年第 6 期（2014 年 12 月），頁 12-16、53。

[45] 張國碩：〈試析洹北商城之城郭佈局：兼談大城城垣的建造〉，《考古與文物》2015 年第 4 期（2015 年 8 月），頁 35-39。

與《左傳》文獻研究》等，[46]外文期刊也有數篇與本書論題相關，如曾我部靜雄〈周禮の鄉・遂と稍・縣・都について：卷頭言にかえて〉、[47]江村治樹〈春秋・戰國・秦漢時代の都市の規模と分布〉、[48]大西克也〈試論新蔡楚簡的「述（遂）」字〉、[49]原宗子〈『左伝』所述「爱田」考：環境史の立場から〉[50]等，相關論述篇章有數十篇之多，尚未列入已知，但囿於藏書而未能觸及之研究論著。足見學者對「國」、「野」、「都」、「鄙」等空間地域使用及解釋之頻繁，亦知其對中國先秦史與春秋史研究之重要。四則名詞於典籍記載最為詳盡、地域範圍亦最廣闊且影響最為深刻者，故最受學者關注。然其他空間地域名詞則未能深入探究，且分析諸詞間關聯。

　　本書為筆者 103 年度科技部計畫「《左傳》空間地域名詞之範圍及演變研究」（MOST 103-2410-H-366-007）成果，依筆者〈《左傳》「郭」、「郭」考〉、〈《左傳》「郊」考〉、〈《左傳》「州」芻議──兼論「作州兵」〉與〈《左傳》綴以

---

46　萬國鼎：《中國田制史》（北京：商務印書館，2011 年）。

47　日本・曾我部靜雄：〈周禮の鄉・遂と稍・縣・都について：卷頭言にかえて〉，《集刊東洋學》第 50 號（1983 年 10 月），頁 1-3。

48　日本・江村治樹：〈春秋・戰國・秦漢時代の都市の規模と分布〉，《名古屋大學文學部研究論集・史學》第 44 號（1998 年 3 月），頁 79-121。

49　日本・大西克也：〈試論新蔡楚簡的「述（遂）」字〉，《古文字研究》第 26 輯（2006 年 11 月），頁 270-274。

50　日本・原宗子：〈『左伝』所述「爱田」考：環境史の立場から〉，《史學》第 84 卷 1-4 號（2015 年 4 月），頁 287-305。

「隧」字地名與「鄉遂」制度蠡測〉四篇小文修訂而成，[51]四文原刊《臺大中文學報》、《文與哲》與《成大中文學報》三部國內 THCI 第一級期刊。

　　本書第二章「《左傳》『封』與『郭』、『郛』關係析論」依〈《左傳》「郭」、「郛」考〉為基礎，調整標題與修訂部分內容。依《左傳》記載，「郭」與「城」位置相臨，「郭」位於「城」之外圍以保護「城」。據考古探勘，春秋諸國都城有時「郭」牆完全包圍「城」牆，有時「郭」偏於「城」之一側，有部分「城」牆與「郭」牆相連。因「城」、「郭」相臨而互為依附，故《左傳》常合稱「城郭」；單稱「郭」時亦包括「城」，故有「城」、「郭」不分情況。「郛」在「國」、「野」間，是「國」、「野」界線。文獻亦載「國」、「野」分界為「封」，由是可知空間上「郛」、「封」位置重疊。文獻常將「封」、「疆」連用而實則有別，「郛」、「封」內為「國」、「郊」，「郛」、「封」外則稱「野」、「鄙」，「野」、「鄙」最外圍乃「疆」。「封」作動詞時有冊封土地義，亦有堆累土石義，為名詞則有界線、疆域義。「封」、「郛」皆「國」、「野」界線，「封」為挖掘溝塹並堆累土石為界，於此意義之「封」可視為「郛」之建築結構。易言之，「郛」之建築有部分即以「封」

---

51 黃聖松：〈《左傳》「郭」、「郛」考〉，《臺大中文學報》第 42 期（2013 年 10 月），頁 53-112。黃聖松：〈《左傳》「郊」考〉，《文與哲》第 25 期（2014 年 12 月），頁 131-182。黃聖松：〈《左傳》「州」芻議——兼論「作州兵」〉，《成大中文學報》第 55 期（2016 年 12 月），頁 1-50。黃聖松：〈《左傳》綴以「隧」字地名與「鄉遂」制度蠡測〉，《文與哲》第 31 期（2017 年 12 月），頁 53-100。

建構，輔以自然山川形勢減省建築「封」之工事，可為「郛」之天然憑障。「郛」於文獻記載早於「郭」，然自春秋伊始，許多城邑於「城」外再築「郭」以加強防禦。因「郭」是夯土城牆結構，較「郛」更具防禦功能。世人因較熟悉「郭」，故逐漸與「郛」混同，致使「郛」之意義逐漸模糊而被學者遺漏。

　　本書第三章「《左傳》『郊』析論」依〈《左傳》「郊」考〉為基礎，調整標題與修訂部分內容。本章以《左傳》、《國語》為文本，討論春秋「郊」及其相關制度，具體論述「郊」之範圍、「郊」設置行政單位「鄉」與「里」、鄭國「郊人」為管理「郊」之職官。此外，本章透過《左傳》、《國語》所載郳、楚、鄭、宋、衛等國單一方向「郊」上之邑或里，據此計算國都與「郊」上邑里距離，顯示「郊」之範圍較傳世典籍「百里為郊」更為遼遠。本章亦論述楚國之東北「郊」、鄭國之東「郊」、宋國之西北「郊」與衛國之西南「郊」直線距離，是該方位「野」直線長度之 2.4 倍、2.3 倍、4.06 倍及 6.63 倍，呈現「郊大野小」格局，與典籍說法不合。

　　本書第四章「《左傳》綴以『隧』字地名與『鄉遂』制度析論」依〈《左傳》綴以「隧」字地名與「鄉遂」制度蠡測〉為基礎，調整標題與修訂部分內容。《左傳》地名有廣義、狹義之分，廣義者指涉範圍廣闊，下轄諸多城邑及居民點，其中包括狹義定義之同名地名。《左傳》十處綴以「隧」字地名皆在一國「鄙」、「野」地區，本書認為《左傳》所載「某隧」地名即一國「鄉遂」之「遂」。國都必有道路通往「鄙」、「野」地區之「遂」，本書認為「鄉遂」之「遂」取義應與道路相關，即沿此道路及其延伸支道所經城邑及居民點，即屬該「遂」所轄。

　　本書第五章「《左傳》『州』析論──兼論『作州兵』」依〈《左傳》「州」芻議──兼論「作州兵」〉為基礎，調整標題與修訂部分內容。「州」作為地名，常見於先秦典籍，《左傳》、《國語》與「州」相關地名即近百筆。本章分析《左傳》作為地名之「州」，其層次概分為二：一為「九州」之「州」，另一是「○州」詞例之「州」。《左傳》「○州」詞例之「州」為特殊行政區劃單位，其有二項共同特質：一、經常是安置非本國人士之處所，二、位置常處邊鄙。以此二項特質檢視晉惠公「作州兵」內容，推測「作州兵」之「州」應是安置歸服晉國之戎、狄之特殊行政區劃單位，「作州兵」即允許歸服晉國之戎、狄──即「州人」──擔任戰鬥人員，以補充秦、晉韓原之戰後，晉國折損之人員與武器，此即僖公十五年《左傳》「作州兵」後「甲兵益多」之意。

　　中國古史向來真偽雜陳，古書記載亦不甚明確。民初疑古之風大起，其影響便是「疑古派」學術之興。近代考古資料大量出土，對先秦史研究影響甚巨。然出土資料亦有繁雜難解之弊，所載內容亦未必可佐證歷史。春秋、戰國之際遊說學大興，此時材料亦參雜不少傳說與想像，故有待吾人悉心辯證與取擇。反觀典章制度研究，雖亦面臨史料不足之情況，然若堅守「有一分證據說一分話」的立場，於可推證資料深入研究仍可得具體結論。至於未能全面了解部分則可懸而不決以待後人，相較而言仍是值得有發展之研究路徑。本書即嘗試剖析春秋時代空間與行政制度，希冀釐清《左傳》及諸多先秦文獻反覆出現之空間地域與行政區劃名詞，為中國先秦史、春秋史進行基礎研究工作，敬請讀者不吝指正。

# 第二章 《左傳》「封」與 「郭」、「郭」關係析論[*]

## 一、前言

《說文解字‧邑部》（以下簡稱《說文》）：「郭，齊之郭氏虛。善善不能進，惡惡不能退，是以亡國也。从邑、𩫏聲。」[1]清人段玉裁（1735-1815）《注》（以下簡稱段《注》）：

> 謂此篆乃齊郭氏虛之字也。郭，本國名；虛、墟，古今字。郭國既亡，謂之郭氏虛，如《左傳》言少昊之虛、昆吾之虛、大皞之虛、祝融之虛也。郭氏虛，在齊境內。……郭，今以為城𩫏字，又以為恢郭字。[2]

---

[*] 本章依拙文〈《左傳》「郭」、「郭」考〉為基礎，調整標題與修訂部分內容，拙文發表於《臺大中文學報》第 42 期（2013 年 10 月），頁 53-112。

[1] 漢‧許慎著，清‧段玉裁注：《說文解字注》（臺北：黎明文化事業公司，1994 年，據經韵樓藏版影印），頁 301。

[2] 漢‧許慎著，清‧段玉裁注：《說文解字注》，頁 301。

知《說文》釋「郭」為春秋郭國，其地為齊所併。《說文‧邑部》又有「郭」字，其義為「覃也，从邑、孚聲。」[3]文公十五年《公羊傳》：「郭者何？恢郭也。」漢人何休（129-182）《春秋公羊解詁》：「恢，大也，郭城外大郭。」[4]《左傳》「郭」、「郭」並見，然語言習慣二者又稍異。傳文見「城郭」並稱，如僖公二十一年《左傳》：「修城郭、貶食、省用、務穡、勸分，此其務也」；又成公九年《左傳》：「莒恃其陋，而不修城郭」；又襄公八年《左傳》：「焚我郊保，馮陵我城郭」；又襄公三十年《左傳》：「聚禾粟，繕城郭，恃此二者，而不撫其民」；[5]然未稱「城郭」。傳文有「郭門」一詞，如昭公二十年《左傳》：「寅閉郭門，踰而從公」（頁 854）；又定公十年《左傳》：「及郭門，止之」（頁 979）；又哀公十四年《左傳》：「卒於魯郭門之外，阮氏葬諸丘輿」（頁 1034）；然未見「郭門」。傳文有「入其郭」，如隱公五年《左傳》：「伐宋，入其郭，以報東門之役」（頁 62）；又文公十五年《春秋經》：「遂伐曹，入其郭」（頁 337）；同年《左傳》：「遂伐曹，入其郭」（頁 340）；又成公十四年《左傳》：「庚子，入其郭」（頁 465）；又襄公元年《左傳》：「晉韓厥、荀

---

3　漢‧許慎著，清‧段玉裁注：《說文解字注》，頁 286。

4　漢‧公羊壽傳，漢‧何休解詁，唐‧徐彥疏：《春秋公羊傳注疏》（臺北：藝文印書館，1993 年，據清嘉慶二十年〔1815〕江西南昌府學版影印），頁 181。

5　晉‧杜預集解，唐‧孔穎達正義：《春秋左傳注疏》（臺北：藝文印書館，1993 年，據清嘉慶二十年〔1815〕江西南昌府學版影印），頁 242、449、521、681。為簡省篇幅與利於讀者閱讀，以下徵引本書不再以註腳方式載明出處，逕於引文後以括號夾注頁碼。

僑帥諸侯之師伐鄭，入其郛，敗其徒兵於洧上」（頁 497）；又哀公十七年《左傳》：「晉復伐衛，入其郛，將入城」（頁 1046）；然未見「入其郭」。「郭」、「郛」於語言使用略異，然晉人杜預（222-285）《春秋左傳集解》（以下簡稱《集解》）於上揭隱公五年（718 B.C.）、文公十五年（612 B.C.）與成公十四年（577 B.C.）傳文皆云：「郛，郭也」（頁 62、337、465），似謂「郭」、「郛」義同，亦有部分學者作此主張。[6] 然若「郭」、「郛」無別，應擇用其一即可，何以《春秋經》、《左傳》二字並存？若以聲類求之，「郭」上古音為見母鐸部而「郛」為滂母幽部，[7] 二字聲韻懸遠，較少通假情況。《春秋經》、《左傳》既將「郭」、「郛」同存，或應有別異。此外，「郭」與先秦典籍常見之「封」於空間又有重疊處，值得吾人深究異同。

## 二、「郭」臨近「城」

「郭」、「郛」是否有別？單就第一節所引文獻可知，前賢將二字互訓，似視為一義。綜觀《左傳》與相關文獻，二字用法確有混同處，實則「郭」、「郛」當有別。本節釐清「郭」、「郛」意義，且說明二者之異。

---

6　如陳振中：《先秦手工業史》（福州：福建人民出版社，2009 年），頁 433。

7　郭錫良：《漢字古音手冊》（北京：北京大學出版社，1986 年），頁 27、108。

## （一）《左傳》「城郭」、「郭」皆指「城」

　　《孟子・公孫丑下》：「三里之城，七里之郭」；[8]又《戰國策・齊策六・田單將攻狄》：「臣以五里之城，七里之郭，破亡餘卒」；[9]知「城」、「郭」「存在著一種比例關係」，[10]不難見出二者關係。《左傳》四見「城郭」已於第一節徵引，須注意襄公八年《左傳》：「今楚來討曰：『女何故稱兵于蔡？』焚我郊保，馮陵我城郭。」《集解》：「郭外曰郊。保，守也。馮，迫也。」（頁 521）傳載鄭遣大夫王子伯駢往晉，向晉說明鄭何以與楚締盟；其因乃鄭稍早時伐楚之同盟蔡國，本年楚興兵來討。然盟主晉國於鄭遭楚攻時未予援助，鄭不得已方「乃及楚平。」清人王引之（1766-1834）《經義述聞》：[11]

　　　　家大人曰：郊保與城郭，相對為文。保謂小城也，保與城同類，故言焚。成十三年《傳》曰：「伐我保城」是也。[12]襄九年《傳》：「令隧正納郊保，奔火所」；[13]亦謂納

---

8　漢・趙岐注，宋・孫奭疏：《孟子注疏》（臺北：藝文印書館，1993年，據清嘉慶二十年〔1815〕江西南昌府學版影印），頁 72。

9　漢・劉向：《戰國策》（臺北：里仁書局，1990 年，據清嘉慶八年〔1803〕黃丕烈《士禮居叢書》本點校排印），頁 467。

10　劉敍杰：《中國古代建築史・第 1 卷・原始社會、夏、商、周、秦、漢建築》（北京：中國建築工業出版社，2009 年），頁 226。

11　清・王引之：《經義述聞》（臺北：廣文書局，1979 年），卷 18，頁 23。

12　原句見成公十三年《左傳》：「迭我殽地，奸絕我好，伐我保城，殄滅我費滑。」（頁 461）

國外及縣邑小城之民，使奔救火也。〈檀弓〉：「遇負杖入保者息。」鄭《注》曰：「保，縣邑小城。」[14]〈月令〉：「四鄙入保。」[15]〈晉語〉：「抑為保障乎？」[16]鄭、韋《注》竝曰：「小城曰保。」《莊子・盜跖篇》曰：「大國守城，小國入保。」[17]

知「郊保」謂「郊」上小城堡，庇護居於「郊」之百姓。傳文謂楚軍伐鄭，先「焚我郊保」再「馮陵我城郭」。《集解》已謂「郭外曰郊」，楚軍征伐先經鄭之「郊」，再進逼鄭都新鄭「城郭」。知此「城郭」連用意義無別，皆指新鄭。河南省博物館新鄭工作站、新鄭縣文化館〈河南新鄭鄭韓故城的鑽探和試掘〉繪

---

[13] 原句見襄公九年《左傳》：「使華臣具正徒，令隸正納郊保，奔火所。」（頁 523）

[14] 原句見《禮記・檀弓下》：「戰于郎，公叔禺人遇負杖入保者息。」見漢・鄭玄注，唐・孔穎達正義：《禮記注疏》（臺北：藝文印書館，1993 年，據清嘉慶二十年〔1815〕江西南昌府學版影印），頁 189。

[15] 原句見《禮記・月令》：「孟夏行秋令，則苦雨數來，五穀不滋，四鄙入保。」鄭玄《注》：「小城曰保。」見漢・鄭玄注，唐・孔穎達正義：《禮記注疏》，頁 308。

[16] 原句見《國語・晉語九》：「趙簡子使尹鐸為晉陽。請曰：『以為繭絲乎？抑為保鄣乎？』」韋昭《注》：「小城曰保。」見三國吳・韋昭：《國語韋昭註》（臺北：藝文印書館，1974 年，據嘉慶庚申〔1800〕讀未見書齋重雕天聖明道本影印），頁 91。

[17] 原句見《莊子・盜跖》：「所過之邑，大國守城，小國入保，萬民苦之。」見周・莊周著，清・郭慶藩集釋：《莊子集釋》（臺北：貫雅文化事業公司，1991 年），頁 990。

製「新鄭鄭韓故城平面圖」，[18]今摘引該圖為「圖一」，敬請讀者參看：

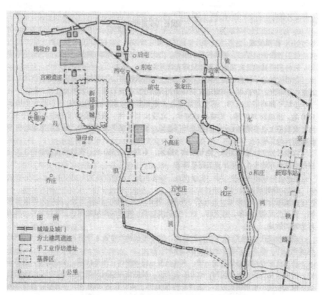

圖一、新鄭鄭韓故城平面圖

中國社會科學院考古研究所《中國考古學·兩周卷》謂鄭韓故城「中部有一道南北向的隔牆，把故城分為西城和東城兩大部分」；又云：「宮殿區在鄭韓故城西城內的中北部一帶，分布有比較密集的夯土建築基址。」[19]近人楊寬（1914-2005）《中國

---

18 河南省博物館新鄭工作站、新鄭縣文化館：〈河南新鄭鄭韓故城的鑽探和試掘〉，收入文物編輯委員會編：《文物資料叢刊》第 3 輯（北京：文物出版社，1980 年），頁 60-61。

19 張長壽、殷瑋璋主編，中國社會科學院考古研究所編：《中國考古學·兩周卷》（北京：中國社會科學出版社，2004 年），頁 235。

古代都城制度史研究》依此謂鄭韓故城「分成西『城』和東『郭』兩部分」；[20]知上揭傳文「馮陵我城郭」之「城郭」指「西城東郭」兩部分之新鄭。又襄公十八年《左傳》：

> 楚師伐鄭，次於魚陵。右師城上棘，遂涉潁。次于旃然。蒍子馮、公子格率銳師侵費滑、胥靡、獻于、雍梁，右回梅山，侵鄭東北，至于蟲牢而反。子庚門于純門，信于城下而還，涉於魚齒之下。（頁 579）

楚軍兵分三部，一部次於魚陵，一部次於旃然，另一部至蟲牢而返。楚令尹子庚親帥楚軍攻新鄭純門，後因鄭固守不出，楚軍僅能「信于城下而還。」「純門」見莊公二十八年《左傳》：「秋，子元以車六百乘伐鄭，入于桔柣之門。子元、鬭御強、鬭梧、耿之不比為旆，鬭班、王孫游、王孫喜殿。眾車入自純門，及逵市。縣門不發。」《集解》：「純門，鄭外郭門也。」（頁177）對照「圖一」則純門當在圖中「東郭」南側。《集解》：「信，再宿也」（頁 579）；知楚軍於純門外駐紮二宿。傳文謂楚軍「信于城下」而不云「信于郭下」，時人顯有視「郭」為「城」之習。又哀公八年《左傳》：

> 吳人行成，將盟，景伯曰：「楚人圍宋，易子而食，析骸而爨，猶無城下之盟；我未及虧，而有城下之盟，是棄國

20 楊寬：《中國古代都城制度史研究》（上海：上海古籍出版社，1993年），頁71。

也。吳輕而遠，不能久，將歸矣，請少待之。」弗從。景
伯負載，造於萊門。乃請釋子服何於吳，吳人許之，以王
子姑曹當之，而後止。吳人盟而還。（頁1012）

《集解》：「以言不見從，故負載書，將欲出盟。」（頁
1012）吳軍伐魯而進逼魯都曲阜，迫魯訂定「城下之盟」，故魯
大夫子服景伯攜載書以至萊門。哀公六年《左傳》之《集解》謂
「萊門」乃「魯郭門也」（頁 1007），吳軍駐紮曲阜郭門萊門
外，子服景伯於此與吳訂「城下之盟」，亦視「郭」為「城」。

## （二）《左傳》「郭」為臨近「城」之城牆

襄公十八年《左傳》：

十二月戊戌，及秦周，伐雍門之荻。范鞅門于雍門，其御
追喜以戈殺犬于門中；孟莊子斬其橁以為公琴。己亥，焚
雍門及西郭、南郭。劉難、士弱率諸侯之師焚申池之竹
木。壬寅，焚東郭、北郭，范鞅門于揚門。州綽門于東
閭，左驂迫，還于東門中，以枚數闔。（頁1007）

《集解》：「雍門，齊城門」；於「揚門」云：「齊西門」；於
「東閭」云：「齊東門。」（頁 1007）《戰國策·齊策一·田
忌為齊將》：「軍重踦高宛，使輕車銳騎衝雍門。」漢人高誘
（？-？，東漢獻帝建安十年〔205〕任司空掾）《注》：「雍

門，齊西門名也。」[21]又《淮南子·覽冥》：「昔雍門子以哭見於孟嘗君。」高誘《注》：「雍門，齊西門名也。」[22]知傳文之「雍門」為齊都臨淄西門。至於「揚門」位置，《集解》以為臨淄西門。然清人顧棟高（1679-1759）《春秋大事表·春秋列國都邑表》（以下簡稱〈都邑表〉）謂臨淄「西北有揚門」；[23]近人楊伯峻（1909-1992）《春秋左傳注》（以下簡稱《左傳注》）亦云：「據元人于欽《齊乘》，揚門為齊城西北門。」[24]然筆者翻檢元人于欽（1283-1333）《齊乘》卻不見揚門相關記載，《左傳注》之說不知何據。雖未能肯定揚門究為臨淄西門或西北門，然可確定是時晉軍幾乎包圍臨淄東面、北面與西面，並焚毀四方之「郭」。群立〈臨淄齊國故城勘探紀要〉繪製「臨淄齊國故城鑽探實測圖」，今摘引該圖為「圖二」，[25]敬請讀者參看：

---

21　漢·劉向：《戰國策》，頁 320-321。

22　漢·劉安編，何寧集解：《淮南子集釋》（北京：中華書局，1998年，據清光緒二年〔1876〕浙江書局刻莊逵吉校刊本為底本點校排印），頁 449。

23　清·顧棟高著，吳樹平、李解民點校：《春秋大事表》（北京：中華書局，1993 年，據清乾隆十三年〔1748〕萬卷樓刻本為底本點校排印），頁 735。

24　楊伯峻：《春秋左傳注》（北京：中華書局，2000 年），頁 1039-1040。

25　群立：〈臨淄齊國故城勘探紀要〉，《文物》1972 年第 5 期（1972 年5 月），頁 45-54。

**圖二、臨淄齊國故城鑽探實測圖**

群立謂臨淄故城有「小城」、「大城」，前者位西南隅而後者在前者東北方。「小城」、「大城」建築時間，杜正勝〈關於齊國建都與齊魯故城的討論〉認為前者較後者晚，疑是戰國所修宮城。[26]馬良民〈試論戰國都城的變化〉主張前者較早，係齊都內

---

[26] 杜正勝：〈關於齊國建都與齊魯故城的討論（上）〉，《食貨月刊》第14卷第7期（1984年11月），頁11-20。杜正勝：〈關於齊國建都與齊魯故城的討論（下）〉，《食貨月刊》第14卷第8期（1984年11月），頁25-33。

城。[27]曲英杰《先秦都城復原研究》謂春秋時宮城在「大城」內，位於「大城」中心地帶。曲氏認為：

> 通過解剖大城西垣與小城北垣銜接處發現，大城西垣原夾在小城北垣中，表明大城的修築年代早於小城。……根據小城城垣夯土打破周代文化層，夯土中雜有灰土與戰國時期陶片等推測，其修築時間當在戰國時期以後……，則大城修築的時間當在春秋時期以前。[28]

依曲氏則「大城」應早於「小城」，春秋前已築成，如此「大城」究竟是「城」或「郭」？曲氏認為「大城為臨淄城之外郭城，原姜氏國君的宮城當在其內。」[29]上揭襄公十八年（555 B.C.）《左傳》載晉軍於己亥日焚臨淄西門雍門及西郭、北郭，壬寅日又焚東郭及北郭，知臨淄之「郭」幾近攻破。此役於《史記·齊太公世家》云：「晉兵遂圍臨淄，臨淄城守不敢出，晉焚郭中而去。」[30]齊人固守臨淄「城」而任由晉軍焚「郭」卻不出戰，可證「圖二」之「大城」當為傳文之「郭」；而「郭」內則如曲氏所言，當另有「城」在「郭」中。臨淄之「郭」包圍「城」，知

---

27　馬良民：〈試論戰國都城的變化〉，《山東大學學報》1988 年第 3 期（1988 年 9 月），頁 18-24、17。

28　曲英杰：《先秦都城復原研究》（哈爾濱：黑龍江人民出版社，1991年），頁 233-237。

29　曲英杰：《先秦都城復原研究》，頁 233-237。

30　漢·司馬遷著，南朝宋·裴駰集解，唐·司馬貞索隱，唐·張守節正義，日本·瀧川龜太郎考證：《史記會注考證》（高雄：復文圖書出版社，1991 年），頁 544-545。

《左傳》所載雍門、揚門及東閭等諸門實為「郭」門而非「城」
門。《集解》謂「雍門，齊城門」，實混同「城」、「郭」不分。
因臨淄「城」在「郭」內，依第一節申論，《左傳》有「城郭」、
「郭」皆指「城」之例，故《集解》此釋亦無可厚非。由此可證
《左傳》之「郭」臨近「城」，是「城」外圍另一道城牆。

　　總結上文，以為本節結束。《左傳》載春秋城邑「郭」、
「城」相臨，「郭」於「城」外圍保護「城」。有時「郭」牆完
全包圍「城」牆，如齊都臨淄；有時「郭」偏於「城」一側，有
部分「城」牆與「郭」牆相連，如鄭都新鄭。然無論何種形式之
「郭」、「城」，「周代分封所建的各國都城，多半是由兩層以
上的城垣所環繞封閉的城堡。」[31]因「郭」、「城」相臨依附，
《左傳》將二者合稱「城郭」，有時單稱「郭」亦包括「城」，
形成「城」、「郭」不分之情況。

# 三、「郛」於「城郭」外

　　第二節說明「郭」、「城」關係，二者不僅相臨，有時
「郭」牆與「城」牆相接，故《左傳》常合稱「城郭」。「郛」
則距「城」、「郭」較遠，是「城」、「郭」更外圍憑障。第一
節曾引文公十五年《公羊傳》何休之釋，謂「恢郭」為「郭城外
大郭」；意即「恢郭」較「郭」益發宏大，是「郭城」更外圍之
「大郭」。筆者以為此「恢郭」實《左傳》之「郛」，可由莊公

---

31　葛志毅：《周代分封制度研究》（哈爾濱：黑龍江人民出版社，2004
　　年），頁292。

二十八年（666 B.C.）《左傳》載鄭都新鄭「三重城門」論證。

## （一）鄭都新鄭「三重城門」

莊公二十八年《左傳》記楚令尹子元率軍伐新鄭：

> 秋，子元以車六百乘伐鄭，入于桔柣之門。子元、鬪御
> 強、鬪梧、耿之不比為旆，鬪班、王孫游、王孫喜殿。眾
> 車入自純門，及逵市。縣門不發。楚言而出。子元曰：
> 「鄭有人焉。」諸侯救鄭。楚師夜遁。（頁 177）

《集解》：「桔柣，鄭遠郊之門也。……純門，鄭外郭門也。逵
市，郭內道上市。……縣門，施於內城門。鄭示楚以閒暇，故不
閉城門。」（頁 177）唐人孔穎達（574-648）《春秋正義》
（以下簡稱《正義》）於「入于桔柣之門」云：

> 此已入一門矣，又云「入次純門」，又是一門矣，復言
> 「縣門不發」，則更有一門矣。不發是城門，則知純門外
> 郭門，桔柣遠郊門也。《尚書・費誓・序》云：「東郊弗
> 開」，[32]是郊有門也。（頁 177）

依《集解》、《正義》知新鄭有三重城門，由外而內為「遠郊之

---

[32] 原句見《尚書・費誓・序》：「魯侯伯禽宅曲阜，徐夷並興，東郊不
開。」題漢・孔安國傳，唐・孔穎達正義：《尚書注疏》（臺北：藝文
印書館，1993 年，據清嘉慶二十年〔1815〕江西南昌府學版影印），
頁 311。

門」桔柣之門、「外郭門」純門、「內城門」縣門。日本人竹添
光鴻（1842-1917）《左傳會箋》（以下簡稱《會箋》）承《集
解》、《正義》又云：「哀二十七年，晉知伯伐鄭入南里，門于
桔柣之門，則此兩重門皆當在南，而內城門當即皇門矣。」[33]
〈都邑表〉謂新鄭「其南門曰皇門。宣十二年楚克鄭，入自皇
門。」[34]知新鄭南向「內城門」為皇門，《會箋》之見可從。
《左傳注》亦承《集解》、《正義》云：「縣同懸。懸門猶今之
閘門。此閘門施於內城門上，由楚軍已入桔柣之門及純門知
之。」[35]總合諸家知鄭都遠郊南門為桔柣之門、外郭南門為純
門、內城南門為皇門。

　　清人焦循（1763-1820）《群經宮室圖》反駁《集解》、
《正義》，主張三重城門實是《集解》誤解傳文。今不嫌詞費，
將焦氏之見擇要摘錄於下：

> 杜預《註》云：「桔柣，鄭遠郊之門也。純門，外郭門
> 也。」此蓋以近郊門為郭門也。竊謂郊之名分遠近，而郭
> 處其中，謂之郊門，郊非另有門也。《管子·八觀篇》
> 云：「大城不可以不完，郭周不可以外通。」[36]蓋郭周必

---

[33] 日本·竹添光鴻：《左傳會箋》（臺北：天工書局，1998 年），頁
　　 277。

[34] 清·顧棟高著，吳樹平、李解民點校：《春秋大事表》，頁 750。

[35] 楊伯峻：《春秋左傳注》，頁 242。

[36] 原句見《管子·八觀》：「大城不可以不完，郭周不可以外通。」見題
　　 周·管仲著，黎翔鳳校注，梁運華整理：《管子校注》（北京：中華書
　　 局，2009 年，據上海涵芬樓影宋刊楊忱本為底本點校排印），頁 256。

依山川為之，使其不可踰越，別無遠郊門也。然則入桔柣之門矣，又入純門，何二者皆郭門也？僖三十三年《傳》楚伐鄭，「門於桔柣之門，瑕覆於周氏之汪。」[37]周氏之汪，祭仲殺雍糾之地，鄭突載其尸而出，蓋城內之地。由桔柣至此不聞經純門。襄十八年《傳》楚子庚伐鄭，「門於純門，信於城下而還」；[38]又不聞其往來於桔柣。哀二十七年《傳》云：晉圍鄭，「入南里，門於桔柣之門」；[39]則南里在桔柣外也。襄二十六年《傳》云：楚伐鄭，「入南里，墮其城。涉於樂氏，門於師之梁。縣門發，獲九人焉。涉於氾而歸。」[40]師之梁者，鄭之城門。襄元年「荀偃、韓起門於師之梁」，[41]三十年「盟國人於師之梁之外」，[42]昭七年「公如楚，鄭伯勞於師之梁」[43]是也。入南里、涉樂氏即至城下，不由純門竝不由桔柣之門矣。

---

[37] 原句見僖公三十三年《左傳》：「門于桔柣之門，瑕覆于周氏之汪。」（頁 291）

[38] 原句見襄公十八年《左傳》：「子庚門于純門，信于城下而還。」（頁 579）

[39] 原句見哀公二十七年《左傳》：「知伯入南里，門于桔柣之門。」（頁 1054）

[40] 原句見襄公二十六年《左傳》：「十二月乙酉，入南里，墮其城。涉於樂氏，門于師之梁。縣門發，獲九人焉。涉于氾而歸。」（頁 637）

[41] 原句見襄公九年《左傳》：「衛北宮括、曹人、邾人從荀偃、韓起門于師之梁。」（頁 527）

[42] 原句見襄公三十年《左傳》：「乙巳，鄭伯及其大夫盟于大宮，盟國人于師之梁之外。」（頁 682）

[43] 原句見昭公七年《左傳》：「三月，公如楚。鄭伯勞于師之梁。」（頁 760）

> 蓋純門、桔柣之門皆鄭南郭門，於楚為近，故楚之伐鄭或
> 入純門，或入桔柣之門。子元欲蠱文夫人，以六百乘之盛
> 伐鄭，已建旆入桔柣之門，眾車入純門，竝入二門，以示
> 師眾。《傳》文甚明，杜預自不審也。[44]

焦氏謂桔柣之門、純門皆外郭門，莊公二十八年傳文所記，係楚
令尹子元要求楚軍分由桔柣之門、純門外郭門入新鄭以壯大楚軍
威勢，藉此恫嚇鄭國。焦氏試從相關記載證明己說，如僖公三十
三年（627 B.C.）《左傳》記楚伐鄭，楚軍攻桔柣之門入新鄭，
傳文未載師旅經純門。又襄公十八年傳文僅記楚軍擊純門，未錄
楚軍先過桔柣之門，又哀公二十七年傳（468 B.C.）文敘楚攻桔
柣之門而未見再擊純門。故焦氏謂二門實鄭都新鄭南向「外郭
門」，楚軍自南來伐，可由桔柣之門或純門入鄭都。

焦氏之說頗似有理，然仍有問題尚待釐清。首先，《左傳》
記事或詳或略，未必事事鉅細靡遺，故焦氏所舉三例未能反駁
《集解》、《正義》。其次，僖公三十三年《左傳》有「周氏之
汪」，又見桓公十五年《左傳》：「祭仲專，鄭伯患之，使其婿
雍糾殺之。將享諸郊。……祭仲殺雍糾，尸諸周氏之汪。公載以
出，曰：『謀及婦人，宜其死也。』夏，厲公出奔蔡。」《集
解》：「汪，池也。周氏，鄭大夫。殺而暴其尸以示戮也。」
（頁 127）《會箋》：「僖三十三年公子瑕覆于周氏之汪，彼
《傳》與桔柣之門連文，知地在南郊近桔柣之門。」《左傳注》

---

[44] 清・焦循：《群經宮室圖》（上海：上海古籍出版社，1995 年，據華
東師範大學圖書館藏清道光半九書塾刻本影印），卷 1，頁 16-17。

亦云:「僖三十三年《傳》敘楚伐鄭,門于桔柣之門,公子瑕覆于周氏之汪,則周氏之汪與桔柣之門相近。」[45]周氏之汪與桔柣之門雖近,然周氏之汪究在桔柣之門內或外?僖公三十三年傳載楚軍仍「門于桔柣之門」,未記楚軍已奪桔柣之門而入,則周氏之汪當在桔柣之門外。然焦氏謂周氏之汪「蓋城內之地」,已不合傳意。再次,焦氏依哀公二十七年《左傳》謂南里位桔柣之門外,其說信然。焦氏再舉襄公二十六年(547 B.C.)《左傳》謂楚軍先墮毀南里之城而涉樂氏,後逕攻新鄭內城西門師之梁,[46]知楚軍「不由純門竝不由桔柣之門。」然焦氏言「南里在桔柣外」,又謂「純門、桔柣之門皆鄭南郭門」,則楚軍攻新鄭內城西門師之梁,無論如何須經純門或桔柣之門。然焦氏卻言楚軍「不由純門竝不由桔柣之門」,豈非前後矛盾?誠如上文所述,《左傳》記事有詳有略,未能事事詳備。襄公二十六年傳文當有省略,未錄楚軍過桔柣之門、純門而逕擊內城西門師之梁。最後,莊公二十八年傳文謂楚軍先「入于桔柣之門」,再將部隊別為「子元、鬥御強、鬥梧、耿之不比為旆,鬥班、王孫游、王孫喜殿」,乃「入自純門,及逵市。」傳文所述井然有序,未如焦氏所言,楚軍分屬二部而從桔柣之門及純門入鄭都。總上所述,焦氏為反駁《集解》、《正義》新鄭有三重城門之說,試由《左傳》內證釐清問題,然己意又矛盾不一,實屬可惜。反之,筆者借焦氏所舉

---

[45] 日本・竹添光鴻:《左傳會箋》,頁 183。楊伯峻:《春秋左傳注》,頁 143。

[46] 〈都邑表〉:「西門曰師之梁。襄十年門于鄟門、師之梁及北門,蓋環其東、西、北三門也。北門無別名,惟曰北門而已。」見清・顧棟高著,吳樹平、李解民點校:《春秋大事表》,頁 750-751。

諸例，益能證成《集解》、《正義》之見，申論於下。

襄公二十六年《左傳》：「十二月乙酉，入南里，墮其城。涉於樂氏，門于師之梁。」《集解》：「南里，鄭邑。樂氏，津名。」（頁 637）《會箋》：「今新鄭縣南五里有地名南里。……樂氏，今河南開封府新鄭縣境，洧水濟渡處也。」《左傳注》亦云：「南里，今新鄭縣南五里蓋其故址。……樂氏亦在新鄭縣境，洧水濟渡口之名。從南渡向北。」[47]楚軍由南伐鄭都，先經南里而於樂氏渡洧水，再攻新鄭內城西門師之梁。襄公元年《左傳》：「夏五月，晉韓厥、荀偃帥諸侯之師伐鄭，入其郛，敗其徒兵於洧上。」《集解》：「洧水出密縣東南，至長平入潁。」（頁 497）《會箋》：「洧水出河南開封府密縣馬嶺山，又東過新鄭縣南，即晉敗鄭徒兵處，蓋近鄭都之地。」《左傳注》亦云：「洧水源出河南登封縣東陽城山，東流經密縣會溱水，東流為雙洎河。……疑鄭國都在今新鄭縣西北，洧水經其西南。」[48]依「圖一」與《左傳》相關記載，知上揭襄公元年（572 B.C.）傳載「敗其徒兵於洧上」之「洧上」，當在今雙洎河南岸臨近之地。至於襄公二十六年《左傳》之津渡樂氏，依傳文知楚軍渡樂氏後直取內城西門師之梁，推測樂氏在「圖一」所示雙洎河西段未築城牆處。中國社會科學院考古研究所編《中國考古學·兩周卷》謂鄭韓故城「中部有一道南北向的隔牆，把故城分為西城和東城兩大部分」；又云：「宮殿區在鄭韓故城西城

---

[47]　日本·竹添光鴻：《左傳會箋》，頁 1226-1227。楊伯峻：《春秋左傳注》，頁 1124。

[48]　日本·竹添光鴻：《左傳會箋》，頁 961。楊伯峻：《春秋左傳注》，頁 917。

內的中北部一帶，分布有比較密集的夯土建築基址。」[49]《中國古代都城制度史研究》據此主張鄭韓故城「分成西『城』和東『郭』兩部分。」[50]輔以上揭莊公二十八年傳文，楚軍將部隊分為「子元、鬭御彊、鬭梧、耿之不比為旆，鬭班、王孫游、王孫喜殿」後所進之純門，當在「圖一」右側楊寬謂「東郭」南面，即上文所稱外郭南門；「郭門以內有大道叫做『逵』或『大逵』，大道上設有『市』叫做『逵市』。」[51]若上述無誤，桔柣之門當在「圖一」範圍外，應在更南面之遠郊。筆者認為最外圍之桔柣之門即《左傳》所稱「郛」之門，即襄公元年《左傳》謂晉軍「入其郛，敗其徒兵於洧上」所經之「郛」。

鄭不僅有遠郊南門桔柣之門，另有遠郊東門。桓公十四年《左傳》：「冬，宋人以諸侯伐鄭，報宋之戰也。焚渠門，入，及大逵。伐東郊，取牛首。以大宮之椽歸為盧門之椽。」《集解》：「渠門，鄭城門。逵道方九軌。東郊，鄭郊。牛首，鄭邑。大宮，鄭祖廟。盧門，宋城門。」（頁126）《會箋》：「鄭遠郊有渠門，據《傳》文亦當為遠郊之門，其城東門即鄟門矣，見襄九年。」[52]《會箋》之說應本諸〈都邑表〉：「遠郊東又有渠門。桓十四年『宋伐鄭，焚渠門，入及大逵，伐東郊。』杜《註》：『渠門，鄭城門。』」[53]據《傳》文言之，亦當遠郊之

49　張長壽、殷瑋璋主編，中國社會科學院考古研究所編：《中國考古學・兩周卷》，頁 235。

50　楊寬：《中國古代都城制度史研究》，頁 71。

51　楊寬：《中國古代都城制度史研究》，頁 72。

52　日本・竹添光鴻：《左傳會箋》，頁 179。

53　原句見桓公十四年《左傳》：「冬，宋人以諸侯伐鄭，報宋之戰也。焚

門。其城東門，當即鄪門矣。」[54]〈都邑表〉又云：

> 城內城外俱有九軌之道曰大逵。隱十一年「鄭授兵大宮，子都與潁考叔爭車，拔棘以逐潁考叔，及大逵，弗及。」《正義》曰：「涂方九軌，天子之制，侯國不得有。惟鄭獨有之，故《傳》於鄭國每言逵。」[55]此大逵近祖廟，當在城門之內。桓十四年「焚渠門，入，及大逵」，下云「伐東郊」。莊二十八年「入自純門，及逵市」，下云「縣門不發」，[56]則當在城門之外、郭門之內也。杜以純門為外郭門，逵市為郭內道上市，是城內城外俱有逵路。[57]

依〈都邑表〉則「大逵」距離甚長，從城內大宮延伸至外「郭」之內。筆者認為「大逵」長度不僅如此，或可再向東延伸至遠郊東門渠門。《集解》釋渠門為鄭都城門，〈都邑表〉、《會箋》已駁之，謂鄭都東門實為鄪門，則渠門應係遠郊之門。依傳文知宋及諸侯聯軍先焚渠門而入及大逵，再進伐東郊奪牛首。牛首現

---

渠門，入，及大逵。伐東郊，取牛首。」《集解》：「渠門，鄭城門。」（頁 126）

[54] 清·顧棟高著，吳樹平、李解民點校：《春秋大事表》，頁 752-753。

[55] 原句見隱公十一年《左傳》：「鄭伯將伐許。五月甲辰，授兵於大宮。公孫閼與潁考叔爭車，潁考叔挾輈以走，子都拔棘以逐之。及大逵，弗及。」（頁 79-80）《正義》：「涂方九軌，天子之制，諸侯之國不得皆有。唯鄭城之內獨有其涂，故《傳》於鄭國每言逵也。」（頁 80）

[56] 原句見莊公二十八年《左傳》：「眾車入自純門，及逵市。縣門不發。」（頁 177）

[57] 清·顧棟高著，吳樹平、李解民點校：《春秋大事表》，760-761。

址《左傳注》謂「今河南省廢陳留縣治（今陳留鎮）西南十一里牛首鄉有牛首城，亦即在今通許縣稍東北。」[58]今將近人譚其驤（1911-1992）《中國歷史地圖集》「鄭、宋、衛」地圖，[59]截取為「圖三、鄭國部分疆域示意圖」，可明牛首與新鄭位置與距離，敬請讀者參看。

**圖三、鄭國部分疆域示意圖**

依「圖三」比例尺換算，新鄭至東郊牛首直線距離約 55 公里，距鄭都甚遠。傳文謂宋及諸侯聯軍先焚渠門而及大逵，可能沿大逵進伐東郊牛首；爾後又循大逵西向直取新鄭，入外郭門及內城門以達鄭國祖廟大宮，取大宮之椽而歸。宋及諸侯聯軍先焚渠門而入鄭東郊取牛首，知渠門在牛首之東，其地益近宋國。渠門既為鄭國遠郊東門，推測鄭之遠郊亦有「郛」，渠門極可能是「郛」之門。

---

58 楊伯峻：《春秋左傳注》，頁 140。

59 譚其驤：《中國歷史地圖集》（臺北：曉園出版社，1991 年），頁 24-25。

許倬雲《求古編・周代都市的發展與商業的發達》：

> 鄭國都城，由散見的地名綜合，其規模似乎頗為可
> 觀。……外面一層，楚伐鄭入於桔柣之門，然後入自純
> 門，則南門至少有三重。……宋伐鄭焚渠門入及大逵，則
> 東門也有二重，而且也有很寬廣的大路。[60]

許先生認同新鄭南向有三重城門之說，筆者看法與其一致。至於
另一座東向城門渠門，經上文論述，當從〈都邑表〉而釋為遠郊
東門。總結上文知新鄭計有三重城門，除「城」門及「郭」門，
在「城」、「郭」更外圍尚有桔柣之門及渠門。與文獻相發明，
知二門應是「郭」門，否則難以通釋二門何以存於鄭國最外圍。

## （二）莒都「三重城牆」

三重城牆之制是否僅見鄭國？依典籍及考古發現，鄭實非特
例。北魏人酈道元（466？-527）《水經注・沭水》：

> 《地理志》曰：莒子之國，盈姓也，少昊後。[61]《列女
> 傳》曰：齊人杞梁殖襲莒，戰死，其妻將赴之，道逢齊莊

---

[60] 許倬雲：《求古編》（臺北：聯經出版事業公司，1994 年），頁 132-133。

[61] 原句見《漢書・地理志下》：「城陽國，……縣四：莒，故國，盈姓，三十世為楚所滅，少昊後。」見漢・班固著，唐・顏師古注：《漢書》（臺北：宏業書局，1996 年，據清人王先謙《漢書補注》本為底本點校排印），頁 1635。

公，公將弔之。杞梁妻曰：如殖死有罪，君何辱命焉？如殖無罪，有先人之敝廬在下，妾不敢與郊弔。公旋車弔諸室，妻乃哭于城下，七日而城崩。故《琴操》云：「殖死，妻援琴作歌曰：『樂莫樂兮新相知，悲莫悲兮生別離。』哀感皇天，城為之墮。」[62]即是城也。其城三重，并悉崇峻，惟南開一門。內城方十二里，郭周四十許里。[63]

酈氏謂莒國「其城三重，并悉崇峻」，足證莒有三重城牆。成公八年《左傳》：「晉侯使申公巫臣如吳，假道于莒。與渠丘公立於池上，曰：『城已惡。』莒子曰：『辟陋在夷，其孰以我為虞？』」（頁 446）晉景公遣晉大夫巫臣至吳，途經莒國見其城牆傾圮太甚，巫臣乃諫莒君應予修繕。然莒君謂莒國偏僻，應「無人覬覦此偏僻夷蠻之地。」[64]渠料翌年成公九年《左傳》：「楚子重自陳伐莒，圍渠丘。渠丘城惡，眾潰，奔莒。戊申，楚入渠丘。……楚師圍莒。莒城亦惡，庚申，莒潰。楚遂入鄆，莒無備故也。」（頁 448-449）楚軍連奪莒三邑，其因即《左傳》「君子曰」所云：「莒恃其陋，而不修城郭。」（頁 449）莒雖遭兵劫卻未亡國，爾後《左傳》仍見莒君參與盟會。《水經注》

---

62　原句見《琴操》：「莊公襲莒，殖戰而死，妻歎曰：……。於是乃援琴而鼓之，曰：『樂莫樂兮新相知，悲莫悲兮生別離。』哀感皇天，城為墮。」見漢・蔡邕：《琴操》，收入《宛委別藏》第 71 冊（臺北：臺灣商務印書館，1981 年），卷下，頁 6。

63　漢・桑欽著，北魏・酈道元注：《水經注》（長春：時代文藝出版社，2001 年，據清人王先謙《合校水經注》為底本排印），頁 202。

64　楊伯峻：《春秋左傳注》，頁 840。

所引《列女傳》杞梁妻之事載襄公二十三年《左傳》：「齊侯還
自晉，不入，遂襲莒。……莒子親鼓之，從而伐之，獲杞梁。莒
人行成。齊侯歸，遇杞梁之妻於郊，使弔之。」（頁 607）齊莊
公率軍伐晉，自晉還師又襲莒，齊大夫杞梁遭莒所「獲」。此
「獲」《左傳注》謂即「死獲，即杞梁戰死」，[65]其說可從。齊
莊公返國而於臨淄之郊遇杞梁妻，齊君向其弔慰杞梁為國捐軀。
依《列女傳》所記，杞梁妻曾至莒城下弔唁杞梁，痛哭七日而城
牆為之崩塌。莒國「其城三重」究竟築於何時？杜正勝《古代社
會與國家》謂「當是戰國時代興建」，[66]然筆者以為或可另作他
解。自魯襄公二十三年（550 B.C.）齊莊公伐莒未勝，推測莒在
魯莊公九年（582 B.C.）遭楚攻陷後，城牆及相關防禦應有長足
進步，方能抵禦齊軍攻勢。筆者推測《水經注》載莒國「其城三
重」應於春秋時即有此備，未必晚至戰國。酈氏言莒城「內城方
十二里，郭周四十許里」，如此僅只二城，第三重城牆所指為
何？酈氏雖未明言，然筆者推測當指「城」、「郭」更外圍之
「郛」。否則「其城三重」僅指「內城方十二里，郭周四十許
里」，第三重城牆當無以指涉。

## （三）吳邑淹城「四重城牆」

此外，位於今江蘇省常州市武進區政府西處有淹城，依考古
挖掘成果，淹城有四重城牆：子城城牆周長約 500 公尺，內城城
牆周長約 1,500 公尺，外城城牆周長約 2,500 公尺，三重城牆外

---

[65] 楊伯峻：《春秋左傳注》，頁 1084。

[66] 杜正勝：《古代社會與國家》（臺北：允晨文化實業公司，1992 年），
頁 642。

各有護城河。外城護城河外尚有一道城牆，周長約 3,500 公尺。[67]今將淹城示意圖編號為「圖四」引錄於下，[68]敬請讀者參看。

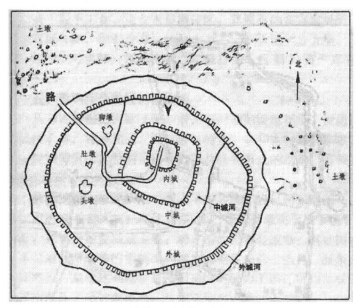

**圖四、淹城示意圖**

淹城之由來，或說此地原西周時奄族所居，春秋時為吳國公子季札封邑。吳王闔閭伐楚返國後，將淹城作為軍事防禦設施之用；[69]然持反對意見者亦有之。[70]本章目的非論淹城歷史，然可確知

---

67 彭適凡、李本明：〈三城三河相套而成的古城典型——江蘇武進春秋淹城個案探析〉，《考古與文物》2005 年第 2 期（2005 年 3 月），頁 43-51。

68 《中國軍事史》編寫組：《中國軍事史·第六卷·兵壘》（北京：解放軍出版社，1991 年），頁 30。

69 林志方：〈淹城早期歷史探秘〉，《江蘇地方志》2010 年第 6 期（2010 年 12 月），頁 29-31。

彭適凡、李本明指出淹城三重城牆及三條護城河為同時建造，面積達 65 萬平方公尺而頗具規模，故二氏主張淹城是春秋吳國重要軍事據點。[71]學者或質問：為何淹城有四重城牆？《越絕書・越絕外傳記吳地傳》：「吳大城，周四十七里二百一十步二尺。……吳郭周六十八里六十步。吳小城，周十二里。」[72]明載春秋吳都由內至外有「小城」、「大城」及「郭」，知其有三重城牆規模。葛志毅《周代分封制度研究》：

> 城則又可分為大城、小城，如春秋時吳、越之都皆如此。大城當為卿大夫宅署及國人居里所在，小城乃宮城。大城環繞小城之外，故又有保衛宮城的性質。……大約除諸侯國都有外郭及大城、小城三層城垣環套之外，如《吳越春秋》及《越絕書》載吳、越之都於大城、小城外皆有郭，其他城邑殆只有外郭與內城。[73]

葛氏謂吳都及越都皆有三重城牆，然查閱《吳越春秋》、《越絕書》僅見吳都如上所引；二書於越國未見三重城牆相關記載，葛氏之說未必可從。

---

[70] 肖夢龍：〈淹城吳都考〉，《東南文化》1996 年第 2 期（1996 年 6 月），頁 117-121。

[71] 《中國軍事史》編寫組：《中國軍事史・第六卷・兵壘》，頁 30。

[72] 漢・袁康、吳平著，李步嘉校釋：《越絕書校釋》（北京：中華書局，2013 年，據《四部叢刊》影印江安傅氏雙鑒樓藏明雙柏堂為底本點校排印），頁 31-32。

[73] 葛志毅：《周代分封制度研究》，頁 293。

　　三重城牆建築尚見 1983 年發現之偃師商城，今將示意圖編為「圖五」。[74]

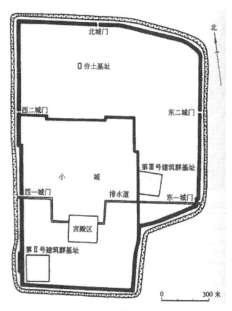

**圖五、偃師商城示意圖**

偃師商城最外圍所謂「大城」周長約 5,460 公尺，「小城」周長約 1,840 公尺。「小城」內有三組建築群，最重要者乃「圖五」所標「宮殿區」，學者又稱「宮城」，城牆長寬各約 200 公尺。[75]

[74] 中國社會科學院考古研究所：《中國考古學·夏商卷》（北京：中國社會科學出版社，2003 年），頁 206。

[75] 袁行霈、嚴文明、張傳璽、樓宇烈：《中華文明史》第 1 卷（北京：北京大學出版社，2006 年），頁 255。井中偉、王立新編著：《夏商周考古學》（北京：科學出版社，2013 年），頁 81。

偃師商城格局與上引《越絕書》吳都相仿,皆有三重城牆。回歸淹城遺址四重城牆,依學者意見,淹城遺址在春秋亦屬吳國,且為吳國重要戰略據點。依上引《越絕書》之文,則淹城遺址三重城牆亦可視為「小城」、「大城」及「郭」;或以偃師商城為例,可稱「宮城」、「小城」、「大城」,三重城牆外側皆有護城河環繞。然淹城遺址最外圍尚有第四重城牆,內部三重城牆於典籍皆可證核,則第四重城牆又應如何解釋?此問題一般學者皆未說明,若以筆者之見,淹城遺址最外圍城牆當係「郭」為是。

## 四、「郭」、「封」為「國」、「野」分界

### (一)「郭」為「國」、「野」分界

第三節述「郭」位於「城郭」外圍,至於其確切位置與意義須再申論。首先說明隱公五年《左傳》之文:

> 鄭人以王師會之,伐宋,入其郭,以報東門之役。宋人使來告命。公聞其入郭也,將救之,問於使者曰:「師何及?」對曰:「未及國。」公怒,乃止。辭使者曰:「君命寡人同恤社稷之難,今問諸使者,曰:『師未及國』,非寡人之所敢知也。」(頁62)

《集解》於「入其郭」云:「郭,郭也」;於「未及國」句云:「忿公知而故問,責窮辭。」(頁62)《左傳注》承《集解》謂「國即郭內。……使者之答詞如此,杜預以為忿魯隱公知而故

意問之，顧炎武則云『諱之不以實告』。」[76]《會箋》另有解釋：「使者未知公之聞入郛，若告之以實，安知不將以既已入郛，出師無及而止乎？故以未及國對之。其意言未及國，猶可救也，即《國策》所謂『未急也，且急矣』[77]之意。」[78]《會箋》謂宋使回覆魯隱公「未及國」，目的乃要求魯國儘速派兵馳援。若宋使如實覆以鄭師已「入郛」，魯隱公或感為時已晚而不願出兵。反之，若宋使答以「未及國」，魯隱公或思可挽回頹勢而願派兵助宋。本章目的非闡釋傳意，重點為「入其郛」與「及國」之關聯。傳文已明言鄭軍已入宋都之「郛」，然無論宋使回答「未及國」是《集解》所言「恣公知而故問」，抑或如《會箋》所云「其意言未及國，猶可救也」，「入其郛」顯即「及國」之意；易言之，入國都之「郛」即入「國」。

至於「國」之範圍為何？焦循《群經宮室圖》：

國有三解，其一，大曰邦、小曰國，如「惟王建國」，[79]「以佐王治邦國」[80]是也；其一，郊內曰國，《國語》、

---

76　楊伯峻：《春秋左傳注》，頁 47。

77　原句見《戰國策‧韓策二‧楚圍雍氏五月》：「張翠曰：『韓未急也，且急矣。』」見漢‧劉向：《戰國策》，頁 970。

78　日本‧竹添光鴻：《左傳會箋》，頁 67。

79　原句見《周禮‧天官冢宰》：「惟王建國，辨方正位，體國經野，設官分職，以為民極。」見漢‧鄭玄注，唐‧賈公彥疏：《周禮注疏》（臺北：藝文印書館，1993 年，據清嘉慶二十年〔1815〕江西南昌府學版影印），頁 10-11。

80　原句見《周禮‧天官‧大宰》：「大宰之職，掌建邦之六典，以佐王治邦國。」見漢‧鄭玄注，唐‧賈公彥疏：《周禮注疏》，頁 26。

　　《孟子》所云是也；其一，城中曰國，〈小司徒〉「稽國
　　中及四郊、都鄙之夫家。」[81]……蓋合天下言之，則每一
　　封為一國。而就一國言之，則郊以內為國，外為野。就郊
　　以內言之，又城內為國，城外為郊。蓋單舉之則相統，並
　　舉之則各屬也。[82]

依焦氏則「國」分廣狹三層：最狹義者是國都「城」之內為國，
次者指國都「郊」內為國，最廣義者指全部封國。近人何茲全
（1911-2011）《中國古代社會》：

　　焦循所說的國的三種意思，是國家發展中的三部曲。他說
　　的第一種國家是領土國家，是國家的發展階段；第三種國
　　家，是城邑的初起，是城邦國家的初期階段；第二種國
　　家是城邦國家向領土國家的過渡，仍應屬於城邦國家範
　　疇。[83]

何氏所謂由「城邦國家」過渡至「領土國家」，實指一國發展過
程。由最初「點」狀之國都，逐步擴及國都周邊地區與發展其他
都邑，最後以「面」之概念指稱疆域內所有領土。焦氏所指「城

---

81　原句見《周禮・地官・小司徒》：「小司徒之職，掌建邦之教法，以稽
　　國中及四郊、都鄙之夫家、九比之數。」見漢・鄭玄注，唐・賈公彥
　　疏：《周禮注疏》，頁 26。

82　見清・焦循：《群經宮室圖》，卷 1，頁 15。

83　何茲全：《中國古代社會》（北京：北京師範大學出版社，2001
　　年），頁 92。

內為國」，筆者認為極可能是「城郭」並舉而包括「郭」。如此
則隱公五年《左傳》之「郛」，是否如《集解》所言是「城郭」
之「郭」？筆者認為此「郛」非「城郭」之「郭」，或當依第三
節所論，應指「城」、「郭」更外圍之「郛」。第三節已述鄭都
東「郊」外有渠門，渠門應是「郛」門。渠門內之牛首，傳載其
地為「東郊」，知「郛」乃「郊」之邊界。依此而輔以焦氏之
論，「郛」內為「郊」、為「國」，「郛」外則為「野」。
「野」於先秦典籍亦稱「鄙」，如《國語・齊語》：「參其國而
伍其鄙。」三國吳人韋昭（201-273）《注》：「參，三也。
國，郊以內也。伍，五也。鄙，郊之外也。」[84]又《周禮・地
官・遂人》：「遂人：掌邦之野。」漢人鄭玄（127-200）
《注》（以下簡稱鄭《注》）：「郊外曰野。」又〈秋官・掌
士〉：「正歲，帥其屬而憲禁令于國及郊野。」鄭《注》：「去
國百里為郊，郊外謂之野。」[85]又《經義述聞》：[86]

　　「余姑為之求士，而鄙以待之。」[87]家大人曰：古謂野為
　　鄙，「鄙以待之」，謂退處於野以待之也，故下文又言
　　「耕於鄙。」僖二十四年：「鄙在鄭地汜。」杜彼《注》

---

[84] 三國吳・韋昭：《國語韋昭註》，頁 160。

[85] 漢・鄭玄注，唐・賈公彥疏：《周禮注疏》，頁 232、528。

[86] 清・王引之：《經義述聞》，卷 19，頁 29。

[87] 原句見昭公二十年《左傳》：「員曰：『彼將有他志，余姑為之求士，
而鄙以待之。』乃見鱄設諸焉，而耕於鄙。」《集解》：「退居邊
鄙。」（頁 853）

> 訓鄙為野，[88]是也。此《注》以為「邊鄙」，失之。《呂
> 氏春秋・膂時篇》、《史記・吳世家》、〈伍子胥傳〉竝
> 作「耕於野。」[89]

可證先秦文獻「鄙」、「野」意義相同。近人侯外廬（1903-
1987）《中國古代社會史論》亦謂「封疆之內者叫做『國』，那
在封疆之外的部分叫做『野』，國又叫做都，野的範圍便叫作
『四鄙』。」[90]典籍常見「國」、「野」對舉與「都」、「鄙」
對舉，胡新生〈西周春秋時期的國野制與部族國家形態〉謂
「『國野』稱『都鄙』應是從春秋中後期才開始的」，[91]確有見
的。依此與上文相證，則「郛」內為「郊」、為「國」，「郛」

---

[88] 原句見僖公二十四年《左傳》：「冬，王使來告難，曰：『不穀不德，
得罪于母弟之寵子帶，鄙在鄭地氾，敢告叔父。』」《集解》：「鄙，
野也。」（頁 258）

[89] 原句見《呂氏春秋・孝行覽・首時》：「伍子胥以為有吳國者必王子光
也，退而耕於野七年。」見秦・呂不韋編，陳奇猷校釋：《呂氏春秋校
釋》（臺北：華正書局，1998 年，據清畢沅《呂氏春秋校正》本為底
本校釋排印），頁 767-768。原句見《史記・吳太伯世家》：「光喜，
乃客伍子胥。子胥退而耕於野，以待專諸之事。」又原句見《史記・伍
子胥列傳》：「乃進專諸於公子光，退而與太子建之子勝耕於野。」見
漢・司馬遷著，南朝宋・裴駰集解，唐・司馬貞索隱，唐・張守節正
義，日本・瀧川龜太郎考證：《史記會注考證》，頁 529、849。

[90] 侯外廬：《中國古代社會史論》（石家莊：河北教育出版社，2002
年），頁 180。

[91] 胡新生：〈西周春秋時期的國野制與部族國家形態〉，原載《文史哲》
1985 年第 3 期（1985 年 4 月）；收入文史哲編輯部編：《早期中國的
政治與文明》（北京：商務印書館，2011 年），頁 47-65。

外為「鄙」、為「野」；易言之，「郛」即「國」、「野」分界。李鑫《商周城市形態的演變》亦提及，「郛」「既然是一種地域的特指稱謂，則必然已經有了界限。」[92]至於此道「界限」為何，李鑫未具體陳述。

杜正勝《古代社會與國家》亦對「郛」之意提出說明，認為《春秋經》、《左傳》之「郛」為「封疆」。杜氏舉文公十五年《春秋經》「齊侯侵我西鄙，遂伐曹，入其郛」（頁 337）；與成公十四年《左傳》「八月，鄭子罕伐許，敗焉。戊戌，鄭伯復伐許。庚子，入其郛。許人平以叔申之封。」（頁 465）杜氏主張二段記載之「郛」與「鄙」、「封」連用，故「釋作封疆也許較通。」[93]杜氏又云：

> 窺測當時情勢，齊侯侵魯西鄙而及曹郛，軍旅所至當今曲阜與定陶之間，可能是由魯的西界到曹的東疆。尤其鄭許戰役更明顯，杜預注曰：成公「四年鄭公孫申疆許田，許人敗之，不得定其封疆，今許以是所封田求和於鄭。」[94]鄭所爭的是疆界。戰爭不擇手段，爭疆界同樣可以侵入城內，迫使敵人屈服；不過城邦時代入人之國是非常嚴重的事情，城下之盟已是國家的奇恥大辱了，何況入城！[95]

---

92 李鑫：《商周城市形態的演變》（北京：中國社會科學出版社，2012年），頁 148。

93 杜正勝：《古代社會與國家》，頁 649。

94 原句見成公十四年《左傳》之《集解》：「四年，鄭公孫申疆許田，許人敗之，不得定其封疆。今許以是所封田，求和於鄭。」（頁 465）

95 杜正勝：《古代社會與國家》，頁 649。

杜氏意見筆者部分認同，然另有幾處看法尚待釐清。首先，杜氏引上揭二則記載而謂「郭」與「鄙」、「封」連用，認為「郭」當釋「封疆」。然《春秋經》之「鄙」為魯國「西鄙」，「郭」乃曹都定陶之「郭」，二者分屬兩國，不可謂「連用」。再者，傳文記許以「叔申之封」與鄭媾和，乃二國談判籌碼或條件，未可因此認定「郭」與「叔申之封」有關。再次，劉文強先生〈封與封人〉舉哀公十一年《左傳》「居封疆之間」（頁1016）而謂「封」、「疆」有別，主張「封是較接近都城的界限，疆是邊境的界限」；[96]知「封」、「疆」不可混同視之。杜氏若釋「郭」為「封疆」，須證明「郭」究竟是「封」或「疆」。筆者承杜氏之見，認為「郭」當與「封」相應，申論如下。

## （二）「郭」、「封」於空間重疊

哀公十一年《左傳》記齊軍犯魯：

> 季孫謂其宰冉求曰：「齊師在清，必魯故也，若之何？」求曰：「一子守，二子從公禦諸竟。」季孫曰：「不能。」求曰：「居封疆之間。」季孫告二子，二子不可。求曰：「若不可，則君無出。一子帥師，背城而戰，不屬者，非魯人也。」（頁1015-1016）

《集解》：「自度力不能，使二子禦諸竟。」（頁1015）傳載

---

96 劉文強：〈封與封人〉，原載《慶祝龍宇純先生七秩晉五壽慶論文集》（臺北：臺灣學生書局，2002年），頁121-150；收入氏著：《晉國伯業研究》（臺北：臺灣學生書局，2004年），頁35-75。

冉求建議三項防禦方案，首先是「一子守，二子從公禦諸竟。」
《左傳注》：「一子、二子，謂季、孟、叔三孫也。三人之中，
一人留兵維持國內，二人從哀公至國境抗敵。」[97]此方案遭季孫
氏反對，冉求再言第二方案；乃將兵力「居封疆之間」，於此與
齊軍決戰。《集解》釋「封疆」是「竟內近郊地」（頁
1015），劉先生謂即「在國境與封之間作戰。」[98]然第二方案仍
遭孟孫、叔孫二氏反對，冉求再述第三方案，即「一子帥師，背
城而戰。」第三方案已是退無可退，此「城」即魯都曲阜，敵軍
可謂兵臨城下。依傳文知一國疆域最外圍為「竟」，再者是「封
疆之間」，最後乃國都。劉先生認為「境應該就是疆，而近郊之
地與城之間還有一道界線，那就是封。……疆是邊境界線，封則
是在城與疆之間的界線。」[99]劉先生舉宣公二年《左傳》：「趙
宣子，古之良大夫也，為法受惡。惜也，越竟乃免。」（頁
365）《史記・晉世家》記云：「宣子，良大夫也，為法受惡。
惜也，出疆乃免。」[100]前者為「越竟」而後者作「出疆」，知
「竟」、「疆」皆指邊境，意義實同。此外，《國語・周語中》
記周定王遣單襄公聘宋，後單襄公假道於陳聘楚，述陳國是時衰
頹景象：

---

[97] 楊伯峻：《春秋左傳注》，頁 1658。

[98] 劉文強：〈封與封人〉，原載《慶祝龍宇純先生七秩晉五壽慶論文
集》，頁 121-150；收入氏著：《晉國伯業研究》，頁 35-75。

[99] 劉文強：〈封與封人〉，原載《慶祝龍宇純先生七秩晉五壽慶論文
集》，頁 121-150；收入氏著：《晉國伯業研究》，頁 35-75。

[100] 漢・司馬遷著，南朝宋・裴駰集解，唐・司馬貞索隱，唐・張守節正
義，日本・瀧川龜太郎考證：《史記會注考證》，頁 623。

> 候不在疆，司空不視途，澤不陂，川不梁，野有庾積，場
> 功未畢，道無列樹，墾田若蓺，膳宰不致餼，司里不授
> 館，國無寄寓，縣無施舍，民將筑臺於夏氏。及陳，陳靈
> 公與孔寧、儀行父南冠以如夏氏，留賓不見。[101]

韋《注》：「候，候人掌送迎賓客者。疆，境也」；[102]知「候
人」於「疆」掌管迎送賓客之事者。《周禮・夏官》亦載「候
人」之職：「候人：各掌其方之道治與其禁令，以設候人。若有
方治，則帥而致于朝；及歸，送之于竟。」鄭《注》：「方治，
其方來治國事者也。」唐人賈公彥（？-？，高宗永徽〔650-
656〕時官太常博士）《疏》（以下簡稱賈《疏》）：「『方
治，其方來治國事者也』，謂國有事不能自決，當決於王國；或
有國事，須報在上，皆是也。」[103]是「候人」駐守邊境以導引
賓客往返邊境至國都，又須向國都報備邊疆事務。依〈周語中〉
知單襄公入陳之「疆」，不僅未見應在「疆」駐守之「候人」引
領，入陳之「野」又見「庾露積穀、治場未畢」景象。[104]入陳
之「國」，單襄公竟無寄寓處以休息整頓。最後單襄公抵
「陳」，陳靈公竟不見單襄公，逕與孔寧、儀行父二卿往夏徵舒

---

[101] 三國吳・韋昭：《國語韋昭註》，頁 52。

[102] 三國吳・韋昭：《國語韋昭註》，頁 52。

[103] 漢・鄭玄注，唐・賈公彥疏：《周禮注疏》，頁 460。

[104] 韋《注》於「野有庾積」注云：「唐尚書云：十六斗曰庾。昭謂：此庾
露積穀也。《詩》云：『曾孫之庾，如坻如京』，是也。」又於「場功
未畢」云：「治場未畢。《詩》云：『九月築場圃。』」見三國吳・韋
昭：《國語韋昭註》，頁 52。

家淫穢夏姬。[105]文中「國」、「陳」對舉，後者專指陳都，即上引焦氏所謂最狹義之「國」；〈周語中〉之「國」係焦氏所陳第二層意義之「國」——「郊內曰國」之「國」。單襄公由「疆」入陳之「野」，再由「野」入「郊內曰國」之「國」，最後抵陳都「陳」。知「疆」乃一國最外圍，典籍亦稱「竟」、「境」。將〈周語中〉與哀公十一年（484 B.C.）《左傳》參看，則傳文所謂「封疆之間」乃「疆」內與「封」外地區，即〈周語中〉「野有庾積」之「野」。

　　「封」者為何？《說文·土部》：「封，爵諸侯之土也。從之、土、從寸；寸，守其制度也。公、侯百里，伯七十里，子、男五十里。」段《注》：「引申為凡畛域之偁。〈大司徒〉《注》曰：『封，起土畎也。』〈封人〉《注》曰：『聚土曰封。』[106]」[107]易言之，「封」即冊封諸侯疆域，爵等不同而封域亦有等差。《左傳》「封」字亦作動詞解，楊伯峻《春秋左傳詞典》謂「與以土地使創立國家」；[108]陳克炯《左傳詳解詞典》細分為「帝王以土地、爵位賜予別人」及「霸主國或大國給

---

[105] 韋《注》：「孔寧、儀行父，陳之二卿。南冠，楚冠也。如，往也，往徵舒之家淫夏姬也。賓，單襄公。」見三國吳·韋昭：《國語韋昭註》，頁 52。

[106] 原句見《周禮·地官·大司徒》：「制其畿疆而溝封之。」鄭玄《注》：「封，起土界也。」又《周禮·地官司徒》「封人」職鄭玄《注》：「聚土曰封。」見漢·鄭玄注，唐·賈公彥疏：《周禮注疏》，頁 149、139。

[107] 漢·許慎著，清·段玉裁注：《說文解字注》，頁 694。

[108] 楊伯峻：《春秋左傳詞典》（臺北：漢京文化事業公司，1987 年），頁 456。

予對方以土地使建立或恢復國家。」[109]如閔公二年《左傳》：
「僖之元年，齊桓公遷邢于夷儀。二年，封衛于楚丘。邢遷如
歸，衛國忘亡。」（頁 194）又僖公二十八年《左傳》：「請復
衛侯而封曹，臣亦釋宋之圍。」（頁 271）又襄公二十五年《左
傳》：「我先王賴其利器用也，與其神明之後也，庸以元女大姬
配胡公，而封諸陳，以備三恪。」（頁 622）前二則乃陳氏所謂
霸主國恢復國家之例；第三則係楊、陳二氏所述帝王賜予土地以
創立國家之例。王貴民《商周制度考信》提及甲骨文「封」字，
謂早期「封」象「田上植樹木之形」，中期「封」象「土上植樹
木之形」。[110]王氏又云：

> 封土植樹，本是某族某國建造境界林，劃定領土範圍，早
> 在部落時代就如此。……所以就稱為封疆，作為國土的概
> 念，引申為授予國土的行為。「封」用作動詞就是封建，
> 用作名詞就「邦」，即指有封疆的國家。[111]

杜正勝《周代城邦》亦提及「封」之意：「『封』原有壘土之
意，引申為界。……所以凡一定地面上的周圍建設界域，以與外
區有別的，也就是封。」[112]「封」既見冊封國家義，又有具體

---

[109] 陳克炯：《左傳詳解詞典》（鄭州：中州古籍出版社，2004 年），頁
413。

[110] 王貴民：《商周制度考信》（臺北：明文書局，1989 年），頁 118。

[111] 王貴民：《商周制度考信》，頁 118。

[112] 杜正勝：《周代城邦》（臺北：聯經出版事業公司，1979 年），頁
50。

疆域大小，依上揭哀公十一年《左傳》及劉先生之釋，「封」乃一道界線。「封」之界線何在？可由成公二年《左傳》推斷：

> 二年春，齊侯伐我北鄙，圍龍。頃公之嬖人盧蒲就魁門焉。龍人囚之。齊侯曰：「勿殺，吾與而盟，無入而封。」弗聽，殺而膊諸城上。齊侯親鼓，士陵城。三日，取龍。遂南侵，及巢丘。（頁421）

《集解》：「龍，魯邑，在泰山博縣西南。……封，竟。」（頁421）齊軍包圍魯之龍邑，齊頃公嬖人盧蒲就魁攻龍之門時遭擒。齊頃公要求龍人勿殺之，條件為不入「而封」。然龍人仍殺盧蒲就魁，齊頃公盛怒而發動攻勢，三日奪取龍邑，且南侵至巢丘。「吾與而盟」及「無入而封」之「而」，《左傳注》謂「兩『而』字均同『爾』。」[113]至於此「而」是龍邑或魯國？二者差異極大。考諸《左傳》，除上揭「封」作動詞之三例，「封」作名詞指「封界，已定之疆域界限」、「疆域，界域」。[114]趙世超《周代國野關係研究》謂「魯之龍邑既有城又有『封』，說明都或公邑均為統治中心，除卻城郭以外，還負責管理一定的區域。」[115]須注意者為，齊頃公要求龍人勿殺盧蒲就魁之條件是「無入而封」，若此「封」指龍邑疆域，顯與事實衝突。因齊軍

---

[113] 楊伯峻：《春秋左傳注》，頁786。

[114] 楊伯峻：《春秋左傳詞典》，頁456。陳克炯：《左傳詳解詞典》，頁413。

[115] 趙世超：《周代國野關係研究》（臺北：文津出版社，1993年），頁227。

已入龍邑疆域而「門焉」，否則盧蒲就魁何以遭擒？故此「封」
乃魯之疆域為是。由傳文知龍邑在魯「北鄙」，上文已述「鄙」
即「野」，是龍乃魯之「野」。齊軍圍龍而龍在魯「北鄙」、北
方之「野」，齊頃公要求釋盧蒲就魁即不入魯「封」，易言之乃
不入魯之「國」內。

　　哀公十一年《左傳》所謂「封疆之間」，依上揭《國語・周
語中》知「疆」內為「野」、「野」內為「國」；再據成公二年
《左傳》知「封」內為「國」而「封」外為「野」、為「鄙」。
綜合上述知「封」為「國」、「野」分界，「疆」則在「野」
外，「封」、「疆」確實不可混同。學者或提出疑問：《周禮・
地官・封人》：「掌設王之社壝，為畿封而樹之。凡封國，設其
社稷之壝，封其四疆。造都邑之封域者亦如之。」[116]「封人」
職責係「封其四疆」，如此「封」、「疆」豈非一事？鄭
《注》：「壝謂壇及埓埒也。畿上有封，若今時界矣。……封國
建諸侯，立其國之封。」賈《疏》：「『為畿封而樹之』者，謂
王之國外四面五百里，各置畿限，畿上皆為溝塹，其土在外而為
封，又樹木而為阻固。」[117]〈封人〉職司乃為王築「壇」及
「埓埒」，又於王畿界線「封而樹之」，封建諸侯時亦「封其四
疆」。整體而言「封人」工作內容主要是堆疊土石，或修祭祀用
之「壇」、「埓埒」，或築作為標示疆界之「封」。宣公十一年
（598 B.C.）《左傳》記楚令尹蒍艾獵城沂之事，謂「封人」有
「量功命日，分財用，平板榦，稱畚築，程土物，議遠邇，略基

---

[116] 漢・鄭玄注，唐・賈公彥疏：《周禮注疏》，頁187。

[117] 漢・鄭玄注，唐・賈公彥疏：《周禮注疏》，頁187。

趾,具餱糧,度有司」（頁 383）等事務。依《集解》、《正義》知上揭內容皆與壘土及建築有關,[118]可與《周禮》證合。若細究上揭〈封人〉文意,「封其四疆」之「封」作動詞解;此「封」乃壘土為界,且於土堆上植樹以標示封國「疆」界。關於「封」作動詞使用之內容將於第五節另敘,於此不再贅述。又隱公元年《左傳》:「潁考叔為潁谷封人。」《集解》:「封人,典封疆者。」《正義》:「蓋封人職典封疆,居在邊邑,潁谷、儀、祭皆是國之邊邑也。」（頁 37）「封人」既「職典封疆,居在邊邑」,依此則「封」、「疆」又似不甚分別。然筆者認為若據《周禮》所載「封人」職司,其主要工作即「封」——壘土且於土堆上植樹,正符「封人」之名。至於「封人」工作地點,或在一國邊境之「疆」,或在「國」、「野」交界處,應不受空間限制。劉先生〈封與封人〉論「封人」之職言:「欲闢未開發

---

[118] 宣公十一年《左傳》:「量功命日」,《集解》:「命作日數。」又曰:「分財用」,《集解》:「財用,築作具。」又曰:「平板榦」,《集解》:「榦,楨也。」《正義》:「〈釋詁〉云:『楨,榦也。』舍人曰:『楨,正也。』築牆所立兩木也。榦所以當牆兩邊,障土者也。彼楨為榦,故謂榦為楨,謂牆之兩頭立木也。板在兩旁臥障土者,即彼文榦也。平板榦者,等其高下,使城齊也。」又曰:「稱畚築」,《集解》:「量輕重,畚,盛土器。」又曰:「程土物」,《集解》:「為作程限。」《正義》:「畚者,盛土之器。築者,築土之杵。《司馬法》:輂車所載,二築是也。稱畚築者,量其輕重,均負土與築者之力也。程土物,謂鍬、钁、畚、輂之屬,為作程限備豫也。」又曰:「議遠邇」,《集解》:「均勞逸。」又曰:「略基趾」,《集解》:「趾,城足。略,行也。」又曰:「具餱糧」,《集解》:「餱,乾食也。」又曰:「度有司」,《集解》:「謀監主。」（頁383）

之邊境，必築道以通之，此其職責之一；開荒成田，此其職責之二；土田既衰，必樹標識以明歸屬，此其職責之三；凡此，皆與土功有關。」[119]故「封人」之「封」實指其職務內容，應與空間意義之「封」、「疆」無甚關繫。

## （三）「封」為「國」、「野」分界

學者或又再質疑：「封」若為「國」、「野」界線，則以第三節所論鄭國為例，鄭之牛首處「封」內之「國」，則牛首之外當係鄭之「野」。若真如筆者所言，鄭之「封」外真有「野」乎？另有「疆」乎？「圖三」可見牛首東南方有圉，昭公五年《左傳》：「韓起反，鄭伯勞諸圉。」《集解》：「圉，鄭地名。」（頁748）〈都邑表〉：「《陳留風俗傳》曰：『圉，故陳地。鄭取之，苦楚之難，修干戈以虞患，故曰圉。』在今開封府杞縣南五十里。」[120]依「圖三」比例尺，圉至牛首直線距離約 20 公里。若牛首位於鄭之「國」，遠在牛首東南 20 公里之圉，推測已在鄭之「野」。又「圖三」牛首東方有滑，莊公三年《春秋經》：「冬，公次于滑」（頁 138）；同年《左傳》：「冬，公次于滑，將會鄭伯，謀紀故也。」（頁 139）《集解》：「滑，鄭地，在陳留襄邑縣西北」（頁 138）；知滑為鄭地。依「圖三」比例尺則滑至牛首直線距離約 35 公里，推測滑亦應在鄭之「野」。又「圖三」牛首東北有鳴雁，成公十六年《左傳》：「衛侯伐鄭，至于鳴雁，為晉故也。」《集解》：

---

[119] 劉文強：〈封與封人〉，原載《慶祝龍宇純先生七秩晉五壽慶論文集》，頁 121-150；收入氏著：《晉國伯業研究》，頁 35-75。

[120] 清・顧棟高著，吳樹平、李解民點校：《春秋大事表》，頁 722-763。

「鳴雁，在陳留雍丘縣西北」（頁 473）；〈都邑表〉列鳴雁為鄭地。[121]依「圖三」比例尺則鳴雁至牛首直線距離約 32 公里，推測鳴雁亦在鄭之「野」。又「圖三」牛首東北有武父，桓公十二年《春秋經》：「丙戌，公會鄭伯，盟于武父。」同年《左傳》：「宋公辭平，故與鄭伯盟于武父，遂帥師而伐宋，戰焉，宋無信也。」《集解》：「武父，鄭地，陳留濟陽縣東北有武父城。」（頁 123）依「圖三」比例尺知武父至牛首直線距離約 48 公里，則武父亦當在鄭之「野」。上述圉、滑、鳴雁、武父分別位於牛首東南方、東方及東北方，距牛首直線距離為 20 公里至 48 公里，離鄭都新鄭益為遙遠。若牛首位於鄭之「國」東郊邊緣，則上述四地或已至「野」之範圍。

　　此外，襄公二十七年（546 B.C.）《左傳》記鄭簡公享晉卿趙孟於垂隴，趙孟請鄭國七位大夫賦詩。鄭大夫伯有賦〈鶉之賁賁〉，趙孟聞後曰：「床笫之言不踰閾，況在野乎？非使人之所得聞也。」（頁 647-648）《左傳注》：「據《詩序》，此詩為刺衛宣姜淫亂而作，[122]故趙孟以為『牀笫之言』。」[123]至於趙孟謂「況在野乎」，實指宴享之地垂隴位於鄭之「野」。又昭公十八年（524 B.C.）《左傳》載鄭國大火，「明日，使野司寇各保其徵。」《集解》：「野司寇，縣士也。火之明日，四方乃聞

---

[121] 清・顧棟高著，吳樹平、李解民點校：《春秋大事表》，頁 757。

[122] 原句見《毛詩・鄘風・鶉之奔奔・序》：「〈鶉之奔奔〉，刺衛宣姜也，衛人以為宣姜，鶉鵲之不若也。」見漢・毛亨傳，漢・鄭玄箋，唐・孔穎達正義：《毛詩注疏》（臺北：藝文印書館，1993 年，據清嘉慶二十年〔1815〕江西南昌府學版影印），頁 114。

[123] 楊伯峻：《春秋左傳注》，頁 1134。

災，故戒保所徵役之人。」（頁 841）《正義》：「《周禮·司寇》屬官有縣士，掌野，[124]知野司寇是縣士也。」（頁 842）《左傳注》：「各保其徵，使所徵發之徒役不散。」[125]亦證鄭確有「野」之制，且設「野司寇」徵發「野」之役徒。

　　至於鄭國是否有「疆」？襄公十一年《左傳》：「鄭人患晉、楚之故，……使疆場之司惡於宋。」《集解》：「使守疆場之吏侵犯宋。」（頁 545）知「疆場之司」即駐守鄭「疆」之官吏，亦管轄武裝部隊以為警戒，可證鄭確有「疆」制。又成公四年《左傳》：「冬十一月，鄭公孫申帥師疆許田。許人敗諸展陂。鄭伯伐許，取鉏任、泠敦之田。」《集解》：「前年鄭伐許，侵其田，今正其界。」（頁 439）魯成公三年（588 B.C.）鄭侵許，翌年鄭遣大夫公孫申率師「疆許田」。此「疆」作動詞用，楊伯峻解為「劃定界線」，陳克炯釋作「確定疆界」。[126]知公孫申「疆許田」乃界定二國界線，亦可證鄭、許間有「疆」。《左傳》「疆」字另見七則與此用法一致，如文公元年《左傳》：「晉侯疆戚田，故公孫敖會之。」《集解》：「晉取衛田，正其疆界。」（頁 299）又宣公八年《左傳》：「楚為眾舒叛，故伐舒蓼，滅之。楚子疆之。」《集解》：「正其界也。」（頁 379）又襄公八年《左傳》：「莒人伐我東鄙，以疆鄆田。」《集解》：「莒既滅鄆，魯侵其西界，故伐魯東鄙，以

---

124 原句見《周禮·秋官·縣士》：「縣士，掌野。」見漢·鄭玄注，唐·賈公彥疏：《周禮注疏》，頁 530。

125 楊伯峻：《春秋左傳注》，頁 1396。

126 楊伯峻：《春秋左傳詞典》，頁 989。陳克炯：《左傳詳解詞典》，頁 844。

正其封疆。」（頁 520）又襄公十九年《左傳》：「諸侯還自沂上，盟于督揚。……遂次于泗上，疆我田，取邾田，自漷水歸之于我。」《集解》：「正邾、魯之界也。」（頁 584）又襄公二十六年《左傳》：「孫林父以戚如晉。……六月，公會晉趙武、宋向戌、鄭良霄、曹人于澶淵，以討衛，疆戚田。」（頁 630-632）《集解》：「正戚之封疆。」（頁 632）又昭公元年《左傳》：「季武子伐莒，取鄆。……叔弓帥師疆鄆田，因莒亂也。」（頁 699-705）《集解》：「此春取鄆，今正其疆界。」（頁 705）又哀公元年《左傳》：「楚子圍蔡，報柏舉也。……使疆于江、汝之間而還。蔡於是乎請遷于吳。」《集解》：「楚欲使蔡徙國在江水之北、汝水之南，求田以自安也。蔡權聽命，故楚師還。」（頁 990）由上諸例知「疆」作動詞乃確定國界，可證「疆」位於一國最外圍，是國與國邊界。上文已述《左傳》「封」動詞之意，卻無類似「疆」字用法，足證「封」、「疆」有別，未可混為一談。

　　若以上說明無誤，《左傳》「封」、「疆」各有所指。「疆」乃國與國界線，是一國領地最邊緣。「疆」內地區為「野」，文獻亦稱「鄙」。「封」是「野」、「鄙」與焦氏第二層意義「郊內曰國」之「國」之界線，「封」內為「國」，文獻亦稱「郊」。將上述內容繪為「圖六、封疆關係示意圖」，敬請讀者參看。

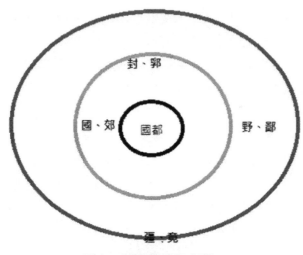

**圖六、封疆關係示意圖**

若與上文申論相發明，知「封」之界線與「郛」相應；入「封」
乃入一國之「郛」，即入一國之「國」，與上揭隱公五年《左
傳》記載相符。杜正勝《古代社會與國家》稱「郛」為「封疆」
實有見的，然更具體言，「郛」乃「封」而非「疆」，方能精確
說明「郛」之界線位置。

## 五、「郛」以「封」及山川為建築結構

### （一）「封」之形制為堆疊土石且於其上植樹

　　杜正勝《古代社會與國家》言「郛」字之意，謂「郛」從
「孚」聲，而《說文》從「孚」聲者皆有「外圍」、「表層」
義。如從水之「浮」有漂汎義，從火之「烰」有蒸氣升騰義，從

木之「桴」謂漂浮水面之木船。[127]至於「孚」字，清人王筠（1784-1854）《說文釋例》：「古包、孚一聲，而古文又從禾作采，聲義皆同也」；又云：「采當為指事兼會意字，從子、從八，八乃抱子形也。從子是意，而義主於抱之，故曰指事。」[128]杜氏認為：

> 無論是「包」或是「抱」，皆有外圍護覆之意。孚、包之聲義既同，故桴亦作枹。《漢書・地理志》金城郡有枹罕，枹，顏注讀曰膚。[129]《說文斠詮》曰：「《左傳》援枹而鼓，《一切經音義》引《詔定官書》云：桴枹同體，故《經》枹皆為桴。」[130]枹為鼓槌，木柄一端包紮

---

[127] 《說文・水部》：「浮，氾也，从水、孚聲」；又〈火部〉：「烰，烝也，从火、孚聲」；又〈木部〉：「桴，眉棟也，从木、孚聲。」見漢・許慎著，清・段玉裁注：《說文解字注》，頁 554、485、256。「桴」亦見《論語・公冶長》：「子曰：『道不行，乘桴浮於海，從我者其由與！』」何晏《注》：「馬曰：桴編竹木，大者曰栰，小者曰桴。」見魏・何晏注，宋・邢昺疏：《論語注疏》（臺北：藝文印書館，1993 年，據清嘉慶二十年〔1815〕江西南昌府學版影印），頁 42。

[128] 清・王筠：《說文釋例》（北京：中華書局，1998 年，據清道光三十年〔1850〕年刻本影印），頁 371、193。

[129] 原句見《漢書・地理志下》：「金城郡，……縣十三：……枹罕。」顏師古《注》：「讀曰膚，本枹鼓字也，其字從木。」見漢・班固著，唐・顏師古注：《漢書》，頁 1611。

[130] 原句見《說文解字斠詮・木部》：「枹，……《左傳》：『援枹而鼓』，《一切經音義》引《詔定官書》云：『桴、枹同體』，故經『枹』皆為『桴』。」見清・錢坫學：《說文解字斠詮》（臺北：台聯國風出版社，1986 年，據清嘉慶丁卯年〔1807〕刻本影印），頁 170。

碎布之類的軟物，篆書「包」字即取其形似。《說文繫
傳》曰：「郭、猶枹也，草木華房為枹，在外苞裹之
也。」[131] 抱子謂之孚，鼓槌謂之桴，苞裹的花房謂之
枹，而國之外圍則稱謂之郭，皆取義於外圍保護之意，同
諧孚聲。[132]

杜氏以諧聲偏旁為「孚」諸字，歸納从「孚」聲者有「外圍」、
「表層」義，主張「郭」亦取此得「外圍保護」之意，其說可
從。依杜氏則「郭」當位於「國」之外圍，乃保護「國」之屏
障。

「郭」既設於「國」之外圍，是否如「城」、「郭」築有城
牆？李鑫《商周城市形態的演變》：「郭最初可能沒有城垣，後
來才修建起城牆」，[133] 可惜李氏未予申論。探究此問題前須回
顧第四節結論，「郭」、「封」所指為一，皆「郊內曰國」之
「國」外圍界線。「封」之意於第四節已述，作動詞時釋為冊封
國家，作名詞時解為疆域、界線，「封」於《左傳》另有「堆土
為死者作表識」、[134]「堆土為墳」之意。[135] 如文公三年《左
傳》：「遂自茅津濟，封殽尸而還。」《集解》：「封，埋藏

---

[131] 原句見《說文解字繫傳·邑部》：「郭，……郭猶枹也，草木華房為
枹，在外苞裹之也。」見南唐·徐鍇：《說文解字繫傳》（北京：中華
書局，1987 年，據清道光年間祁嶲藻刻本影印），頁 128。

[132] 杜正勝：《古代社會與國家》，頁 650-651。

[133] 李鑫：《商周城市形態的演變》，頁 148。

[134] 楊伯峻：《春秋左傳詞典》，頁 457。

[135] 陳克炯：《左傳詳解詞典》，頁 413。

之。」（頁 305）謂埋葬喪命於殽山之將士屍骨。又宣公十二年
《左傳》：「古者明王伐不敬，取其鯨鯢而封之，以為大戮，於
是乎有京觀以懲淫慝。」《集解》：「鯨鯢，大魚名，以喻不義
之人吞食小國。」（頁 398）李索《左傳正宗》譯為「把首惡之
人殺死並埋一個大的土丘」，[136]知此「封」亦有埋葬屍首義。
又襄公二十三年《左傳》：「張武軍於熒庭，戍郫邵，封少水，
以報平陰之役。」《集解》：「封晉尸於少水，以為京觀。」
（頁 604）《左傳注》：「封即封尸，又收晉軍之尸合埋于一
坑，而築高堆也。」[137]「封」作動詞本有堆累土石義，《左
傳》訓為埋葬屍首。然考諸《周禮・地官・封人》，「封」不僅
是高築土堆以埋葬屍首，另有更重要意義。上揭〈封人〉「掌設
王之社壝，為畿封而樹之。」鄭《注》：「壝謂壇及堳埒也。畿
上有封，若今時界矣。……封國建諸侯，立其國之封。」賈
《疏》：「『為畿封而樹之』者，謂王之國外四面五百里，各置
畿限，畿上皆為溝塹，其土在外而為封，又樹木而為阻固。」
[138]依賈《疏》知封人在界線處挖掘溝塹，將所掘土石「封」於
溝塹之側；意即將土石堆累為土堆而於其上植樹，以為防止翻越
土堆之阻礙。古代修築城牆亦與此類似，《古代社會與國家》：

> 人類一有定居聚落大概就有防禦設備以「保民」，包括早
> 期的挖土為溝和後來的夯土為牆，這兩極之間必含有一些
> 過渡的階段，例如圍築欄柵、布置荊棘，而其溝深或牆高

---

136 李索：《左傳正宗》（北京：華夏出版社，2011 年），頁 239。
137 楊伯峻：《春秋左傳注》，頁 1078。
138 漢・鄭玄注，唐・賈公彥疏：《周禮注疏》，頁 187。

的程度亦不一致。最後把壕溝和城牆這兩種防禦工事結合
起來，《易經》曰：「城復于隍，勿用師，自邑告命，
貞，吝」（〈泰卦〉上六），[139]城池便兼備了。[140]

依〈封人〉知不僅王畿須「封而樹之」，諸侯國都、城邑皆有
「封」。知堆累土石之「封」不唯用以埋葬屍骨，益為重要者乃
疆域界線之屏障。「郭」、「封」既指「郊內曰國」之「國」與
「野」之界線，則「郭」之結構當即堆累土石且於上方植樹之
「封」，二者可謂互為表裡。

## （二）《管子・度地》之「土閬」、「隍」與「封」
　　工法一致

《管子・度地》有段記載可茲證明：

> 此謂因天之固，歸地之利。內為之城，城外為之郭，郭外
> 為之土閬。地高則溝之，下則堤之，命之曰金城。樹以荊
> 棘，上相穡著者，所以為固也。歲脩增而毋已，時脩增而
> 無已，福及孫子。此謂人命萬世無窮之利，人君之葆守
> 也。

---

[139] 原句見《周易・泰卦》：「城復于隍，勿用師，自邑告命，貞，吝。」
見三國魏・王弼、晉・韓康伯注，唐・孔穎達正義：《周易注疏》（臺
北：藝文印書館，1993 年，據清嘉慶二十年〔1815〕江西南昌府學版
影印），頁 186。

[140] 杜正勝：《古代社會與國家》，頁 633。

近人黎翔鳳（1901-1979）釋「閫，謂隍。」[141]《說文·門部》：「閫，門高也」；又〈阜部〉：「隍，城池也，有水曰池，無水曰隍矣。」[142]「閫」依《說文》乃作狀詞，形容門之高大；若釋「土閫」則指「土之高大」，即上文所言堆累土石之「封」。「隍」字《說文》訓為無水壕溝，即上文所云修築「封」時所掘溝塹。然「隍」從阜、皇聲，《說文·阜部》：「阜，大陸也，山無石者，象形。」[143]段《注》：

〈釋地〉、毛《傳》皆曰：「大陸曰阜。」[144]李巡曰：高平曰陸，謂土地豐正名為陸。陸土地獨高大名曰阜。阜取大名為陵，引申之為凡厚、凡大、凡多之稱。〈秦風〉《傳》曰：「阜，大也。」〈鄭風〉《傳》曰：「阜，盛也。」[145]《國語》《注》曰：「阜，厚也。」[146]皆由土

---

[141] 題周·管仲著，黎翔鳳校注，梁運華整理：《管子校注》，頁1051。

[142] 漢·許慎著，清·段玉裁注：《說文解字注》，頁594、743。

[143] 漢·許慎著，清·段玉裁注：《說文解字注》，頁738。

[144] 原句見《爾雅·釋地》：「大陸曰阜。」見晉·郭璞注，宋·邢昺疏：《爾雅注疏》（臺北：藝文印書館，1993年，據清嘉慶二十年〔1815〕江西南昌府學版影印），頁22。

[145] 原句見《毛詩·秦風·駟驖》：「駟驖孔阜，六轡在手。」毛亨《傳》：「阜，大也。」又〈鄭風·大叔于田〉：「叔在藪，火烈具阜。」毛亨《傳》：「阜，盛也。」見漢·毛亨傳，漢·鄭玄箋，唐·孔穎達正義：《毛詩注疏》，頁234、164。

[146] 原句見《國語·周語上》：「其所以阜財用、衣食者也。」韋昭《注》：「阜，厚也。」見三國吳·韋昭：《國語韋昭註》，頁14。

山高厚演之。[147]

《說文》從「阜」之字皆與土丘、高陸相關，引申有高大、厚實義。「隍」所從皇聲亦有高大義，如《說文・王部》：「皇，大也，從自、王，自始也。始王者三皇，大君也。」又從皇聲之「瑝」，《說文・玉部》：「玉聲。」段《注》：「謂玉之大聲也。」又「喤」，《說文・口部》：「小兒聲。」段《注》：「啾謂小兒小聲，喤謂小兒大聲也。」又「煌」，《說文・火部》：「煌煌煇也」，指火光盛大。又「鍠」，《說文・金部》：「鐘聲也。」段《注》：「按：皇，大也，故聲之大字多從皇。《詩》曰：『其泣喤喤』；[148]喤，厥聲。〈玉部〉曰：『瑝，玉聲也。』執競以鼓，統於鐘，總言鍠鍠。」[149]從字形及字音結構觀察，「隍」本指高大土堆，何以《說文》釋「隍」為無水壕溝？上文述「封」之結構已言，「封」須先掘溝塹，再將所掘土石累為土堆。作為「壕溝」之「隍」亦復如是，唯釋義偏重壕溝。總上所述，知「土闋」、「隍」皆「封」，可與上文發明。〈度地〉又云：「地高則溝之，下則堤之。」言在地高處掘溝塹，於地低處築堤防，皆謂挖掘溝塹與堆累土石二道工事，亦與修築「封」一致。此外，〈度地〉尚提及此建築工事之上須

---

[147] 漢・許慎著，清・段玉裁注：《說文解字注》，頁 738。

[148] 原句見《毛詩・小雅・斯干》：「其泣喤喤，朱芾斯皇，室家君王。」見漢・毛亨傳，漢・鄭玄箋，唐・孔穎達正義：《毛詩注疏》，頁 387。

[149] 漢・許慎著，清・段玉裁注：《說文解字注》，頁 9、16、55、490、716。

「樹以荊棘」，即種植荊棘等以鞏固之，亦與「封」有相同措施。知〈度地〉「土閩」當是本章所論之「封」，亦《左傳》之「郭」，三者意義無別。〈度地〉又稱此道由「土閩」構築之工事為「金城」，「金城」又見《韓非子·用人》：「不去眉睫之禍，而慕賁、育之死；不謹蕭牆之患，而固金城於遠境；不用近賢之謀，而外結萬乘之交於千里。」[150]韓非（208？B.C.-233 B.C.）謂「金城」築於「遠境」，與本章所論「郭」、「封」為「郊內曰國」之「國」與「野」、「鄙」之界線意見相符，可為旁證。

## （三）「封」與山川皆為「郭」之結構

「郭」是否皆以「封」為結構？筆者以為未必。若「郭」即「封」，文獻大可逕以「封」代「郭」，無需以「郭」字另表意義。筆者認為「郭」雖以「封」作結構，然「郭」亦可據山川地勢為天然屏障，減省人工挖掘溝塹、堆累土石、又於土堆上植樹以成「封」之繁複工作。何以知之？上揭《管子·度地》：「地高則溝之，下則堤之。」「地高」指地勢較高處，於「地高」處僅挖掘溝塹，疑因地勢較高而無需再累土堆。所謂「下」者地勢較低處，亦可能謂水道河川。水道河川可取代溝塹，故僅在河道旁堆累土石以為堤防即可。又《逸周書·作雒》：「乃作大邑成周于土中，城方千七百二十丈，郭方七百里。南繫于洛水，地因

---

[150] 周·韓非著，清·王先慎集解，鐘哲點校：《韓非子集釋》（北京：中華書局，1998 年，據《四部叢刊》影印宋乾道本為底本點校排印），頁 207。

于郟山，以為天下之大湊。」[151]前賢皆謂「郭方七百里」文字有誤，當為「郭方二十七里」為確。清人陳逢衡（1778-1855）《逸周書補注》：

> 南繫於洛水者，據〈度邑解〉云：自洛汭延及伊汭。水北曰汭，故曰南繫，猶所謂衣帶水也。郟山，北芒山也，在今河南府北十里，王孫滿所謂成王定鼎於郟鄏是也。京相璠曰：「郟，山名。鄏，邑名。」[152]蓋郟山在洛邑之北境而依以為城，故曰北因。[153]

〈作雒〉記周公所城東都雒邑有「城」有「郭」，謂雒邑「南繫于洛水，地因于郟山」，恐非指「城」而應是「郭」。中國科學院考古研究所洛陽發掘隊〈洛陽澗濱東周城址發掘報告〉繪「洛陽東周王城平面圖」，[154]今引為「圖七」於下：

---

[151] 黃懷信、張懋鎔、田旭東著，李學勤審定：《逸周書彙校集注》（上海：上海古籍出版社，1995 年，據《四部叢刊》影印明嘉靖二十二年〔1543〕四明章檗校刊本為底本點校排印），頁 560-564。

[152] 原句見《春秋土地名》：「郟，山名。鄏，邑名也。」見晉‧京相璠著，清‧馬國翰輯：《春秋土地名》，收入《中國歷代地理文獻輯刊》第 3 編（上海：上海交通大學出版社，2009 年，據清光緒九年〔1883〕《玉函山房輯佚書》本影印），冊 18，頁 6。

[153] 轉引自黃懷信、張懋鎔、田旭東著，李學勤審定：《逸周書彙校集注》，頁 560-564。

[154] 中國科學院考古研究所洛陽發掘隊著：〈洛陽澗濱東周城址發掘報告〉，《考古學報》1959 年第 2 期（1959 年 6 月），頁 180。

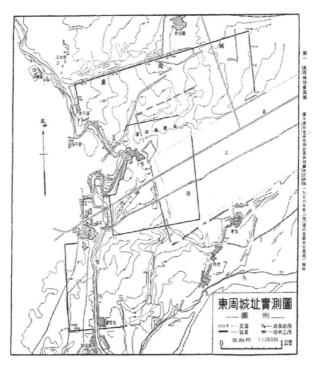

**圖七、洛陽東周王城平面圖**

張長壽（1929-2020）、殷瑋璋主編，中國社會科學院考古研究
所編《中國考古學・兩周卷》：

> 東周王城遺址西有澗河，南有洛河，澗河穿越城西部。北
> 垣全長 2,890 米，其北有一條與之平行的護城壕。西垣曲
> 折多彎，北端與北垣西端相接，向南至東干溝處中斷，再
> 往南，在澗河西岸有一段，南北兩端相距約 3,200 米。南垣
> 從西南城角向東，由興隆寨跨澗水經瞿家屯東，再往東不
> 見城垣。東垣自北垣東端向南，殘存約 1,000 米，城牆殘存

寬度5～15米。此城牆曾經過多次修補。據推測，城牆大約
建於春秋中葉以前，從戰國時代至秦漢之際曾加修補。[155]

目前考古挖掘之東周王城推測是春秋中葉以前修築，雖未必如西
周初年周公營建雒邑之規模，然應相去不遠。《中國歷史地圖
集》有西周時代「宗周、成周附近」地圖，[156]今截取部分內容
為「圖八、成周、郊示意圖」，敬請讀者參看：

**圖八、成周、郊示意圖**

---

[155] 張長壽、殷瑋璋主編，中國社會科學院考古研究所編：《中國考古學·
兩周卷》，頁 230-231。
[156] 譚其驤：《中國歷史地圖集》，頁 19。

「圖八」之成周即東都雒邑與王城，其址確在洛水、澗水交匯處，正如考古挖掘位置。「圖八」之郊即上引《逸周書・作雒》之「郊山」，以「圖八」比例尺計算，郊山與成周直線距離約16.37 公里，與考古挖掘城垣長寬有顯著落差，知《逸周書・作雒》「南繫于洛水，地因于郊山」非「城」之範圍，應是「郛」之位置。〈作雒〉記周公營建雒邑，其「郛」「南繫于洛水，地因于郊山。」正如《古代社會與國家》所云，「郛」「係因襲天然地勢以為界」，除「利用自然形勢」，「或人工植樹、壘土以補不足。」[157]此外，西周〈散氏盤〉記散國二邑疆域形勢：

> 用矢䑃（薄）散邑。迺（乃）即散用田眉（湄）。自瀗涉，㠯（以）南，至於大沽，一弄（封）。㠯（以）陟，二弄（封）。至于邊柳，復涉瀗，陟雩（越）歔纍滕㠯（以）西，弄（封）于敝轍（城）楮木，弄（封）于芻逨，弄（封）于芻衡。內（入）陟芻，登于厂湶，弄（封）割柝、陕陵、剛（崗）柝。弄（封）于羃（單）道，弄（封）于原道，弄（封）于周道。㠯（以）東，弄（封）于韓東彊右。還，弄（封）于眉（郿）道。㠯（以）南，弄（封）于䐓逨道。㠯（以）西，至于堆莫。眉（湄）井邑田。自根木道左至于井邑弄（封），道㠯（以）東一弄（封），還，㠯（以）西一弄（封）。陟剛（崗）三弄（封）。降㠯（以）南，弄（封）于同道。陟

---

[157] 杜正勝：《古代社會與國家》，頁650。

州剛（崗），登栌，降栈，二弄（封）。[158]

〈散氏盤〉載夨國侵略散國田邑，議和後夨國割讓田地以為賠償，銘文係夨國派員踏勘割讓土地之範圍。由銘文知是時土地範圍除以河流如「瀗」、「大沽」，[159] 或以山陵如「剛（崗）」、「陵」為天然界線，另以「弄」──即本章所論「封」──作為土地分界標識。《古代社會與國家》釋〈散氏盤〉云：「沿線非山阜河流即樹林，無天險則『封』，曰封於芻道，封於原道，封於周道，封於同道等等，大凡臨道平易無險，故須封之，而低山淺谷也要封」；[160] 其說可從。

　　總上所述，以為本節結束。「封」作動詞有冊封土地與堆累土石之意，作名詞有界線、疆域義。依第四節所論，「封」、「郛」皆「國」、「野」界線，「封」乃挖掘溝塹且堆累土石以為界線，於此層面可視作「郛」之部分結構。易言之，「郛」之修築有部分以「封」方式建構，輔以原有自然山川形勢可減省「封」之工事，乃「郛」之天然憑障。「郛」若無山川可作憑藉，乃以人工之「封」作為結構。

---

[158] 銘文隸定參見馬承源：《商周青銅器銘文選（三）》（北京：文物出版社，1988 年），頁 298。

[159] 馬承源：「瀗，水名。大沽，水名。」見馬承源：《商周青銅器銘文選（三）》，頁 298。

[160] 杜正勝：《古代社會與國家》，頁 585。

# 六、「郭」與「郛」之混同

## （一）「郛」乃第一道防線

　　第四節與第五節已述「郛」、「封」關係密切，是「國」、「野」界線。「封」為動詞既有冊封義，作名詞釋為界線、疆域時，指受冊封者土地範圍。「封」內為冊封之領地，「封」外則是莽莽原野，對受封者而言是尚未開闢之草萊。「封」既為受封者土地之界線，為鞏固領地安全而強化「封」之工事，輔以原有自然山川地貌為天然憑障，即成受封者領地第一道防線，即本章所論之「郛」。《古代社會與國家》謂「郛」「表示城邦的最外界線，也有環繞國都的作用」，[161]與本章觀點一致。杜氏認為「郭」之產生晚於「郛」，「大概是因應國防的需要，封建城邦逐漸在城外一段距離的地方營建另一重夯土城牆，這就是郭。郭是外城，本質是軍事性的。」[162]楊寬〈古代都城與陵寢制度〉亦云：

> 春秋戰國時代戰爭十分頻繁，建築城郭的主要目的之一，就是為了加強軍事上的防守設施。利用城郭作防禦工事，是當時很重要的一種戰術。春秋時代各國紛紛修築城郭，都是為了防禦。[163]

---

[161] 杜正勝：《古代社會與國家》，頁 651。

[162] 杜正勝：《古代社會與國家》，頁 651。

[163] 楊寬：〈古代都城與陵寢制度〉，收入氏著：《先秦史十講》（上海：復旦大學出版社，2006 年），頁 282-319。

至於「郛」是否因諸國建築「郭」而廢棄不用？可從第三節說明
鄭都有三重城門獲得答案。新鄭最外圍之第三道城門桔柣之門及
渠門，筆者認為即「郛」門，知是時「郛」仍發揮防禦作用。此
外，《左傳》數見修築「郛」之記錄，如僖公十二年《左傳》：
「諸侯城衛楚丘之郛，懼狄難也。」《集解》：「楚丘，衛國
都。郛，郭也。」（頁 223）又襄公十六年《春秋經》：「城西
郛。」《集解》：「魯西郛。」（頁 584）同年《左傳》：「城
西郛，懼齊也。」（頁 587）又哀公四年《春秋經》：「城西
郛。」《集解》：「魯西郛，備晉也。」（頁 999）依傳文與
《集解》知「城郛」目的乃加強防禦以備敵，可證「郭」之產生
不影響「郛」之功能。

　　《左傳》尚見非國都之都邑亦有「郛」，如襄公十五年《春
秋經》：「齊侯伐我北鄙，圍成。公救成，至遇。季孫宿、叔孫
豹帥師城成郛。」《集解》：「備齊，故夏城。」（頁 565）同年
《左傳》：「齊侯圍成，貳於晉故也。於是乎城成郛。」（頁 566）
《左傳注》：「齊兵或已毀其外城，故魯二卿帥師城之。郛，外
城也。」[164]又定公八年《左傳》：「公侵齊，攻廩丘之郛。」
《集解》：「郛，郭也。」（頁 964）又哀公三年《左傳》：
「晉趙鞅圍朝歌，師于其南，荀寅伐其郛，使其徒自北門入，己
犯師而出。」《集解》：「伐其北郭圍。」（頁 999）上節曾引
《周禮・地官・封人》「掌設王之社壝，為畿封而樹之。凡封
國，設其社稷之壝，封其四疆。造都邑之封域者亦如之。」[165]

---

[164] 楊伯峻：《春秋左傳注》，頁 1021。
[165] 漢・鄭玄注，唐・賈公彥疏：《周禮注疏》，頁 187。

除王畿、國都有「封」，其他都邑亦有「封」。上文已論「封」、「郭」關係，故非國都之都邑亦有「封」、「郭」乃情理中事。

## （二）「關」設邊境且不具防禦功能

學者或有疑問：本章既謂新鄭最外圍之第三道城門桔柣之門及渠門是「郭」門，則「關」是否為「郭」門？筆者認為「關」非「郭」門，乃設於「郭」外之「竟」，即一國邊境。何以知之？成公二年《左傳》：「齊侯免，求丑父三入三出。每出，齊師以帥退。……遂自徐關入。」（頁 424）又哀公十四年《左傳》：「子我歸，屬徒，攻闈與大門，皆不勝，乃出。陳氏追之，失道於弇中，適豐丘。豐丘人執之以告，殺諸郭關。」《集解》：「齊關名。」（頁 1032）知齊有徐關及郭關。又文公二年《左傳》：「下展禽，廢六關，妾織蒲，三不仁也。」（頁303）知魯有六關，唯未詳其名。又襄公十四年（559 B.C.）《左傳》記衛大夫蘧伯玉不願捲入政爭，於是「遂行，從近關出。」《集解》：「懼難作，欲速出竟。」（頁 560）《正義》：

〈聘禮〉：「及竟，謁關人。」鄭玄云：「古者竟上為關，以譏異服，識異言。」又《周禮・司關》《注》云：「關，界上之門也。」衛都不當竟中，其界有遠有近，欲速出竟，故從近關出也。（頁 560）

《左傳注》：「國界有關，衛四面皆鄰他國，蘧伯玉欲速出國

境，以免禍亂，於是擇最近之國門出國」；[166]知近關謂接近國
都之「關」而非關隘名。誠如《正義》所引，《周禮‧地官司
徒》「司關」，鄭《注》：「關，界上之門。」[167]又《儀禮‧
聘禮》：「及竟，張旜誓。乃謁關人。」鄭《注》：「古者竟上
為關，以譏異服，識異言。」[168]又《禮記‧王制》：「關執禁
以譏，禁異服，識異言。」鄭《注》：「關，竟上門。」[169]皆
謂「關」為「竟」上之門。依第四節所引哀公十一年《左傳》，
「竟」指一國邊境，與「疆」義同。宣公二年《左傳》載「趙盾
弒其君」之事，晉大史對趙盾云：「子為正卿，亡不越竟，反不
討賊，非子而誰？」孔子亦云：「趙宣子，古之良大夫也，為法
受惡。惜也，越竟乃免。」（頁 365）清人沈欽韓（1775-
1831）《春秋左傳補注》：「言倉皇出奔他國，義不再返，乃可
逃弒君之名。」[170]言趙盾若出晉「竟」乃離晉之疆域而出奔，
即使身為正卿亦可免弒君罪責。知「竟」、「疆」為一國邊境，
「竟」、「疆」內有「郊」，入「郊」即入「國」、「郊」，最
後抵國都之「郭」、「城」。文獻皆謂「關」乃「竟」上之門，
知「關」非「郊」門。

「竟」上之「關」是否具防禦用途？《周禮‧地官‧司

---

[166] 楊伯峻：《春秋左傳注》，頁 1012。

[167] 漢‧鄭玄注，唐‧賈公彥疏：《周禮注疏》，頁 142。

[168] 漢‧鄭玄注，唐‧賈公彥疏：《儀禮注疏》（臺北：藝文印書館，1993
年，據清嘉慶二十年〔1815〕江西南昌府學版影印），頁 231。

[169] 漢‧鄭玄注，唐‧孔穎達正義：《禮記注疏》，頁 260。

[170] 清‧沈欽韓：《春秋左傳補注》，收入《經解續經解春秋類彙編》（臺
北：藝文印書館，1986 年），頁 2536。

關》：「掌國貨之節，以聯門市。司貨賄之出入者，掌其治禁與
其征廛。」鄭《注》：「征廛者，貨賄之稅與所止邸舍也。」
[171]又《孟子・公孫丑上》：「關，譏而不征，則天下之旅皆悅
而願出於其路矣。」漢人趙岐（108-201）《注》：「言古之設
關，但譏禁異言，識異服耳，不征稅出入者也。……《周禮》有
征者，謂周公以來，孟子欲令復古之征，使天下行旅悅之也。」
[172]知「關」與稽徵貨物稅收相涉。又由上引《儀禮・聘禮》及
《禮記・王制》可知，「關」另一功能係稽察人員，未確切記載
「關」具防禦功能。關於此點，《春秋大事表》附〈春秋列國不
守關塞論〉：

> 春秋時列國用兵相鬬爭，天下騷然。然其時禁防疎闊，凡
> 一切關隘阨塞之處，多不遺兵設守，敵國之兵平行往來如
> 入空虛之境，其見于《左傳》者班班可攷也。文十三年
> 「春，晉侯使詹嘉處瑕以守桃林之塞」，《註》云「以備
> 秦。」[173]桃林，今潼關也。昭二十六年「秋，晉知躒、
> 趙鞅帥師納王，使女寬守闕塞」，《註》云：「以備子
> 朝。」[174]闕塞，今伊闕也。二者天下之險，必待紛紜有

---

[171] 漢・鄭玄注，唐・賈公彥疏：《周禮注疏》，頁 229-230。

[172] 漢・趙岐注，宋・孫奭疏：《孟子注疏》，頁 64。

[173] 原句見文公十三年《左傳》：「十三年春，晉侯使詹嘉處瑕以守桃林之
塞。」《集解》：「詹嘉，晉大夫，賜其瑕邑，令帥眾守桃林以備
秦。」（頁 332）

[174] 原句見昭公二十六年《左傳》：「晉知躒、趙鞅帥師納王，使汝寬守闕
塞。」《集解》：「女寬，晉大夫，……守之備子朝。」（頁 902）

　　事而後遣將設守，重書于冊，則其平日之漫無閑禦可知
　　矣。[175]

顧氏舉桃林之塞及闕塞二處天險為例，二處即後世所謂潼關及伊
闕，是古今戰略要地。[176]晉待戰事緊急方遣重兵駐守二地，知
平日無戍軍防備。故顧氏感慨云：「主者無設險固圉之謀，敵人
無長慮卻顧之志。處兵爭之世，而反若大道之行，外戶不閉，歷
敵境如行几席，如適戶庭。」[177]近人史念海（1912-2001）《中
國古都和文化》：「關的設置，起源甚早。……都是城市附近徵
收商稅的機構，還說不上有防守的作用。不過後來關隘終於在防
守方面起到巨大的作用，至遲在戰國時已經有了為防守而設置的
關隘。」[178]總而言之，春秋之「關」雖是一國邊境出入孔道，

---

[175] 清・顧棟高著，吳樹平、李解民點校：《春秋大事表》，頁 995。

[176] 胡阿祥、彭安玉、郭黎安：「潼關位於陝、豫、晉三省交界處，南倚華
　　山，北對黃河，河山之間寬不過 15 公里。南原鉤深坡陡，原下河邊道
　　路狹窄，形成天然的險阻。……潼關緊靠著潼水，潼水之東有一條支
　　流，叫做禁溝，禁溝深陡有過潼水。唐初移潼關城於原下河邊，舊路就
　　禁止往來通行，這溝是舊路必經之地，所以取名禁溝。禁溝由南山流
　　下，儼然一道天然防線。禁溝的上下東西各方面包括金陡關在內還有潼
　　峪、麻峪等 17 座關，這樣的由南山之麓直到黃河岸邊的層層設置，拱
　　衛著潼關，顯得分外險要。」三氏又云：「洛陽八關，東漢中平年間
　　置，函谷、大谷、廣成、伊闕、轘轅、旋門、孟津、小平津，為保衛守
　　都之軍事要塞。」見胡阿祥、彭安玉、郭黎安：《兵家必爭之地——中
　　國歷史軍事地理要覽》（海口：海口出版社，2007 年），頁 218、
　　182。

[177] 清・顧棟高著，吳樹平、李解民點校：《春秋大事表》，頁 995。

[178] 史念海：《中國古都和文化》（北京：中華書局，1998 年），頁 242。

然平時未有重軍守護,僅稽徵貨稅及盤查人員。因設於一國「竟」、「疆」之「關」不具守備功能,故抵抗侵略第一道防線乃「郛」。若「郛」無法阻擋攻勢,敵軍越「郛」即入一國之「國」、「郊」,可長趨至國都之「郭」、「城」。

## （三）「郭」取代「郛」之功能

從上引《春秋經》、《左傳》知《集解》一概釋「郛」為「郭」,已是「郭」、「郛」混同不分。杜氏謂「中國城市自春秋以下紛紛具備兩重城牆,傳統文獻與現代考古發掘或調查皆可得到證實。」[179]杜氏從古文字學角度釋「郭」之出現:

> 《說文》曰:「從邑、𩫖聲。」[180]𩫖即墉,卜辭、金文數見,象一圍城牆與兩個或四個城門樓,但作二圍城牆者甚少見。就字形遞演痕迹而言,二重城圍較晚出,與從社會史角度觀察到的城邑發展正相吻合。「郭」之別於「城」在於兩重城牆,表示它的特點的是「回」而非「囗」,有人把卜辭和銘文的「庸」一概釋作郭,嚴格說,從囗者當以作「墉」為是(墉,城也),從回者才是郭。郭是象形會意字,從邑會意,「回」可能模擬雙城城垣之形,同時也有包含在外的意思。故劍削謂之郭(《廣

---

[179] 杜正勝:《古代社會與國家》,頁653。

[180] 原句見《說文・邑部》:「郭,齊之郭氏虛。善善不能進,惡惡不能退,是以亡國也。從邑、𩫖聲。」見漢・許慎著,清・段玉裁注:《說文解字注》,頁301。

雅・釋器》），[181]劍衣亦謂之郭（《方言》九）。[182]後來衍生「廓」字，《釋名》所謂「郭，廓也，廓落在城外」；[183]《白虎通》云：「郭之言廓，大也」（朱駿聲《說文通訓定聲》豫部第九）。[184]兩重牆的城逐漸普遍，郭字逐漸流通，於是取代表示外圍的「郛」字。《春秋經》據魯史刪削，猶守古典的詞句；《左傳》則新舊並陳，表示外城的字有時用「郛」，有時用「郭」，甚至「城郭」連言。[185]

杜氏所謂「兩重城牆」即本章所論「城」、「郭」，非最外圍之「郛」。杜氏申論「郭」、「郛」混同乃因「郭」之出現遠較「郛」為晚，因「郭」係近「城」所築第二道城牆，防禦功能遠

---

[181] 原句見《廣雅・釋器》：「拾、室、郭，劍削也。」見三國魏・張揖輯，清・王念孫疏證，鍾宇訊點校：《廣雅疏證》（北京：中華書局，2004 年，據清嘉慶年間王氏家刻本影印），頁 264。

[182] 原句見《方言》卷九：「劍削，自河而北燕趙之間謂之室，自關而東或謂之廓，或謂之削，自關而西謂之韓。」見漢・揚雄著，清・錢繹箋疏：《方言箋疏》（北京：中華書局，1991 年，據清光緒庚寅年〔1890〕刊刻紅蝠山房本為底本點校排印），頁 307。

[183] 原句見《釋名・釋宮室》：「郭，廓也，廓落在城外也。」見漢・劉熙著，任繼昉校：《釋名匯校》（濟南：齊魯書社，2006 年，據《四部叢刊・經部》影印江南圖書館藏明嘉靖翻宋本為底本點校排印），頁 286。

[184] 原句見《說文通訓定聲》：「郭，……《白虎通》：郭之言廓也、大也，亦皆疊字之訓。」見清・朱駿聲：《說文通訓定聲》（北京：中華書局，1984 年，據臨嘯閣刻本影印），頁 462。

[185] 杜正勝：《古代社會與國家》，頁 652。

較「郛」重要，世人亦熟悉其作用。當「郭」廣為世人使用，最外圍之「郛」反為「郭」混同或取代，其義逐漸湮沒而模糊。此外，因「城」、「郭」皆夯土建築城牆，堅固性與保存性遠較以「封」為建築結構之「郛」久遠，故現代考古發掘常見「城」、「郭」經探勘、挖掘而呈現世人眼前。反觀以「封」或自然山川形勢為結構之「郛」，因「封」之結構強度不及夯土城牆，再者部分「郛」係利用原有山川地貌，故「郛」多未能經考古發掘而發現，未被學者充分了解與重視。大多數古代都邑遺址之「郛」雖未能重現，然仍有例證了解「郛」之梗概，如第三節所引「淹城遺址」、「偃州商城」尚可見「郛」之遺跡。

# 七、結語

　　本章探究《左傳》「郭」、「郛」差異與混同，依《左傳》知「郭」、「城」位置相臨，「郭」位於「城」之外圍以保護「城」。有時「郭」牆完全包圍「城」牆，有時「郭」偏於「城」之一側，有部分「城」牆與「郭」牆相連。無論何種形式之「郭」、「城」，因二者相臨而依附，故《左傳》常合稱「城郭」；有時單稱「郭」亦包括「城」，形成「城」、「郭」不分情況。至於「郛」之位置，本章藉說明鄭都新鄭計有三重城門，證明除「城」門及「郭」門，「城」、「郭」更外圍尚有桔柣之門及渠門，此二門即「郛」門。此外，《水經注》載春秋莒都、考古發現春秋吳國淹城與殷商偃州商城，三處皆設「郛」。杜正勝《古代社會與國家》已說明「郛」、「郭」差異，然謂「郛」為一國之「封疆」則有待商榷。「郛」位於「國」、「野」之

間，是「國」、「野」界線。文獻亦載「國」、「野」分界稱「封」，知在空間上「郭」、「封」位置重疊。依《左傳》可證「郭」、「封」內稱「國」、「郊」，「郭」、「封」外為「野」、「鄙」。「封」作動詞時有冊封土地與堆累土石之意，為名詞時有界線、疆域義。若「封」、「郭」皆「國」、「野」界線，「封」作為挖掘溝塹且堆累土石以為界線，此意義之「封」可視為「郭」建築結構之一部分。易言之，「郭」之建築有部分以「封」之方式建構，輔以原有自然山川形勢可減省「封」之工事，亦可為「郭」之天然憑障。依杜正勝之見，「郛」出現早於「郭」。然自春秋伊始，許多城邑在原有「城」外再築「郭」以加強防禦。因「郭」是夯土城牆結構，又較「郛」更具防禦功能，世人在較熟悉「郭」之情況下，逐漸將「郭」、「郛」混同使用，導致「郛」之意義模糊而為學者遺漏。

# 第三章 《左傳》「郊」析論<sup>*</sup>

## 一、前言

　　「郊」字典籍常見，《說文解字·邑部》（以下簡稱《說文》）：「郊，距國百里為郊，从邑、交聲。」[1]謂「郊」為「距國百里」，此說其來有自。《周禮·天官·大宰》：「以九賦斂財賄：一曰邦中之賦，二曰四郊之賦。」漢人鄭玄（127-200）《注》（以下簡稱鄭《注》）：「邦中，在城郭者。四郊，去國百里。」[2]《周禮》「郊」之記載尚見〈天官·司會〉：「掌國之官府、郊野、縣都之百物財用。」鄭《注》：「郊，四郊，去國百里。」又〈地官·比長〉：「徙于國中及郊，則從而授之。」唐人賈公彥（?-?，高宗永徽〔650-656〕時官太常博士）《疏》（以下簡稱賈《疏》）：「周法：遠郊百里內并國中共為六鄉。」又〈地官·載師〉：「載師：……以廛

---

\* 本章依拙文〈《左傳》「郊」考〉為基礎，調整標題與修訂部分內容，拙文發表於《文與哲》第 25 期（2014 年 12 月），頁 131-182。

[1] 漢·許慎著，清·段玉裁注：《說文解字注》（臺北：黎明文化事業公司，1994 年，據經韵樓藏版影印），頁 286。

[2] 漢·鄭玄注，唐·賈公彥疏：《周禮注疏》（臺北：藝文印書館，1993 年，據清嘉慶二十年〔1815〕江西南昌府學版影印），頁 31。

里任國中之地，以場圃任園地，以宅田、士田、賈田任近郊之地，以官田、牛田、賞田、牧田任遠郊之地。」鄭《注》：「郊或為蒿。……《司馬法》曰：『王國百里為郊，二百里為州，三百里為野，四百里為縣，五百里為都。』杜子春云：蒿讀為郊。五十里為近郊，百里為遠郊。」又〈秋官・掌士〉：「正歲，帥其屬而憲禁令于國及郊野。」鄭《注》：「去國百里為郊，郊外謂之野。」[3]依鄭《注》引漢人杜子春（30 B.C.？-58？）之說，「郊」又分「近郊」、「遠郊」；即王國五十里內為「近郊」，王國百里以內、五十里以外為「遠郊」。此外，《禮記・王制》：「不變，移之郊，如初禮。不變，移之遂，如初禮。」鄭《注》：「郊，鄉界之外者也。……遠郊之外曰遂，遂大夫掌之。」唐人孔穎達（574-648）《禮記正義》：「此郊，謂近郊也，以遠郊之內，六鄉居之。……按《司馬法》曰：百里郊，二百里野。〈遂人〉云：『掌邦之野。』[4]既二百里野，遂之所居，故知遠郊之外。」[5]〈王制〉亦見「近郊」、「遠郊」之別。

　　《周禮》乃以「王國」──即周天子立場為說，至於諸侯疆域可見《爾雅・釋地》：「邑外謂之郊，郊外謂之牧，牧外謂之野，野外謂之林，林外謂之坰。……野。」晉人郭璞（276-

---

3　漢・鄭玄注，唐・賈公彥疏：《周禮注疏》，頁 99、187、198、528。

4　原句見《周禮・地官・遂人》：「遂人，掌邦之野。」見漢・鄭玄注，唐・賈公彥疏：《周禮注疏》，頁 232。

5　漢・鄭玄注，唐・孔穎達正義：《禮記注疏》（臺北：藝文印書館，1993 年，據清嘉慶二十年〔1815〕江西南昌府學版影印），頁 256-257。

324）《注》：「邑，國都也。假令百里之國，五十里之界，界各十里也。」宋人邢昺（932-1010）《疏》：

> 此釋郊野之地，遠近高下不同之名也。云邑外謂之郊者，邑，國都也，謂國都城之外名郊也。……云假令百里之國，五十里之界，界各十里也者，以其百里之國，國都在中，去境五十里，每十里而異其名。……周制：天子畿內千里，遠郊百里。以此差之，遠郊上公五十里，侯四十里，伯三十里，子二十里，男十里也。近郊各半之，是鄭之所約也。是以《司馬法》云：王國百里為遠郊。又此經從邑之外止有五名，明當每皆百里，故知遠郊百里也。……上自邑外謂之郊，以下雖遠近高下其名不同，野為撼稱，故題云野。[6]

近人萬國鼎（1897-1963）《中國田制史》認為：

> 邑者，當時邑為人所居，即村之本身；郊在邑外，耕地所在；牧在郊外，牧場所在；野在牧外，殆為荒地，亦即林地，……且野字卜辭作埜，從林從土，亦有林地之意；野外為林，亦林地也。[7]

萬氏釋「邑」為村落雖未必正確，釋邑外郊、牧、野、林之意則

---

6  晉·郭璞傳，宋·邢昺疏：《爾雅注疏》（臺北：藝文印書館，1993年，據清嘉慶二十年〔1815〕江西南昌府學版影印），頁112-113。

7  萬國鼎：《中國田制史》（北京：商務印書館，2011年），頁9。

頗合情理。邢昺《疏》乃解「郊」之範圍，依爵等而「郊」之廣狹有別。如周天子「方千里曰王畿」，[8]距周天子國都百里內為「郊」，此「百里」係國都距東、南、西、北四界百里。若為方五百里「上公」之國，國都周邊五十里內為「郊」；若是方四百里「侯」國，四十里內曰「郊」；以下依此類推。此外，《禮記・王制》「大學在郊」句，鄭《注》引《尚書傳》云：「百里之國，二十里之郊；七十里之國，九里之郊；五十里之國，三里之郊」；[9]亦載疆域大小與「郊」之廣狹有等級差別。

　　無論《周禮》或《爾雅・釋地》，從周天子至公、侯、伯、子、男，內容整齊規律，鑿斧已甚明顯。至於春秋「郊」制如何，僅以《周禮》或《爾雅・釋地》為討論材料未必妥適。若欲論春秋「郊」之狀況，應自《左傳》、《國語》尋繹資料方能得出較公允結果。

# 二、「郊」之範圍

　　第一節引《說文》、《周禮》、《爾雅》「郊」之記載，知「郊」之範圍內側與「國」有關。「國」所指為何？第二章第四節已引清人焦循（1763-1820）《群經宮室圖》，[10]敬請讀者參看。依焦氏知「國」分廣狹三層：最狹義者是國都「城」內為國，次者指國都「郊」內為國，最廣義者指全部封國。以焦氏對

---

8　漢・鄭玄注，唐・賈公彥疏：《周禮注疏》，頁 501。

9　漢・鄭玄注，唐・孔穎達正義：《禮記注疏》，頁 236。

10　清・焦循：《群經宮室圖》（上海：上海古籍出版社，1995 年，據華東師範大學圖書館藏清道光半九書塾刻本影印），卷 1，頁 15。

「國」之三種理解，僅有最狹義之「國」──「城中曰國」可與第一節所引「郊」之解釋相符。此外，《周禮・地官・小司徒》：「小司徒之職，掌建邦之教法，以稽國中及四郊、都鄙之夫家、九比之數。」又〈地官・比長〉：「徙于國中及郊，則從而授之。」又〈地官・載師〉：「以廛里任國中之地，以場圃任園地，以宅田、士田、賈田任近郊之地，以官田、牛田、賞田、牧田任遠郊之地。」又〈地官・閭師〉：「閭師：掌國中及四郊之人民、六畜之數。」又〈地官・司救〉：「凡歲時有天患民病，則以節巡國中及郊野，而以王命施惠。」〈地官・質人〉：「凡治質劑者，國中一旬，郊二旬，野三旬，都三月。」又〈秋官・司民〉：「辨其國中與其都鄙及其郊野，異其男女。」[11]諸文皆將「國」、「郊」或「近郊」、「遠郊」對舉，知「國」、「郊」指涉區域確異，亦可證第一節引用「郊」之範圍內側為「國」。此「國」即焦氏定義最狹義──「城中曰國」之「國」。

　　然「郊」、「國」分界為何？《毛詩・魏風・碩鼠》：「逝將去女，適彼樂郊。」鄭玄《箋》：「郭外曰郊。」[12]襄公八年《左傳》：「焚我郊保。」晉人杜預（222-285）《春秋左傳集解》（以下簡稱《集解》）亦云：「郭外曰郊。」[13]《周禮・地

---

11　漢・鄭玄注，唐・賈公彥疏：《周禮注疏》，頁 168、187、198、202、214、226、534。

12　漢・毛亨傳，漢・鄭玄箋，唐・孔穎達正義：《毛詩注疏》（臺北：藝文印書館，1993 年，據清嘉慶二十年〔1815〕江西南昌府學版影印），頁212。

13　晉・杜預集解，唐・孔穎達正義：《春秋左傳注疏》（臺北：藝文印書

官‧鄉大夫〉：「國中自七尺以及六十，野自六尺以及六十有五，皆征之。」鄭《注》：「國中，城郭中也。」又〈夏官‧司士〉：「掌國中之士治，凡其戒令。」鄭《注》：「國中，城中。」又〈秋官‧脩閭氏〉：「禁徑踰者，與以兵革趨行者，與馳騁於國中者。」鄭《注》：「國中，城中。」又〈冬官‧匠人〉：「國中九經九緯，經涂九軌。」鄭《注》：「國中，城內也。」[14]又《國語‧齊語》：「參其國而伍其鄙。」三國吳人韋昭（204-273）《注》（以下簡稱韋《注》）：「國，郊以內。」〈齊語〉又云：「制國以為二十一鄉」，韋《注》：「國，國都，城郭之域也。」[15]鄭《注》謂「國」為「城郭中」、「城中」、「城內」，韋《注》言「國」為「郊之內」、「城郭之域」，雖看似明確，實則「城」、「郭」又有別。《管子‧度地》：「歸地之利，內為之城，城外為之郭」；[16]若依此則「城」、「郭」顯然不同。鄭《注》謂「國」為「城郭中」、「郭外曰郊」，則「國」、「郊」分界在「郭」，「郭」牆內為「國」而「郭」牆外屬「郊」。若謂「國」在「城中」、「城內」，則「國」、「郊」分界在「城」，「城」牆內為「國」而

---

館，1993 年，據清嘉慶二十年〔1815〕江西南昌府學版影印），頁521。為簡省篇幅與利於讀者閱讀，以下徵引本書不再以註腳方式載明出處，逕於引文後以括號夾注頁碼。

[14] 漢‧鄭玄注，唐‧賈公彥疏：《周禮注疏》，頁 180、471、556。

[15] 三國‧韋昭：《國語韋昭註》（臺北：藝文印書館，1974 年，據嘉慶庚申〔1800〕讀未見書齋重雕天聖明道本影印），頁 160、163。

[16] 題周‧管仲著，黎翔鳳校注，梁運華整理：《管子校注》（北京：中華書局，2009 年，據上海涵芬樓影宋刊楊忱本為底本點校排印），頁1051。

「城」牆外屬「郊」。究竟「國」、「郊」分界是「城」或「郭」？此部分有待釐清。

《孟子・公孫丑下》：「三里之城，七里之廓。」[17]《戰國策・齊策六・田單將攻狄》：「臣以五里之城，七里之郭，破軍亡卒。」[18]知「城」、「郭」「存在著一種比例關係」，[19]也不難見出兩者距離。第二章已論「城」、「郭」關係，依《左傳》知「郭」、「城」相臨，「郭」位於「城」之外圍以保護「城」。有時「郭」牆完全包圍「城」牆，有時「郭」偏於「城」之一側，有部分「城」牆與「郭」牆相連。無論何種形式之「郭」、「城」，因二者相臨依附，故《左傳》常合稱「城郭」；有時單稱「郭」亦包括「城」，形成「城」、「郭」不分情況。文獻謂「郊」之範圍內側界線為「國」，然「城」、「郭」又常混同不分。近人楊寬（1914-2005）《西周史》：「『國』的本義，是指王城和國都。在王城的城郭以內，叫做『國中』；在城郭以外，有相當距離的周圍地區，叫做『郊』或『四郊』。」[20]本章認為或可將「郊」內側界線定為「國」之「郭」牆，較符文獻情況。

第一節引《司馬法》：「王國百里為郊，二百里為州，三百

---

[17] 漢・趙岐注，宋・孫奭疏：《孟子注疏》（臺北：藝文印書館，1993年，據清嘉慶二十年〔1815〕江西南昌府學版影印），頁72。

[18] 漢・劉向：《戰國策》（臺北：里仁書局，1990年，據清嘉慶八年〔1803〕黃丕烈《士禮居叢書》本點校排印），頁467。

[19] 劉敍杰：《中國古代建築史・第1卷・原始社會、夏、商、周、秦、漢建築》（北京：中國建築工業出版社，2009年），頁226。

[20] 楊寬：《西周史》（臺北：臺灣商務印書館，1999年），頁374。

里為野，四百里為縣，五百里為都。」又《爾雅‧釋地》：「邑外謂之郊，郊外謂之牧，牧外謂之野，野外謂之林，林外謂之坰。」清人孫詒讓（1848-1908）《周禮正義‧天官‧甸師》：

凡此經注言野者有五解，對文各有專屬，散文則可以相統。此注以甸釋野，則以野為二百里甸之專名也。〈縣師〉「徵野之賦貢」，《注》云：「野謂甸、稍、縣、都也」；[21]〈遂人〉「掌邦之野」《注》同。則距王城二百里甸，至五百里量，通得野稱也。〈司會〉「掌國之官府、郊、野、縣、都之百物財用」，《注》云：「野，甸、稍也」；[22]〈質人〉「野三甸」《注》同。彼文郊野之外別出縣都，則野為二百里甸、三百里稍，不兼縣、都也。又，〈載師〉《注》引《司馬法》云：「二百里為州，三百里為野，四百里為縣，五百里為都。」[23]則野又為稍地之專名，內不及甸，外不及縣、都也。又，〈鄉大夫〉「國中七尺以及六十，野自六尺以及六十有五，皆征

---

[21] 原句見《周禮‧地官‧縣師》：「以歲時徵野之賦貢。」鄭玄《注》：「野謂甸、稍、縣、都也。」見漢‧鄭玄注，唐‧賈公彥疏：《周禮注疏》，頁204。

[22] 原句見《周禮‧天官‧司會》：「掌國之官府、郊野、縣都之百物財用。」鄭玄《注》：「野，甸、稍也。」見漢‧鄭玄注，唐‧賈公彥疏：《周禮注疏》，頁99。

[23] 原句見《周禮‧地官‧載師》鄭玄《注》：「《司馬法》曰：『王國百里為郊，二百里為州，三百里為野，四百里為縣，五百里為都。』」見漢‧鄭玄注，唐‧賈公彥疏：《周禮注疏》，頁198。

之。」《注》云：「國中，城郭中也。」[24]則野為城郭外可知，是王城之外，四郊以內，亦得稱野也。[25]

依孫氏知「野」亦有廣狹之別，可專指距王城百里至二百里之「甸」，可專指距王城二百里至三百里之「稍」，有時又兼言「甸」與「稍」而不包括「縣」與「都」，有時則又統稱「甸」、「稍」、「縣」、「都」，有時又將王城外包括四「郊」地區統稱「野」。[26]須說明者為，上引《周禮》「野」之論述亦以「方千里曰王畿」規格說明王國疆域，然其排列次第整齊劃一，恐亦後世鑿斧所致。依《周禮》雖「野」之範圍可大可小、可廣可狹，本章為較廣泛討論「野」與「郊」，仍以第一節所引鄭《注》「去國百里為郊，郊外謂之野」為準，將「郊」外統稱「野」。

　　「郊」外既為「野」，則「郊」外側當與「野」為界，而其界線何在？筆者認為「郊」外側界線即《左傳》之「郛」，有時亦稱「封」，讀者可參第二章。總之，《左傳》所載「郊」內側與「國」之「郭」牆為界，「郭」牆內為焦氏釋「國」之最狹義者──「城中曰國」之「國」；「郭」牆外則為「郊」。「郊」

---

24 原句見《周禮·地官·鄉大夫》：「國中自七尺以及六十，野自六尺以及六十有五，皆征之。」鄭玄《注》：「國中，城郭中也。」見漢·鄭玄注，唐·賈公彥疏：《周禮注疏》，頁 180。

25 清·孫詒讓著，王文錦、陳玉霞點校：《周禮正義》（北京：中華書局，2000 年，據清光緒三十一年〔1905〕孫氏家藏鉛鑄版為底本點校排印），頁 292-293。

26 趙世超：《周代國野關係研究》（臺北：文津出版社，1993 年），頁 2。

外側以「郭」、「封」為界,「郭」、「封」內為「郊」而其外
為「野」。簡言之,《左傳》「郊」範圍為「國」之「郭」牆外
與「郭」、「封」之內。

# 三、「郊尹」、「郊人」為「郊」之長官

## (一)「郊尹」為楚國「郊」之長官

　　「郊尹」、「郊人」《左傳》各一見,昭公十三年《左
傳》:「王奪鬬韋龜中犫,又奪成然邑,而使為郊尹。」《集
解》:「郊尹,治郊竟大夫。」(頁 805)楚國官制常以「尹」
為名,見諸《左傳》者如「令尹」、「左尹」、「右尹」、「工
尹」等二十餘種。[27]所謂「郊竟」當指「郊」之區域,「郊尹」
應是管理「郊」之大夫。[28]程濤平《楚國農業及社會研究》:
「楚國的郊尹似相當於《周禮》中的『鄉大夫』、鄭國的『郊
人』、宋國的『鄉正』。」[29]程氏之說頗有見的,可惜未深入探
究。楊寬《古史新探》:「郊人即是郊內『鄉』的長官。」[30]筆
者認為甚有創見,以下可依楊、程二氏之說敷衍論證。

---

[27]　許秀霞:《左傳職官考述》(臺北:花木蘭文化出版社,2009 年),
　　頁 202-231。

[28]　許秀霞:《左傳職官考述》,頁 229。

[29]　程濤平:《楚國農業及社會研究》(武漢:湖北教育出版社,2012
　　年),頁 183。

[30]　楊寬:《古史新探》(北京:中華書局,1965 年),頁 149。

## （二）以詞例證「郊人」為鄭國「郊」之長官

「郊人」見昭公十八年《左傳》：「火作，……明日，使野司寇各保其徵，郊人助祝史除於國北，禳火于玄冥、回祿，祈于四鄘。」孔穎達《春秋正義》（以下簡稱《正義》）：「《周禮》：鄉在郊內，遂在郊外，諸侯亦當然。郊人，當謂郊內鄉之人也。……使此鄉人助祝史除地在城之北，作壇場，為祭處也。」（頁 842）《正義》據《周禮》知「郊」內設「鄉」，則「郊人」為「鄉之人」，即後文之「鄉人」。《左傳》「鄉人」二見，莊公十年《左傳》：「公將戰，曹劌請見。其鄉人曰：『肉食者謀之，又何間焉？』」（頁 146）又昭公十二年《左傳》：「南蒯之將叛也，其鄉人或知之，過之而歎。……將適費，飲鄉人酒，鄉人或歌之。」（頁 792-793）若如《正義》謂「郊人」即「鄉人」，則「鄉人」可概括二者而毋需分用二詞。考諸《左傳》，以「人」為職官之名者所在多有，如「行人」三十三見，最為學者熟悉。[31]再如「封人」六見、[32]「宗人」五

---

[31] 《左傳》「行人」之官常見，為簡省篇幅，不一一具引，敬請讀者自行檢閱。

[32] 隱公元年《左傳》：「潁考叔為潁谷封人。」《集解》：「封人，典封疆者。」《正義》：「天子封人職典封疆，知諸侯封人亦然。」（頁 37）又桓公十一年《左傳》：「初，祭封人仲足有寵於莊公，莊公使為卿。」《集解》：「封人，守封疆者，因以所守為氏。」（頁 123）又文公十四年《左傳》：「宋高哀為蕭封人以為卿。」《集解》：「蕭，宋附庸，仕附庸還升為卿。」（頁 336）又宣公十一年《左傳》：「使封人慮事。」《集解》：「封人，其時主築城者。慮事，謀慮計功。」《正義》：「《周禮·封人》：凡封國，封其四疆，造都邑之封域者亦如之。」（頁 383）又昭公十九年《左傳》：「鄅陽封人之女奔之，生

見、[33]「卜人」四見、[34]「虞人」四見、[35]「館人」三見、[36]「府

---

大子建。」（頁 844）又昭公二十一年《左傳》：「干犨御呂封人華
豹。」《集解》：「呂封人華豹，華氏黨。」《集解》：「呂邑封人，
官名；豹，即下文華豹是也。」（頁 870）

[33] 襄公二十二年《左傳》：「九月，鄭公孫黑肱有疾，歸邑于公，召室
老、宗人立段。」（頁 599）又哀公二十四年《左傳》：「使宗人釁夏
獻其禮。」《集解》：「宗人，禮官也。」（頁 1050）又莊公三十二
年《左傳》：「虢公使祝應、宗區、史囂享焉。」《集解》：「祝，大
祝。宗，宗人。史，大史。應、區、囂，皆名。」（頁 181）又襄公九
年《左傳》：「祝、宗用馬于四墉。」《集解》：「祝，大祝。宗，宗
人。」（頁 524）又定公四年《左傳》：「祝、宗、卜、史，備物典
策。」《集解》：「大祝、宗人、大卜、大史，凡四官。」（頁 947）
後三則將「宗人」省稱「宗」，本章仍予計算。

[34] 僖公四年《左傳》：「卜人曰：『筮短龜長，不如從長。』」（頁
203）又昭公元年《左傳》：「叔向問焉，曰：『寡君之疾病，卜人
曰：「實沈、臺駘為祟。」』」（頁 705）又昭公三十二年《左傳》：
「卜人謁之曰：『生有嘉聞，其名曰友，為公室輔。』生如卜人之言，
有文再其手曰友，遂以名之。」（頁 934）又哀公十六年《左傳》：
「衛侯占夢，嬖人求酒於大叔僖子，不得與卜人比。」（頁 1044）

[35] 襄公四年《左傳》：「於虞人之箴曰。」《集解》：「虞人，掌田
獵。」《正義》：「虞人掌獵，故以獵為箴也。」（頁 507）又昭公二
十年《左傳》：「十二月，齊侯田于沛，招虞人以弓，不進。公使執
之，辭曰：『昔我先君之田也，……皮冠以招虞人。』」《集解》：
「虞人，掌山澤之官。」《正義》：「虞人掌田獵，故皮冠以招虞人
也。」（頁 858）又定公八年《左傳》：「陽虎前驅，林楚御桓子，虞
人以鈹盾夾之。」（頁 966）又哀公十四年《左傳》：「十四年春，西
狩於大野，叔孫氏之車子鉏商獲麟，以為不祥，以賜虞人。」《集
解》：「虞人，掌山澤之官。」（頁 1031）

[36] 僖公三十一年《左傳》：「使臧文仲往，宿於重館，重館人告。」（頁
286）又昭公元年《左傳》：「不然敝邑，館人之屬也。」《集解》：
「館人，守舍人也。」（頁 697）又哀公三年《左傳》：「府庫慎守，

人」三見、[37]「饔人」二見、[38]「邊人」二見；[39]「候人」、[40]
「獸人」、[41]「泠人」、[42]「甸人」、[43]「饋人」、[44]「稽人」、
[45]「山人」、[46]「縣人」、[47]「庫人」、[48]「宰人」、[49]「校

---

官人肅給。」（頁 998）清人俞樾（1821-1907）《春秋左傳平議》：
「《儀禮・士喪禮》『管人汲。』鄭《注》曰：『管人，有司主館舍
者。』《釋文》曰：『管如字。劉又音官。』然則官人之即館人，此可
證矣。古『官』、『館』同字。」見清・俞樾：《春秋左傳平議》，收
入清・王先謙：《經解續經解春秋類彙編》（臺北：藝文印書館，1986
年），頁 2289。俞樾認為古時「官」、「館」同字，「官人」即「館
人」，今從其說。

[37] 文公八年《左傳》：「司城蕩意諸來奔，效節於府人而出。」（頁
320）又昭公十八年《左傳》：「使府人、庫人各儆其事。」（頁
841）又昭公三十二年《左傳》：「子家子反賜於府人。」（頁 933）

[38] 襄公二十八年《左傳》：「饔人竊更之以鶩。」（頁 654）又昭公二十
五年《左傳》：「及季姒與饔人檀通。」《集解》：「饔人，食官。」
（頁 892）

[39] 昭公十八年《左傳》：「邊人恐懼，不敢不告。」（頁 843）又昭公二
十四年《左傳》：「吳人踵楚，而邊人不備。」（頁 886）

[40] 宣公十二年《左傳》：「君使群臣問諸鄭，豈敢辱候人。」《集解》：
「候人，謂伺候望敵者。」（頁 394）。

[41] 宣公十二年《左傳》：「子有軍事，獸人無乃不給於鮮？敢獻於從
者。」（頁 395）

[42] 成公九年《左傳》：「召而弔之，再拜稽首。問其族，對曰：『泠人
也。』」（頁 448）

[43] 成公十年《左傳》：「六月丙午，晉侯欲麥，使甸人獻麥。」《集
解》：「甸人，主為公田者。」（頁 450）

[44] 成公十年《左傳》：「六月丙午，晉侯欲麥，使甸人獻麥，饋人為
之。」（頁 450）

[45] 襄公四年《左傳》：「邊鄙不聳，民狎其野，稽人成功，二也。」（頁
508）

人」、[50]「鄙人」[51]等各一見。「郊人」亦以「人」為官名，與上引諸例相仿。就客觀條件言，楊寬釋「郊人」為職官名確有可能。此外，以空間名詞為官名者有「邊人」、「縣人」、「鄙人」，「邊人」與「鄙人」須進一步說明。近人楊伯峻（1909-1992）《春秋左傳詞典》釋「邊人」為「居住邊境之民。」[52]陳克炯《左傳詳解詞典》釋「邊人」為二義，一為「邊境的百姓」，一為「邊防軍政官員。」[53]陳氏於第二義舉昭公二十四年《左傳》為證：「楚子為舟師以略吳疆。沈尹戌曰：『……吳踵楚，而疆場無備，邑能無亡乎？』……吳人踵楚，而邊人不備，遂滅巢及鍾離而還。」（頁 886）傳文前言「吳踵楚，而疆場無備，邑能無亡乎」而後云「吳人踵楚，而邊人不備，遂滅巢及鍾離而還」，知「疆場無備」與「邊人不備」對舉。「疆場」指邊境地區，是空間名詞；知「疆場無備」謂邊疆地區未有守備。至

---

[46] 昭公四年《左傳》：「山人取之，縣人傳之。」《集解》：「山人，虞官。」（頁 729）

[47] 昭公四年《左傳》：「山人取之，縣人傳之。」《集解》：「縣人，遂屬。」（頁 729）

[48] 昭公十八年《左傳》：「使府人、庫人各徵其事。」（頁 841）

[49] 哀公三年《左傳》：「命宰人出禮書。」《集解》：「宰人，家宰之屬。」（頁 998）

[50] 哀公三年《左傳》：「校人乘馬，……公父文伯至，命校人駕乘車。」《集解》：「校人，掌馬。」（頁 998）

[51] 哀公七年《左傳》：「曹鄙人公孫彊好弋。」（頁 1011）

[52] 楊伯峻：《春秋左傳詞典》（臺北：漢京文化事業公司，1987 年），頁 994。

[53] 陳克炯：《左傳詳解詞典》（鄭州：中州古籍出版社，2004 年），頁 1188。

於何人守備「疆場」？當指下文「邊人」。「邊人」能守備邊疆，必是戰鬥人員，應非泛指居住邊疆之人，故陳氏釋「邊人」為「邊防軍政官員」頗具見的。「邊人」另見昭公十八年《左傳》：「火之作也，子產授兵登陴。……既，晉之邊吏讓鄭曰：『……鄭國有災，……寡君之憂也。今執事欄然授兵登陴，將以誰罪？邊人恐懼，不敢不告。』」（頁 843）鄭卿子產為防火災時有心人趁亂興禍，授國人兵器登城警戒。晉國「邊吏」讓責子產，認為鄭國有所企圖。「邊吏」為「守邊境者」、「防守邊境的官吏」，[54]下文又云「邊人恐懼，不敢不告」，知「邊人」應係「邊吏」自稱，仍是「防守邊境的官吏。」

「鄙人」僅見哀公七年《左傳》：「曹人或夢眾君子立于社宮，而謀亡曹。曹叔振鐸請待公孫彊，許之。旦而求之，曹無之。……曹鄙人公孫彊好弋。……因訪政事，大說之。有寵，使為司城以聽政。」（頁 1011）楊伯峻謂「鄙人」為「鄙野之人」，陳克炯釋為「邊鄙上的人」，[55]筆者認為二說不確。日本人竹添光鴻（1842-1917）《左傳會箋》（以下簡稱《會箋》）謂「公孫彊」之「公孫」為氏族而非「公之孫」，[56]其說可從。傳文謂曹人於國都遍尋公孫彊未得，若此人真為「公之孫」，曹人豈能不知？故謂「公孫彊」之「公孫」為氏號較符傳意。《左

---

[54] 楊伯峻：《春秋左傳詞典》，頁 994。陳克炯：《左傳詳解詞典》，頁 1188。

[55] 楊伯峻：《春秋左傳詞典》，頁 830。陳克炯：《左傳詳解詞典》，頁 1207。

[56] 日本・竹添光鴻：《左傳會箋》（臺北：天工書局，1998 年），頁 1922。

傳》記公孫彊因「好弋」而得曹伯陽賞識，命為「司城」以聽
政。公孫彊雖非「公之孫」，然其不僅有「公孫」之氏又嫻熟射
箭技法，獲白雁又能獻予曹伯陽，當具貴族身分而非一般「鄙野
之人」。若上述無誤，則「鄙人」即管理「鄙」之官員。「邊
人」、「縣人」、「鄙人」皆以空間名詞為首而後綴以「人」，
三者乃「邊」、「縣」、「鄙」之長官。以詞例推之，「郊人」
亦以空間名詞「郊」為首而後綴「人」字，亦當是管理「郊」之
長官。此外，上文已述楚國職官「郊尹」為管理「郊」之長官，
以類相推則「郊人」可類比「郊尹」，亦是治「郊」之官。

## （三）以鄭大夫子大叔事蹟證「郊人」為鄭國「郊」之長官

此外，亦可從鄭大夫子大叔事蹟證實「郊人」為「郊」之長
官。襄公二十六年《左傳》：「子大叔為令正，以為請。」《集
解》：「主作辭令之正」（頁 632），楊伯峻《春秋左傳注》
（以下簡稱《左傳注》）認為即「主稿文件之官。」[57]《《左
傳》職官考述》主張是「負責起草對外辭令之長官」，[58]晁福林
《春秋戰國的社會變遷》以為乃「主持草擬外交辭令的長官。」
[59]至魯襄公三十一年（542 B.C.）、即鄭簡公二十四年時，子大
叔應任「行人」一類職官。襄公三十一年《左傳》：

---

[57]　楊伯峻：《春秋左傳注》（北京：中華書局，2000 年），頁 1115。

[58]　許秀霞：《左傳職官考述》，頁 84。

[59]　晁福林：《春秋戰國的社會變遷》（北京：商務印書館，2011 年），
　　　頁 711。

> 子產之從政也，擇能而使之：馮簡子能斷大事，子大叔美
> 秀而文，公孫揮能知四國之為，而辨於其大夫之族姓、班
> 位、貴賤、能否，而又善為辭令。裨諶能謀，謀於野則
> 獲，謀於邑則否。鄭國將有諸侯之事，子產乃問四國之為
> 於子羽，且使多為辭令；與裨諶乘以適野，使謀可否；而
> 告馮簡子使斷之。事成，乃授子大叔使行之，以應對賓
> 客，是以鮮有敗事。（頁 688）

鄭卿子產從政，善於選拔人才。公孫揮字子羽，有關諸侯政事，
子產必先詢問公孫揮，再與裨諶論之，最後由馮簡子決定是否執
行。討論完畢子產再授子大叔執行，「以應對賓客。」《集解》
於「子大叔美秀而文」句云：「其貌美，其才秀。」（頁 688）
所謂「美」者，《會箋》認為「亦言其才也，周公之才美可
證。」至於「文」者，《會箋》謂「言威儀辭令也」；《左傳
注》認為是「習典章制度詩樂。」[60]故子大叔先前擔任「令
正」，《會箋》主張「因其有討論之文，又善決而文」，[61]即發
揮其撰寫辭章之特長，應對進退合宜適恰而任此職。學者或許質
疑，依襄公三十一年另一段記載：「子羽為行人，馮簡子與子大
叔逆客」（頁 688），知是時鄭「行人」為子羽，此處又何謂子
大叔任「行人」之官？鄭國官制因資料甚少，未能明確釐清官
名及內容。然上引傳文謂子羽任「行人」，馮簡子、子大叔亦分
擔「逆客」工作，顯然除子大叔外，馮簡子亦負責部分外交工

---

60 日本・竹添光鴻：《左傳會箋》，頁 1325。楊伯峻：《春秋左傳
　　注》，頁1191。

61 日本・竹添光鴻：《左傳會箋》，頁 1214。

作。[62]《周禮・秋官・大行人》謂「大行人」職守為「掌大賓之禮及大客之儀，以親諸侯。」然〈秋官・小行人〉載其工作是「掌邦國賓客之禮籍，以待四方之使者。」[63]「小行人」職掌似與上引傳文子大叔執行「逆客」工作相近，故子大叔任「行人」一類職官，或當與「行人」子羽相互配合。

　　至魯昭公十八年（524 B.C.）、即鄭定公六年時，子大叔職務已有更動，筆者認為此時應任「郊人」。昭公十八年《左傳》：

> 七月，鄭子產為火故，大為社，袚禳於四方，振除火災，禮也。乃簡兵大蒐，將為蒐除。子大叔之廟在道南，其寢在道北，其庭小，過期三日，使除徒陳於道南廟北。（頁842-843）

《集解》：「治兵於廟，城內地迫，故除廣之。」（頁843）子產為「袚禳於四方，振除火災」，於國都新鄭城內舉行「社」祭且「簡兵大蒐。」「簡兵大蒐」《左傳注》謂「精選車乘徒兵，將大檢閱，大演習。」因城內狹迫，須予「蒐除」，《左傳注》認為是「為檢閱清除場地。」[64]子大叔之「廟」在「簡兵大蒐」

---

[62] 黃寶實《中國歷代行人考》羅列春秋時代鄭國之行人，計有燭之武、公子歸生、公子騑、公孫僑、子大叔、子羽等六人，亦將子大叔與子羽同列行人。見黃寶實：《中國歷代行人考》（臺北：臺灣中華書局，1969年），頁75-77。

[63] 漢・鄭玄注，唐・賈公彥疏：《周禮注疏》，頁560、567。

[64] 楊伯峻：《春秋左傳注》，頁1398。

所經之道南側，居住之「寢」在道北側，子大叔須擇一拆除。傳文謂「使除徒陳於道南廟北」，令「除徒」列道之南側、廟之北側，準備拆子大叔之「廟」者即子大叔自己。「除徒」《左傳注》謂即「子大叔所命清除場地之徒卒」，[65]對照上引昭公十八年《左傳》「郊人助祝史除於國北」，此「助祝史除於國北」為「郊人」而非「除徒」，知「郊人」非「除徒」。若「郊人」非「除徒」，傳文又謂「郊人助祝史除於國北」，知「郊人」係命令「除徒」之長官。對照上引子大叔事蹟，知此時鄭「郊人」乃子大叔。子大叔任「郊人」可回溯數年，昭公十二年《左傳》：「三月，鄭簡公卒。將為葬除，及游氏之廟，將毀焉。子大叔使其除徒執用以立，而無庸毀。」《集解》：「除葬道。」（頁789）本年鄭簡公逝世，《左傳注》謂「為葬埋清除道路障礙」，[66]故子大叔命「除徒」整頓出殯隊伍須經道路。此段頗類上引魯昭公十八年事蹟，推測早在魯昭公十二年（530 B.C.）、即鄭簡公三十六年時，子大叔已任「郊人」。

　　若上述推論無誤，鄭「郊人」即「郊」之長官。由傳文知「郊人」管理對象之一是「除徒」，「除徒」理當居於「郊」。至於「除徒」身分為何？《左傳》有「役人」、「役徒」，[67]

---

[65]　楊伯峻：《春秋左傳注》，頁 1398。

[66]　楊伯峻：《春秋左傳注》，頁 1331。

[67]　桓公十二年《左傳》：「明日，絞人爭出，驅楚役徒於山中。」（頁124）又僖公十六年《左傳》：「城鄎，役人病，有夜登丘而呼曰：『齊有亂！』不果城而還。」（頁 236-237）又宣公二年《左傳》：「宋城，華元為植，巡功。城者謳曰：『睅其目，皤其腹，棄甲而復。于思于思，棄甲復來。』使其驂乘謂之曰：『牛則有皮，犀兕尚多，棄甲則那？』役人曰：『從其有皮，丹漆若何？』華元曰：『去之！夫其

「是所有服徭役之庶人的總稱。」[68]此些「役人」、「役徒」身分皆「國人」中之「庶人」，職業屬性為「農」。[69]「除徒」工作為「除」又稱「徒」，亦當「役人」、「役徒」之倫，身分是「國人」之「庶人」。襄公二十三年《左傳》：「冬十月，孟氏將辟，藉除於臧氏。臧孫使正夫助之，除於東門，甲從己而視之。」（頁 606）清人沈欽韓（1775-1831）《春秋左氏傳補注》謂「正夫」乃「鄉遂之正卒也。」[70]楊寬亦主沈氏之說，主張「正夫」「當即『國』中『鄉』的正卒，即宋國所謂『正徒』。」[71]襄公九年《左傳》：「使華臣具正徒，令隧正納郊保，奔火所。」《集解》：「正徒，役徒也。」（頁 523）襄公二十三年《左傳》謂「正夫」任「除」之工作，與上引二則「除徒」內容相同。《左傳注》認為「正夫」、「正徒」，其實一也；《集解》又稱「正徒」為「役徒」，可證「除徒」即「正夫」、「正徒」，服徭役時稱「役人」、「役人」或「除徒」，身分皆「國人」之「庶人」。知「除徒」身分為「國人」又居於「郊」，應受「郊人」管理。

---

口眾我寡。」」（頁 363-364）又襄公十八年《左傳》：「楚師多凍，役徒幾盡。」（頁 579）又襄公二十三年《左傳》：「陳人城，板隊而殺人。役人相命，各殺其長，遂殺慶虎、慶寅。」（頁 602）

[68] 黃聖松：〈《左傳》「役人」考〉，《文與哲》第 18 期（2011 年 6 月），頁 81-104。

[69] 黃聖松：〈《左傳》「輿人」考〉，《文與哲》第 6 期（2005 年 6 月），頁 35-68。

[70] 清·沈欽韓：《春秋左氏傳補注》，收入清·王先謙：《經解續經解春秋類彙編》（臺北：藝文印書館，1986 年），頁 2566。

[71] 楊寬：《西周史》，頁 383。

「郊尹」為楚國治理「郊」之長官，此說諸家無疑。《左傳》「郊人」當為鄭國「郊」之職官，管理對象乃居「郊」之「除徒」——即《左傳》之「正夫」、「正徒」；服徭役時又稱「役人」、「役徒」，身分為「國人」之「庶人」。由《左傳》相關記載推判，自魯昭公十二年、即鄭簡公三十六年起，至少至魯昭公十八年、即鄭定公六年期間，鄭國任「郊人」者為子大叔。

# 四、「郊」設「鄉」

「郊人」僅見鄭國，其他國家管理「郊」之職官為何？又「郊」之行政區劃為何？上引昭公十八年《左傳》之《正義》：「《周禮》：鄉在郊內，遂在郊外，諸侯亦然。」其說本見《尚書·費誓》鄭《注》：「諸侯之制，亦當鄉在郊內，遂在郊外。此言『三郊三遂』者，三郊謂三鄉也，蓋使三鄉之民分在四郊之內，三遂之民分在四郊之外。鄉近於郊，故以郊言之。」[72]「郊」、「鄉」關係雖密切，然鄭《注》謂「鄉在郊內，遂在郊外」；又云「鄉近於郊，故以郊言之。」《禮記·王制》「不變移之郊，如初禮」句，鄭《注》：「郊，鄉界之外者也」，[73]似又將「郊」、「鄉」分別。鄭《注》之見應本於《周禮》，如〈地官·小司徒〉：「及大比、六鄉、四郊之吏，平教治，正政事，

---

[72] 題漢·孔安國傳，唐·孔穎達正義：《尚書注疏》（臺北：藝文印書館，1993 年，據清嘉慶二十年〔1815〕江西南昌府學版影印），頁313。

[73] 漢·鄭玄注，唐·孔穎達正義：《禮記注疏》，頁256。

攷夫屋,及其眾寡、六畜、兵器,以待政令。」[74]此「六鄉」與「四郊」對舉。又〈地官·遺人〉:「鄉里之委積,以恤民之囏阨;門關之委積,以養老孤;郊里之委積,以待賓客;野鄙之委積,以待羈旅;縣都之委積,以待凶荒。」[75]此「鄉里」與「郊里」對舉。宋人王昭禹(?-?,北宋徽〔1100-1126 在位〕、欽〔1126-1127 在位〕時人)《周禮詳解》:「近郊五十里,六鄉在焉;遠郊百里,六遂在焉。謂之郊里,則異於鄉里,以在郊、遂之間言之也。」[76]清人林喬蔭(?-?,乾隆 30 年〔1765〕舉人)《三禮陳數求義》:「六鄉內屬國中,外界於郊。六遂內連四郊,外達於野。……未可以郊野即為鄉遂也。」[77]《周禮正義》:「郊里者,里閭通稱,郊民所居。……郊里之地在四郊,各為小城邑,《左》襄八年傳所謂『郊保』是也。……全經散文言郊者,或通六鄉言之;其以鄉與郊對文者,則相為鄉里,郊為郊里,二者迥異。」[78]諸家認為「郊」在「鄉」外,故「鄉」、「郊」有異;散言之可以「郊」概括「鄉」,對言之則有別。顧德融、朱順龍《春秋史》承傳統之說,認為「臨近城的地方稱為『郭』,『郭』內部分稱為『鄉』,『郭』外稱為『郊』。」[79]

---

[74]　漢·鄭玄注,唐·賈公彥疏:《周禮注疏》,頁 174。

[75]　漢·鄭玄注,唐·賈公彥疏:《周禮注疏》,頁 204。

[76]　宋·王昭禹:《周禮詳解》,收入《景印文淵閣四庫全書》第 91 冊(臺北:臺灣商務印書館,1983-1986 年),卷 13,頁 8。

[77]　清·林喬蔭:《三禮陳數求義》(上海:上海古籍出版社,1995 年),卷 2,頁 28-29。

[78]　清·孫詒讓著,王文錦、陳玉霞點校:《周禮正義》,頁 982。

[79]　顧德融、朱順龍:《春秋史》(上海:上海人民出版社,2001 年),頁 275。

晁福林《先秦社會形態研究》持反對意見，主張《周禮》「六鄉」「在西周春秋時代的社會中是不存在的，它只存在於《周禮》關於未來社會組織的設想中。」[80]筆者認為晁氏之見恐有武斷之嫌。諸家之說本於《周禮》、《禮記》，然二書畢竟晚於《左傳》，須求諸傳文方能了解春秋「郊」、「鄉」關係。

## （一）鄭國「郊人」猶宋國「鄉大夫」

襄公九年（564 B.C.）與昭公十八年《左傳》分載宋、鄭二國火災救災狀況，今不嫌詞費將二則記載迻錄於下：

> 九年，春，宋災。……使皇鄖命校正出馬，工正出車，備甲兵，庀武守。使西鉏吾庀府守，令司宮、巷伯儆宮。二師令四鄉正敬享，祝宗用馬于四墉，祀盤庚于西門之外。（襄公九年《左傳》）（頁 523-524）

> 火作。……使府人、庫人各儆其事。商成公儆司宮。……司馬、司寇列居火道，行火所焮。城下之人伍列登城。明日，……郊人助祝史除於國北，禳火于玄冥、回祿，祈于四鄘。（昭公十八年《左傳》）（頁 841-842）

襄公九年《左傳》：「使皇鄖命校正出馬，工正出車，備甲兵，庀武守。」《集解》：「校正，主馬；工正，主車，使各備其

---

80　晁福林：《先秦社會形態研究》（北京：北京師範大學出版社，2003年），頁 417。

官。」《正義》：「車馬、甲兵，司馬之職，使皇鄖掌此事，皇鄖必是司馬也。」（頁523）對照昭公十八年《左傳》「城下之人伍列登城」，《集解》：「為部伍登城，備姦也。」《正義》：「此承司馬、司寇之下，亦是二官使之。……言城下之人，為部伍行列以登城，亦是司馬、司寇之人，備姦寇也。」（頁841）二處皆載司馬調度戰鬥人員警戒，此其一也。又襄公九年《左傳》：「使西鉏吾厄府守」，《集解》：「鉏吾，大宰也。府，六府之典。」《正義》引隋人劉炫（546?-613?），謂「府守謂府庫守藏。」（頁523）《左傳注》贊成劉炫之見，認為「府庫所藏，不僅物資財幣，典策亦有藏所，劉義可包杜義。」[81]對照昭公十八年《左傳》「使府人、庫人各儆其事」，《集解》：「儆，備火也。」《正義》：「〈曲禮〉云：『在府言府，在庫言庫』，[82]皆是藏財賄之處，故使其人各自儆守以防火也。」（頁841）二處皆記儆守府庫，此其二也。又襄公九年《左傳》：「令司宮、巷伯儆宮」，《集解》：「司宮，奄臣；巷伯，寺人，皆掌宮內之事。」（頁524）對照昭公十八年《左傳》「商成公儆司宮」，《集解》：「商成公，鄭大夫。司宮，巷伯、寺人之官。」（頁841）二處皆著儆備公宮，管理宮內巷伯、寺人之事，此其三也。又襄公九年《左傳》：「祝、宗用馬于四墉，祀盤庚于西門之外。」《集解》：「祝，大祝。宗，宗人。墉，城也。用馬祭于四城，以禳火。盤庚，殷王，宋之遠祖。城積陰之氣，故祀之。」（頁524）對照昭公十八年《左

---

[81] 楊伯峻：《春秋左傳注》，頁962。

[82] 原句見《禮記‧曲禮下》：「在官言官，在府言府，在庫言庫，在朝言朝。」見漢‧鄭玄注，唐‧孔穎達正義：《禮記注疏》，頁100。

傳》「郊人助祝史除於國北，禳火于玄冥、回祿，祈于四鄘。」
《集解》：「玄冥，水神。回祿，火神。鄘，城也。城積土，陰
氣所聚，故祈祭之，以禳火之餘災。」（頁 842）二處皆錄祭祀
某位先祖或神祇，又於城牆四處祈祭，乞求禳除火災，此其四
也。二次火災發生於不同時間、不同國家，然救災過程、指揮調
度官員及動員對象幾乎雷同，顯非巧合。

襄公九年《左傳》謂「二師令四鄉正敬享」，此事值得注
意。《集解》：「二師，左、右師也。鄉正，鄉大夫。享，祀
也。」《正義》：「《周禮》：『祭人鬼曰享。』[83]故享為祀
也。止令敬享，不知所享何神。」（頁 524）《正義》謂「祭人
鬼曰享」，又言「不知所享何神」，實有矛盾。筆者認為傳文已
謂「祀盤庚于西門之外」，《集解》已釋盤庚為「宋之遠祖」，
「享」之對象應即盤庚這位「人鬼」。至於辦治祭祀之事內容為
何？一部分即昭公十八年《左傳》「郊人助祝史除於國北」之
「除」。《集解》：「為祭處於國北者，就大陰禳火。」《正
義》：「助祝史除地在城之北，作壇場，為祭處也。」（頁
842）「鄉正」為一鄉長官，由其率鄉人「除」地治辦祭祀之所
甚合情理。且上文已舉四處雷同處，推測此句「二師令四鄉正敬
享」與「郊人助祝史除於國北」理當相應，知襄公九年《左傳》
之「鄉正」應是昭公十八年《左傳》之「郊人」。上節已證「郊
人」為「郊」之長官，若與襄公九年《左傳》對應，則「郊人」

---

83　原句見《周禮・春官・大宗伯》：「大宗伯之職，掌建邦之天神、人
　　鬼、地示之禮，以佐王建保邦國。」鄭《注》：「天神、地祇、人鬼之
　　禮者，謂祀之、祭之、享之。」見漢・鄭玄注，唐・賈公彥疏：《周禮
　　注疏》，頁 270。

之職應是「鄉正」，即《周禮》之「鄉大夫」。此外，襄公九年《左傳》：「鄭人游于鄉校，以論執政。」《集解》：「鄉之學校」（頁 688），亦證鄭確設「鄉」。「郊人」既是「郊」之長官，職掌與「鄉正」、「鄉大夫」相當，推測「郊」、「鄉」關係為「郊」上設「鄉」，與上文引述「郊」在「鄉」外說法有異。前文已論《左傳》「郊」之範圍是內至國都「城郭」之「郭」牆，外至國都之「郛」、「封」，在此範圍內設若干「鄉」，國都「城郭」內應僅設「里」而不設「鄉」。杜正勝《編戶齊民》：「西周與春秋時代基層社會人群的聚居形態主要有邑、里兩類，大體而言，邑是獨立的聚落，里則是國或都內的社區。」[84]筆者意見與杜氏同，然杜氏未申論國都「城郭」內是否僅設「里」不設「鄉」。

## （二）宋國「郊」上設「鄉」

再者，襄公十五年《左傳》另段記載可為「郊」上設「鄉」之證：「宋人或得玉，獻諸子罕。子罕弗受。……稽首而告曰：『小人懷璧，不可以越鄉，納此以請死也。』子罕寘諸其里，使玉人為之攻之，富而後使復其所。」《集解》於「不可以越鄉」云：「言必為盜所害」；於「富而後使復其所」云：「賣玉得富。」（頁 566）《會箋》：「子罕以獻玉者曰：不可越鄉，故寘其人於己里中也」；《左傳注》：「復其所則謂送之回鄉

---

[84] 杜正勝：《編戶齊民》（臺北：聯經出版事業公司，1990 年），頁103。

里。」[85]獻玉者當是至國都商丘面見子罕，獻玉者謂若攜玉石「越鄉」，「必為盜所害。」子罕將獻玉者「寘其人於己里中」，待玉人攻治玉石且「賣玉得富」後，子罕將獻玉者「送之回鄉里。」此事另見《呂氏春秋・孟冬紀・異寶》：「宋之野人，耕而得玉，獻之司城子罕，子罕不受。」[86]《左傳》「宋人」《呂氏春秋》記為「宋之野人」，姑不論獻玉者身分，可確定獻玉者自家鄉至宋都，歸途須離國都「城郭」而入「郊」。上文已論「郊」上設「鄉」，故獻玉者謂其歸家之途為「越鄉」。

## （三）〈費誓〉「三郊」猶「三鄉」

三者，《尚書・費誓》「書序」：「魯侯伯禽宅曲阜，徐夷並興，東郊不開，作〈費誓〉。」[87]《史記・魯周公世家》：「伯禽即位之後，有管、蔡等反也，淮夷、徐戎亦并興反。於是伯禽率師伐之於肸，作〈肸誓〉。」[88]歷來經師咸以〈費誓〉為伯禽伐淮夷、徐戎之誓師辭，余永梁（1906-1950）〈〈柴誓〉

---

[85] 日本・竹添光鴻：《左傳會箋》，頁 1094。楊伯峻：《春秋左傳注》，頁 1024。

[86] 秦・呂不韋編，陳奇猷校釋：《呂氏春秋校釋》（臺北：華正書局，1988 年，據清人畢沅《呂氏春秋校本》為底本點校排印），頁 552。

[87] 題漢・孔安國傳，唐・孔穎達正義：《尚書注疏》，頁 311。

[88] 漢・司馬遷著，南朝宋・裴駰集解，唐・司馬貞索隱，唐・張守節正義，日本・瀧川龜太郎考證：《史記會注考證》（高雄：復文圖書出版社，1991 年），頁 555。

的時代考〉首論〈費誓〉為魯僖公時文獻而非載伯禽之事。[89]近
人屈萬里（1907-1979）《尚書集釋》亦主余氏之見，謂〈費
誓〉記錄魯僖公十六年（644 B.C.）之事，[90]近人邱德修（1948-
2017）《尚書覆詁考證》亦主此說。[91]〈費誓〉：「魯人三郊三
遂，峙乃楨榦；甲戌，我惟築。無敢不供；汝則有無餘刑，非
殺。魯人三郊三遂，峙乃芻茭，無敢不多；汝則有大刑。」孔穎
達《尚書正義》引孫炎（200？-265）：「諸侯之制，亦當鄉在
郊內，遂在郊外。此言三郊三遂者，三郊謂三鄉也，蓋使三鄉之
民分在四郊之內，三遂之民分在四郊之外。鄉近於郊，故以郊言
之。」[92]《尚書正義》之說看似合理而實則有誤，可能因上述
《周禮》相關記載而以為「郊」、「鄉」對舉，故謂「鄉近於
郊，故以郊言之。」楊寬認為「三郊三遂即是三鄉三遂」，[93]其
見可從；因「郊」上設「鄉」，故直稱「三鄉」為「三郊」。

## （四）國都「城郭」內不設「鄉」

由上說明可知《左傳》記載於「郊」設「鄉」，至於國都
「城郭」內是否設「鄉」？以資料而言未有具體呈現。就目前材
料所見，傳統認為國都「城郭」內設「鄉」之說似未符《左傳》

---

[89] 余永梁：〈〈柴誓〉的時代考〉，收入顧頡剛主編：《古史辨》第 2 集
（臺北：藍燈文化事業公司，1993 年），頁 75-81。

[90] 屈萬里：《尚書集釋》（臺北：聯經出版事業公司，1994 年），頁
246-247。

[91] 邱德修：《尚書覆詁考證》（臺北：聖環圖書公司，2013 年），頁
1666。

[92] 題漢・孔安國傳，唐・孔穎達正義：《尚書注疏》，頁 313。

[93] 楊寬：《西周史》，頁 382-383。

記載。故楊寬《西周史》：「在『國』以外和『郊』以內，分設
有『六鄉』，這就是鄉遂制度的『鄉』。」[94]雖「六鄉」之說源
於《周禮》，然未必盡符春秋各國情況。楊寬直云「鄉」設「在
『國』以外和『郊』以內」，筆者之見與其一致。至於春秋各國
「鄉」之數量似乎不盡相同，上引《周禮・地官・小司徒》謂周
天子設六鄉；上揭襄公九年《左傳》「二師令四鄉正敬享」，知
宋「郊」設四鄉。〈費誓〉謂「魯人三郊三遂」，知魯「郊」設
三鄉。《國語・齊語》：「管子於是制國以為二十一鄉：工商之
鄉六；士鄉十五，公帥五鄉焉，國子帥五鄉焉，高子帥五鄉
焉。」韋《注》：「國，國都，城郭之域也。」[95]謂齊都臨淄
「城郭之域」設二十一鄉，然其說應有誤。〈齊語〉另云：

> 管子於是制國：五家為軌，軌為之長；十軌為里，里有
> 司；四里為連，連為之長；十連為鄉，鄉有良人焉。以為
> 軍令：五家為軌，故五人為伍，軌長帥之；十軌為里，故
> 五十人為小戎，里有司帥之；四里為連，故二百人為卒，
> 連長帥之；十連為鄉，故二千人為旅，鄉良人帥之；五鄉
> 一帥，故萬人為一軍，五鄉之帥帥之。三軍，故有中軍之
> 鼓，有國子之鼓，有高子之鼓。春以蒐振旅，秋以獮治
> 兵。是故卒伍整於里，軍旅整於郊。[96]

「鄉」下設「連」、「里」、「軌」；若為「軍令」時，「軌」

---

94 楊寬：《西周史》，頁 374。
95 三國・韋昭：《國語韋昭註》，頁 163-164。
96 三國・韋昭：《國語韋昭註》，頁 165-166。

組成「伍」、「里」組成「小戎」、「連」組成「卒」、「鄉」組成「旅」，五「鄉」組成「軍」。由「是故卒伍整於里，軍旅整於郊」知「卒」、「伍」於「里」集結，「軍」、「旅」在「郊」上整備。若如韋《注》所云，「鄉」設國都「城郭之域」，試問何以由「鄉」集結之人員卻於「郊」上整備？上文引焦循之見，謂「國」有三層定第，最狹義者即韋《注》所指，是國都「城郭之域」之「國」，以焦循之說乃「城內曰國」之「國」。焦循定義第二層次之「國」是「郊內曰國」之「國」，〈齊語〉此「國」適為焦循所指「郊內曰國」之「國」。故「制國以為二十一鄉」，此二十一鄉設於齊都之「郊」而非置於臨淄「城郭之域」。近人李學勤（1933-2019）《李學勤說先秦》謂〈齊語〉此「國指郊內，所居除士以外只有工、商，他們都不從事農業」；[97]知其亦主「制國以為二十一鄉」之「國」為「郊內曰國」之「國」。

　　傳統經師以「郊里」、「鄉里」為二，認為「郊」在「鄉」外，「鄉」、「郊」有異；散言之可以「郊」概括「鄉」，對言之則有所不同。筆者爬梳《左傳》、《國語》，證實春秋時代「郊」設若干「鄉」。因文獻不足徵，目前僅知宋設四鄉、魯設三鄉、齊設二十一鄉。此外，宣公十一年《左傳》：「（楚）乃復封陳。鄉取一人焉以歸，謂之夏州。」《集解》：「州，鄉屬。示討夏氏所獲也。」《正義》：「謂之夏州者，討夏氏。鄉取一人以歸楚而成一州，故謂之夏州。」（頁 384）杜正勝謂

---

[97]　李學勤著，宮長為編：《李學勤說先秦》（上海：上海科學技術文獻出版社，2011 年），頁 213。

「陳非大國，鄉取一人而可以成為聚落，所取之人必定不少，而陳的鄉也不可能太大。」[98]知陳亦設「鄉」，然不知具體數量。至於其他各國鄉數，目前僅能付之闕如，有待出土材料補正。[99]

# 五、「鄉」設「里」

依《左傳》記載可知「郊」設若干「鄉」，至於「鄉」下是否另置行政單位？學者一般認為「鄉」下設「里」，此說若指戰國當無疑義，然春秋時代是否如此，學者未有充分論述。上引《周禮・地官・遺人》：「鄉里之委積，以恤民之艱阨。」注《注》：「鄉里，鄉所居也。」[100]謂「鄉」中之人居「里」。《周禮・地官・大司徒》：「令五家為比，使之相保；五比為

---

[98] 杜正勝：《編戶齊民》，頁 117。

[99] 《鶡冠子・王鈇》：「五家為伍，伍為之長；十伍為里，里置有司；四里為扁，扁為之長；十扁為鄉，鄉置師。」見佚名：《鶡冠子》，收入張元濟主編：《四部叢刊》初編第 418 冊（臺北：臺灣商務印書館，景江陰繆氏藝風堂藏明覆宋刊本），卷 2。張樂時、文旭東認為《漢書・藝文志》及《風俗通義》皆謂該書作者為「楚人」，且〈王鈇〉文中有「柱國」、「令尹」等楚國官名，推測此記載之「鄉」制當是楚制。見張樂時、文旭東：〈西周至春秋基層組織的歷史考察——鄉、里〉，收入夏毅輝等：《中國古代基層社會與文化研究》（湘潭：湘潭大學出版社，2012 年），頁 198-222。然筆者認為上引〈王鈇〉制度與〈齊語〉相類，唯〈齊語〉之「連」而〈王鈇〉作「扁」，其餘編制幾乎相同，推測〈王鈇〉作者受〈齊語〉影響甚深。此外，〈王鈇〉有「柱國」官名，著成時代恐已晚至戰國，亦不符本章討論斷限；故僅列於此，備為一考。

[100] 漢・鄭玄注，唐・賈公彥疏：《周禮注疏》，頁 205。

閭，使之相受；四閭為族，使之相葬；五族為黨，使之相救；五黨為州，使之相賙；五州為鄉，使之相賓。」[101]於《周禮》地方區劃又不見設「里」。《管子・立政》方見「里」由「鄉」管轄：「分國以為五鄉，鄉為之師，分鄉以為五州，州為之長。分州以為十里，里為之尉。分里以為十游，游為之宗。十家為什，五家為伍，什伍皆有長焉。」[102]本章重點非論《周禮》、《管子》所載地方行政規劃，且二者成書年代學者咸以為在戰國，亦未能反映春秋狀況，僅供讀者參考。至於春秋「鄉」下是否設「里」，須從《左傳》、《國語》及相關典籍整理爬梳方能得證。《左傳》、《國語》「里」字數見，有七則可供本章討論，以下依年代先後說明。

## （一）梁國新里

　　僖公十八年《左傳》：「梁伯益其國而不能實也，命曰新里，秦取之。」《集解》：「多築城邑而無民以實之。」（頁238）又僖公十九年《左傳》：「初，梁伯好土功，亟城而弗處。」（頁240）《左傳注》認為《集解》謂「益其國」為「多築城邑」，乃依僖公十九年《左傳》「好土功」與「亟城」而來。[103]梁伯所築「新里」，秦取後更名「新城」，其地在「今陝西省澄城縣東北二十里」（頁379）；與梁都所在「陝西省韓城縣南二十二里」（頁126）相距甚遠。今截取近人譚其驤（1911-

---

101　漢・鄭玄注，唐・賈公彥疏：《周禮注疏》，頁159。
102　題東周・管仲著，黎翔鳳校注，梁運華整理：《管子校注》，頁65。
103　楊伯峻：《春秋左傳注》，頁379。

1992）《中國歷史地圖集》（以下簡稱《地圖集》）為「圖一」，[104]敬請讀者參看。知傳文謂「益其國」非增益梁都「城郭」，意即此「國」非焦循所指最狹義之「國」——「城中曰國」之「國」。此「國」既非「城中曰國」之「國」，當是第二層次之「國」——「郊內曰國」之「國」，範圍指國都「郊」內。上文已陳「郊」設若干「鄉」為第一層級行政單位，依傳文知梁於「郊內曰國」之「國」築城邑曰新里，推知「里」是「鄉」下所設第二層級行政單位。須注意者為，秦得新里更名新城，何以不用原名？諸家無說。是時秦國都為雍，《左傳注》謂其地在今陝西省鳳翔縣治，[105]距新城頗為遙遠。筆者推測或因新里已遠在秦國「郊」外，不當以「里」名之，故更名新城。至

**圖一、梁國新里與秦都雍城示意圖**

---

104　譚其驤：《中國歷史地圖集》（臺北：曉園出版社，1991 年），頁 22-23。

105　楊伯峻：《春秋左傳注》，頁 101。

於「郊」外為何？依第一節所引《周禮・司寇・掌士》：「正歲，帥其屬而憲禁令于國及郊野。」鄭《注》：「去國百里為郊，郊外謂之野。」又上引昭公十八年《左傳》之《正義》：「《周禮》：鄉在郊內，遂在郊外，諸侯亦然。」知「郊」外為「野」，「野」設若干「遂」。若推測無誤，秦更新里為新城，乃因新里已在秦國「郊」外之「野」，為符制度而易名。

## （二）鄭國南里

宣公三年《左傳》：「誘子華而殺之南里，使盜殺子臧於陳、宋之間。」（頁 368）又襄公二十六年《左傳》：「十二月乙酉，入南里，墮其城。涉於樂氏，門于師之梁。」（頁 637）又哀公二十七年《左傳》：「悼之四年，晉荀瑤帥師圍鄭，未至，鄭駟弘曰：『知伯愎而好勝，早下之，則可行也。』乃先保南里以待之。知伯入南里，門于桔柣之門。」（頁 1054）《集解》：「南里，鄭邑。樂氏，津名」；於「師之梁」云：「鄭城門。」（頁 637）《會箋》：「今新鄭縣南五里有地名南里。……樂氏，今河南開封府新鄭縣境，洧水濟渡處也。」《左傳注》謂「南里，今新鄭縣南五里蓋其故址。樂氏亦在新鄭縣境，洧水濟渡口之名。」[106]魯襄公二十六年（547 B.C.）、即楚康王十三年、鄭簡公十九年時，楚自南攻鄭都。從傳文知楚軍先入南里，又自樂氏渡口北渡洧水，直攻新鄭城門師之梁。河南省博物館新鄭工作站、新鄭縣文化館〈河南新鄭鄭韓故城的鑽探和

---

[106] 日本・竹添光鴻：《左傳會箋》，頁 1226-1227。楊伯峻：《春秋左傳注》，頁 1124。

試掘〉繪製「新鄭鄭韓故城平面圖」，今摘引該圖編號為「圖
二」，[107]敬請讀者參看：

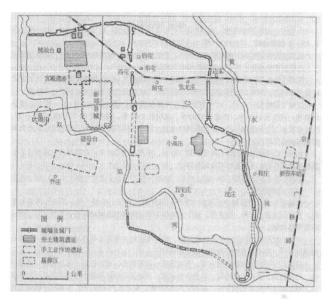

**圖二、新鄭鄭韓故城平面圖**

襄公元年《左傳》：「晉韓厥、荀偃帥諸侯之師伐鄭，入其郭，
敗其徒兵於洧上。」《集解》：「洧水出密縣東南，至長平入
潁。」（頁 497）《會箋》：「洧水出河南開封府密縣馬嶺山，
又東過新鄭縣南，即晉敗鄭徒兵處，蓋近鄭都之地。」《左傳
注》亦云：「洧水源出河南登封縣東陽城山，東流經密縣會溱

---

107 河南省博物館新鄭工作站、新鄭縣文化館：〈河南新鄭鄭韓故城的鑽探
和試掘〉，《文物資料叢刊》第 3 輯（北京：文物出版社，1980
年），頁 60-61。

水，東流為雙洎河。……疑鄭國都在今新鄭縣西北，洧水經其西
南。」[108]以「圖二」與傳文參看，知上引襄公元年《左傳》
「敗其徒兵於洧上」之洧上當在今雙洎河南岸臨近之地。至於襄
公二十六年《左傳》之津渡樂氏，傳文載楚軍自樂氏渡河後直取
師之梁，推測樂氏在「圖二」所示雙洎河西段未築城牆處，南里
應在雙洎河之南。南里既在新鄭「城郭」之南而處鄭「郊」，可
證「郊」設「里」，是「鄉」下級行政單位。

## （三）宋國南里

　　昭公二十一年《春秋經》：「宋華亥、向寧、華定自陳入于
宋南里以叛。」（頁 867）同年《左傳》：「華氏居盧門，以南
里叛。」《集解》：「南里，宋城內里名」；又云：「盧門，宋
東城南門。」（頁 869）《集解》謂盧門為宋都商丘城門，南里
為商丘城內之里。然《呂氏春秋·恃君覽·行論》：「楚莊
王……與師圍宋九月。……宋公肉袒執犧，委服告病……乃為卻
四十里，而舍於盧門之闔，所以為成而歸也。」[109]《會箋》主
《呂氏春秋》之說，認為「盧門距宋都四十里，乃是郊門，非城
門也」；《左傳注》從之。[110]又昭公二十一年《左傳》：「公
子城以晉師至，曹翰胡會晉荀吳、齊苑何忌、衛公子朝救宋。丙

---

108 日本·竹添光鴻：《左傳會箋》，頁 961。楊伯峻：《春秋左傳注》，
　　頁 917。

109 戰國·呂不韋編，陳奇猷校釋：《呂氏春秋校釋》，頁 1391。

110 日本·竹添光鴻：《左傳會箋》，頁 179。楊伯峻：《春秋左傳注》，
　　頁 140。

戌,與華氏戰于赭丘。鄭翩願為鸛,其御願為鵝。」《集解》謂曹翰胡為曹大夫、苑何忌為齊大夫,晉、曹、齊、衛四國部隊協助救宋。《集解》:「鄭翩,華氏黨。鸛、鵝,皆陳名。」(頁870)如此大規模動員,雙方擺開陣勢,當未能於商丘城內會戰,故謂盧門、南里處商丘城外應較合情理。南里位置雖未確定,知當近盧門。盧門距商丘四十里,《會箋》謂為「郊門」,知南里位於商丘之「郊」。

## (四) 宋國新里

第四,昭公二十一年《左傳》:「遂敗華氏于新里。翟僂新居于新里,既戰,說甲于公而歸。」《集解》:「新里,華氏所取邑。」(頁 870)《左傳注》謂「新里,或以為在今開封市」,又言宋都商丘位在今河南省商邱市。[111]新里處商丘西北方甚遠,請參見「圖三」。[112]新里名「里」,推測其地仍屬宋之「郊」,故以「里」稱之。上引襄公九年《左傳》謂宋「郊」設四「鄉」,新里既處宋「郊」,可證「鄉」下另設第二層行政單位「里」。

---

[111] 楊伯峻:《春秋左傳注》,頁 1428、3。
[112] 譚其驤:《中國歷史地圖集》,頁 24-25。

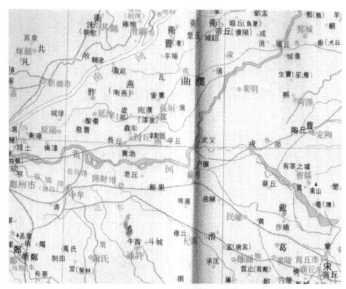

**圖三、宋、衛、鄭三國部分疆域示意圖**

## （五）衛國外里

哀公二十五年（470 B.C.）《左傳》記衛之亂，衛大夫拳彌認為「魯不足與，請適城鉏，以鉤越。越有君。」《集解》：「城鉏，近宋邑。宋南近越，轉相鉤牽。」拳彌主張可至城鉏，因該地近宋而宋南部近越，是時越國力強盛而可為依附。至於城鉏之地，《左傳注》謂「在今河南滑縣東。」[113]拳彌同黨祝史揮後亦遭逐，《左傳》：「揮出，信，弗內。五日，乃館諸外里，遂有寵，使如越請師。」《集解》：「外里，公所在。」（頁 1051）祝史揮與拳彌既同黨，衛君更遣其往越請師，可見外里當距城鉏不遠，故《左傳注》謂「城鉏在滑縣，則外里亦

---

[113] 楊伯峻：《春秋左傳注》，頁 1726。

然。」[114]依「圖四」知城鉏在衛都帝丘西南不遠處，則外里亦當在附近。城鉏、外里處衛都西南或南方而當在衛「郊」，知「鄉」下有「里」。學者或許質疑：衛是否設「鄉」？《毛詩·鄘風·桑中》：「爰采唐矣，沬之鄉矣。云誰之思？美孟姜矣。」漢人毛亨（？-？，秦末漢初學者）《傳》：「沬，衛邑。」孔穎達《毛詩正義》：「〈酒誥〉《註》云：沬邦，紂之都所處也。[115]於《詩》，國屬鄘，故其風有沬之鄉，則沬之北、沬之東，朝歌也。」[116]詩中之「沬」即朝歌，乃周武王伐紂「牧野」之「牧」，[117]確為衛邑。〈桑中〉「詩序」：「〈桑中〉，刺奔也。衛之公室淫亂，男女相奔，至于世族在位相竊妻妾，期於幽遠，政散民流而不可止。」毛亨《傳》：「衛之公室淫亂，謂宣、惠之世男女相奔，不待媒氏以禮會之也。」[118]依「詩序」知〈桑中〉刺衛宣公、惠公時公室淫亂、男女相奔。考諸《左傳》，衛宣公於魯隱公五年（718 B.C.）至魯桓公

---

114 楊伯峻：《春秋左傳注》，頁 1727。

115 《尚書·酒誥》：「王若曰：明大命于妹邦。」題孔安國《傳》：「妹，地名，紂所都朝歌以北是。」題漢·孔安國傳，唐·孔穎達正義：《尚書注疏》，頁 206。

116 漢·毛亨傳，漢·鄭玄箋，唐·孔穎達正義：《毛詩注疏》，頁 113-114。

117 楊寬：「妹或沬是指牧邑，牧野只是牧邑之野。」見楊寬：《中國古代都城制度史研究》，頁 34。楊寬：「所謂『牧野』，就是牧邑之野。事實上，牧邑即是妹或沬，也即朝歌。」見楊寬：〈商代的別都制度〉，《復旦學報》1984 年第 1 期（1984 年 1 月），頁 38、81-86，收入氏著：《楊寬古史論文選集》（上海：上海人民出版社，2003年），頁 149-160。

118 漢·毛亨傳，漢·鄭玄箋，唐·孔穎達正義：《毛詩注疏》，頁 113。

十二年（700 B.C.）在位，衛惠公於魯桓公十三年（699 B.C.）
至魯莊公二十五年（669 B.C.）為君，可證〈桑中〉成於春秋初
年。須說明者為，衛入春秋後至魯閔公二年（660 B.C.）衛懿公
為狄人所敗，衛戴公「廬于曹」前，[119]《左傳注》謂衛都皆在
朝歌，[120]即〈桑中〉之「沬」。詩既謂「沬之鄉矣」，可證衛
確設「鄉」。[121]上引《左傳》內容雖是魯哀公二十五年、即衛
出公復元七年之事，是時衛都已在帝丘，然衛仍應設「鄉」，亦
可推測衛國「鄉」下設有「里」。

## （六）衛國漆里

　　《國語・齊語》：「桓公曰：『吾欲西伐，何主？』管子對
曰：『以衛為主。反其侵地臺、原、姑與漆里，使海於有蔽，渠
弭於有渚，環山於有牢。』」韋《注》：「衛之四邑。」[122]
《竹書紀年》記魏惠成王十六年（354 B.C.）「邯鄲伐衛，取
漆、富邱，城之。」清人雷學淇（？-？，嘉慶十九年〔1814〕

---

[119] 閔公二年《左傳》：「及敗，宋桓公逆諸河，宵濟。衛之遺民男女七百
　　有三十人，益之以共、滕之民為五千人。立戴公以廬于曹。」（頁
　　191）
[120] 楊伯峻：《春秋左傳注》，頁18。
[121] 杜正勝：「唯《鄘風・桑中》云『沬之鄉』，與『沬之北』、『沬之
　　東』對稱，亦指沬之某地或方位。」似不認為「沬之鄉」之「鄉」與行
　　政區劃之「鄉」相涉。見杜正勝：《編戶齊民》，頁117。然謂北與東
　　是方位對舉自然無疑，然若「鄉」為某方位而與北、東並列，似不甚合
　　理。若將「鄉」視為沬之某地，又未能明確指實，亦僅是推測。然若將
　　「鄉」視為行政單位，「沬之鄉」可釋作沬邑之鄉，可與沬邑之北、沬
　　邑之東並列而稱，似較合情理。
[122] 三國・韋昭：《國語韋昭註》，頁174。

進士）《注》：「漆城在今大名長垣縣西二十里，《水經·濟水》注曰：酸溝水東南會于濮，世謂之百尺溝。濮渠之側有漆城，或亦謂之菀濮亭。春秋甯武子與衛人盟于菀濮，杜預曰：長垣西南近濮水也。[123]」[124]依雷氏考訂，位於濮水岸之漆城又稱菀濮。菀濮《左傳》作宛濮，見僖公二十八年《左傳》：「甯武子與衛人盟于宛濮。」《集解》：「陳留長垣縣西南有宛亭，近濮水。」（頁 275）《左傳注》謂「宛濮在今河南省長垣縣西南。」[125]依雷氏則漆城又名菀濮亭，知漆城、宛濮同地異名。漆城、宛濮屬衛，上引〈齊語〉謂齊桓公返還侵衛四邑有漆里，魏嵩山《中國歷史地名大辭典》「漆里」條：「一作宛濮，在今河南封丘東東北，春秋衛地。」[126]《地圖集》亦採此說，請參見「圖三」。漆里距衛都雖有路程，或仍在衛「郊」，可證「鄉」下設第二層行政單位「里」。

---

[123] 《水經注》：「又東南會于濮，世謂之百尺溝，濮渠之側有漆城。《竹書紀年》：梁惠成王十六年，邯鄲伐衛，取漆富丘，城之者也。或亦謂之宛濮亭。《春秋》：甯武子與衛人盟于宛濮。杜預曰：長垣西南近濮水也。」雷學淇將「酸瀆水」訛作「酸溝水」。見漢·桑欽著，北魏·酈道元注：《水經注》（長春：時代文藝出版社，2001 年，據清人王先謙《合校水經注》為底本排印），頁 61。

[124] 清·雷學淇：《竹書紀年義證》（臺北：藝文印書館，1977 年），頁 567。

[125] 楊伯峻：《春秋左傳注》，頁 469。

[126] 魏嵩山：《中國歷史地名大辭典》（廣州：廣東教育出版社，1995 年），頁 1229。

## （七）〈齊語〉見「里」為「鄉」所轄

第四節末引《國語・齊語》齊國行政及軍令編制之記載，謂「五家為軌，軌為之長；十軌為里，里有司；四里為連，連為之長；十連為鄉，鄉有良人焉。」須注意者為，「軌」、「連」僅謂「軌為之長」及「連為之長」，而「里」之長官曰「里有司」。韋《注》：「為立有司也」，「鄉」之長官曰「鄉良人」。韋《注》：「賈侍中云：良人，卿士也。昭謂良人，鄉大夫也。」[127]「軌」、「連」與「里」、「鄉」似性質不類。推測「軌」、「連」應非行政單位而是管理編制，正式行政區劃應僅「鄉」、「里」二級。若此見無誤，可證齊國「里」為「鄉」所轄單位。此外，學術界雖對《史記・老子韓非列傳》所載「老子」究為何人仍聚訟紛云、莫衷一是，然漢人司馬遷（145 B.C.-？）謂此「老子」為春秋時人，出生地為「楚苦縣厲鄉曲里人」，[128]亦春秋時「鄉」下設「里」之旁證。

杜正勝謂「春秋時代新建外城，沿襲西周的傳統，其社區也多以里命名。」[129]由上陳《左傳》、《國語》記載知梁、鄭、宋、衛、齊等國皆有「里」，大致確定春秋諸國「鄉」下應設第二層級行政編制「里」。至於每「鄉」設多少「里」？傳世文獻雖有記載，然內容排列整齊細密，應是後人整理所致，恐非春秋實情，故此問題僅能付之闕如以待來者。

---

[127] 三國・韋昭：《國語韋昭註》，頁 165。

[128] 漢・司馬遷著，南朝宋・裴駰集解，唐・司馬貞索隱，唐・張守節正義，日本・瀧川龜太郎考證：《史記會注考證》，頁 832。

[129] 杜正勝：《編戶齊民》，頁 103。

# 六、「郊」與國都之距離

　　第一節徵引傳世文獻關於「郊」之遠近範圍述及「里」，故須先說明春秋「里」換算為「公里」之長度。宣公十五年《穀梁傳》：「古者三百步為里，名曰井田。井田者，九百畝，公田居一。」[130]知「方一里」即「一平方里」乃面積單位，「方一里」長寬皆「三百步一里」。又《漢書・食貨志上》：「理民之道，地著為本。故必建步立畮，正其經界。六尺為步，步百為畮，畮百為夫，夫三為屋，屋三為井，井方一里，是為九夫。」[131]知「一步」為 6 尺，「三百步一里」為 1,800 尺。梁方仲（1908-1970）《中國歷代戶口、田地、田賦統計》依《續文獻通考》卷 108〈樂八〉載「周以八尺為步」、「秦以六尺為步」，又引《律學新說》知周、秦之「步」長度相等，故《漢書・食貨志上》「步」、「尺」係以秦朝步尺代替周朝步尺。然無論秦朝或周朝步尺制度，兩者長度實同。秦、漢尺長度如商鞅量尺、新莽銅斛尺、後漢建武銅尺皆合今 0.231 公尺，以此計算知周朝一步為 1.386 公尺，一里合今 415.8 公尺。[132]丘光明《中國古代計量史》謂東周、秦、漢、新莽之一尺皆合今 0.231 公

---

130 晉・范甯集解，唐・楊士勛疏：《穀梁傳注疏》（臺北：藝文印書館，1993 年，據清嘉慶二十年〔1815〕江西南昌府學版影印），頁 122。

131 漢・班固著，唐・顏師古注：《漢書》（臺北：宏業書局，1996 年，據清人王先謙《漢書補注》本為底本點校排印），頁 1119。

132 梁方仲：《中國歷代戶口、田地、田賦統計》（北京：中華書局，2008 年），頁 540。

尺，[133]與梁方仲看法一致，確定周朝一里合今 415.8 公尺。至於春秋「郊」、「國」——焦循定義最狹義之「國」，「城內曰國」之「國」之距離，則有賴爬疏《左傳》、《國語》為討論材料。《左傳》「郊」字數見，有四則記載可供申述，以下依序說明。

## （一）楚國郊郢

首先是桓公十一年《左傳》：

> 楚屈瑕將盟貳、軫。鄖人軍於蒲騷，將與隨、絞、州、蓼伐楚師。莫敖患之。鬬廉曰：「鄖人軍其郊，必不誡。且日虞四邑之至也。君次於郊郢，以禦四邑，我以銳師宵加於鄖。鄖有虞心而恃其城，莫有鬬志。若敗鄖師，四邑必離。」（頁 122）

傳載鄖軍駐紮蒲騷，楚大夫鬬廉謂該地為鄖都之「郊」。《集解》：「鄖國，在江夏雲杜縣東南有鄖城。……蒲騷，鄖邑。」（頁 122）《會箋》：「案：漢之雲杜為今湖北安陸府京山縣，鄖人軍於蒲騷，與隨、絞、州、蓼伐楚師。蒲騷為今德安府應城縣，與雲杜接壤，土地平曠，可以屯積，故軍於此。」[134]近人陳槃（1905-1999）〈春秋大事表列國爵姓及存滅表譔異（中）〉：「今德安府治安陸縣即古鄖國。……不知何年滅于

---

133 丘光明著，張延明譯：《中國古代計量史》（合肥：安徽科學技術出版社，2012 年），頁 190。

134 日本・竹添光鴻：《左傳會箋》，頁 167。

楚。……即今湖北安陸縣。」[135]《左傳注》：「杜《注》謂
『在江夏雲杜縣東南』，則當在今湖北省沔陽縣境，然據《括地
志》及《元和郡縣志》則當在今安陸縣，恐今安陸縣一帶皆古鄖
國。」至於蒲騷之地，《左傳注》亦云：「在今湖北省應城縣西
北三十五里。」[136]今截取《地圖集》為「圖四」，[137]可見鄖、
蒲騷位置。以該圖比例尺換算，鄖至蒲騷直線距離約 28 公里，
換為東周里制合 67.34 里。傳文又載鬬廉建議莫敖屈瑕駐軍郊
郢，鬬廉自率銳師直擊鄖都。《集解》：「郊郢，楚地」；（頁
122）未言郊郢地望。清人江永（1681-1762）《春秋地理考
實》：「《彙纂》：今湖廣安陸府治郢州故城是其地也」；[138]
《左傳注》謂其地在今「湖北省鍾祥縣郢州故城。」[139]至於郊
郢是否為楚國郢都之「郊」？《會箋》認為「郊郢是楚郊之郢，
蓋國都曰郢，故在郊者謂之郊郢」；[140]因郊郢與郢都同名，故
郊郢加「郊」字區別。近人童書業（1908-1968）《春秋左傳研
究》亦云：「郊郢或指郢都郊外之地。」[141]郊郢既加「郊」以

---

[135] 陳槃：〈春秋大事表列國爵姓及存滅表譔異（中）〉，《中央研究院歷
史語言研究所集刊》第 27 本（臺北：中央研究院歷史語言研究所，
1956 年），頁 325-364。

[136] 楊伯峻：《春秋左傳注》，頁 130。

[137] 譚其驤：《中國歷史地圖集》，頁 29-30。

[138] 清·江永：《春秋地理考實》，收入清·阮元編：《皇清經解春秋類彙
編》（臺北：藝文印書館，1986 年），卷 252，頁 8。

[139] 楊伯峻：《春秋左傳注》，頁 131。

[140] 日本·竹添光鴻：《左傳會箋》，頁 16。

[141] 童書業著，童教英校訂：《春秋左傳研究（校訂本）》（北京：中華書
局，2006 年），頁 209。

別郢都,則郊郢當處郢都之「郊」。陳偉《戰國楚簡地名輯證》:「按照楚人凡別都之名皆帶『郢』字的通例,……郊郢亦當是楚國別都之一。此別都建於漢水東側,大約是春秋早期為便於鎮撫漢東而設置的。」[142]黃錫全〈楚武王「郢」都初探——讀清華簡《楚居》札記之一〉依楚簡《楚居》內容,「凡稱『某郢』,郢前均為地名。若指『郢之郊』,也當稱『郢郊』。……『郢之郊』稱『郊郢』不符合語言習慣,文獻中沒有這種例證,這祇是一種推測。」[143]黃氏之見看似有據,但有商榷處。

　　《左傳》有「城潁」、「城濮」,前者見隱公元年《左傳》:「遂寘姜氏于城潁。」《集解》:「城潁,鄭地。」(頁37)《會箋》言「今河南許州府臨潁縣西北十四里有臨潁故城」;《左傳注》謂「城潁,當在今河南省臨潁縣西北。」[144]城濮更為世人熟知,是魯僖公二十八年(632 B.C.)晉、楚城濮之戰主戰場。城濮之地《會箋》言「今山東曹州府濮州南七十里有臨濮城,即城濮」;《左傳注》謂「今山東省舊濮縣(1956年已併入范縣)南七十里有臨濮城,當即古城濮也。」[145]依

---

[142] 陳偉:《戰國楚簡地名輯證》(武漢:武漢大學出版社,2010 年),頁 49。

[143] 黃錫全:〈楚武王「郢」都初探——讀清華簡《楚居》札記之一〉,收入清華大學出土文獻研究與保護中心:《清華簡研究·第 1 輯:清華大學藏戰國竹簡(壹)國際學術研討會論文集》(上海:中西書局,2012年),頁 261-273。

[144] 日本·竹添光鴻:《左傳會箋》,頁 24。楊伯峻:《春秋左傳注》,頁 14。

[145] 日本·竹添光鴻:《左傳會箋》,頁 269。楊伯峻:《春秋左傳注》,頁 235。

《地圖集》知城潁、城濮處潁水、濮水之濱，[146]當因此而稱城潁與城濮。若依黃錫全之見則城潁、城濮當稱「潁城」、「濮城」，然何以稱城潁、城濮？此外，《左傳》有「曲洧」、「曲濮」，前者見成公十七年《左傳》：「公會尹武公、單襄公及諸侯伐鄭，自戲童至于曲洧。」《集解》：「今新汲縣治，曲洧城臨洧水。」（頁 482）《會箋》言「曲洧在今開封府洧川縣」；《左傳注》謂「曲洧即今河南之洧川（舊為縣，今已廢）。流經洧川西南再東南流之雙泊河即古時洧水。」[147]依《左傳注》知曲洧之名乃因洧水於此河道彎曲。「曲濮」見定公八年《春秋經》：「冬，衛侯、鄭伯盟于曲濮。」《集解》：「曲濮，衛地。」（頁 963）清人王掞（1645-1728）、張廷玉（1672-1755）等編《欽定春秋傳說彙纂》：「曲濮……蓋濮水曲折之處，猶言河曲、汾曲也，在今山東東昌府濮州境。」[148]《左傳注》謂「古濮水有二，一出今山東濮縣廢治（濮縣已併入范縣）南，菏澤縣北，今之臨濮集，水已堙。《彙纂》以此濮水當之，恐不確。一出河南滑縣與延津縣境，本黃河支流，自黃河決遷後，亦堙。疑曲濮之濮即此。」[149]本章重點非證古濮水及曲濮位置，然可確定曲濮之名係因其地在濮水曲折處，故以此名之。

《左傳》亦有「河曲」見文公十二年《春秋經》：「晉人、秦人

---

[146] 譚其驤：《中國歷史地圖集》，頁 24-25。

[147] 日本・竹添光鴻：《左傳會箋》，頁 934。楊伯峻：《春秋左傳注》，頁 897。

[148] 清・王掞、張廷玉等：《欽定春秋傳說彙纂》，收入《景印文淵閣四庫全書》第 173 冊（臺北：臺灣商務印書館，1983-1986 年），卷 35，頁 6。

[149] 楊伯峻：《春秋左傳注》，頁 1563。

戰于河曲」,《集解》:「河曲,在河東蒲坂縣南。」(頁330)《會箋》:「蓋河水自此折而東,故謂之河曲,即蒲坂也。今蒲坂故城在山西蒲州府永濟縣東南五里。」《左傳注》:「河曲,晉地,當在今山西省永濟縣南,黃河自此折而東,故曰河曲。」[150]知河曲之名乃因黃河自此彎曲向東而名之。曲洧、曲濮若依黃氏之見,理當如河曲稱「洧曲」、「濮曲」,意指洧水之曲、濮水之曲,然何以未如此稱之?此問題雖非本章討論範圍,藉此可知典籍確有「不符合語言習慣」之例。黃氏謂郊郢非郢都之「郊」,或當有更堅實證據方能推翻舊說。此外,陳偉謂郊郢或為楚國別都,亦需充實材料方能證成其說。本章仍依前賢意見,認為郊郢位於郢都之「郊」。今截取《地圖集》為「圖四」,[151]依比例尺知郢都至郊郢直線距離約 105 公里,換為東周里制合 252.53 里。

圖四、鄖及蒲騷、郢都及郊郢示意圖

---

[150] 日本・竹添光鴻:《左傳會箋》,頁 631。楊伯峻:《春秋左傳注》,頁 586。

[151] 譚其驤:《中國歷史地圖集》,頁 29-30。

## （二）鄭國牛首

其次見桓公十四年《左傳》：「冬，宋人以諸侯伐鄭，報宋之戰也。焚渠門，入，及大逵。伐東郊，取牛首。以大宮之椽歸為盧門之椽。」傳載諸侯聯軍攻入鄭都新鄭，又襲位於鄭國東郊之牛首。《集解》「東郊，鄭郊。牛首，鄭邑」；（頁 126）未說明確切位置。《會箋》言「今開封府陳留縣西南十一里有牛首城」；《左傳注》謂「牛首，鄭郊。今河南省廢陳留縣治（今陳留鎮）西南十一里牛首鄉有牛首城，亦即在今通許縣稍東北。」[152]新鄭、牛首位置見「圖三」，依比例尺知新鄭至牛首直線距離約 55 公里，換為東周里制合 132.28 里。

## （三）衛國鍼邑

再次為成公六年《左傳》：

> 三月，晉伯宗、夏陽說、衛孫良夫、甯相、鄭人、伊雒之戎、陸渾、蠻氏侵宋，以其辭會也。師于鍼。衛人不保。說欲襲衛，⋯⋯伯宗曰：「不可。衛唯信晉，故師在其郊而不設備。若襲之，是棄信也。」（頁 441）

傳載諸侯部隊駐紮衛國鍼邑，依晉大夫伯宗之言，知鍼邑在衛都帝丘之「郊」。鍼邑地望《集解》無說，《會箋》言「衛成公時，鍼莊子食采于此」；《左傳注》謂「鍼，衛邑，離當時衛都

---

[152] 日本・竹添光鴻：《左傳會箋》，頁 179。楊伯峻：《春秋左傳注》，頁 140。

帝丘不遠,在今河南濮陽縣附近。」[153]因文獻無徵,故此則無法計算鍼邑至衛都帝丘距離。

## (四)魯國郎邑

　　第四則是哀公十一年《左傳》:「師及齊師戰于郊。齊師自稷曲,師不踰溝。」魯、齊於魯都曲阜之「郊」交戰,未具體言魯「郊」何處。傳謂齊師屯駐稷曲,《集解》僅云「郊地名」(頁 1016),未說明確切地點。《會箋》:「郊乃是近郊,與十三年越伐吳先及郊之郊同。上云『次于雩門之外』,又云『戰于郊』,雩門乃南城西門,稷門乃南城正門,此郊地蓋近稷門之外,故名稷曲,如韋曲、杜曲也。」(頁 1938)然清人洪亮吉(1746-1809)《春秋左傳詁》於「師及齊師戰于郊」云:「《禮記》作『戰於郎』。」[154]《禮記·檀弓下》:「戰于郎,公叔禺人遇負杖入保者息。」鄭《注》:「郎,魯近邑也。哀十一年『齊國書帥師伐我』是也。」[155]依《禮記》則此役發生於曲阜之「郊」郎邑。江永《春秋地理考實》:「隱元年費伯已城郎,而此年又城郎,蓋魯有兩郎也。費伯城郎者為魚臺縣東北郎,去魯遠。此年城者,蓋魯近郊之邑。」[156]魯國有二「郎」,

---

153 日本·竹添光鴻:《左傳會箋》,頁 846。楊伯峻:《春秋左傳注》,頁 827。

154 清·洪亮吉著,李解民點校:《春秋左傳詁》(北京:中華書局,2004年,據清嘉慶十八年〔1813〕金陵刊本點校排印),頁 865。

155 漢·鄭玄注,唐·孔穎達正義:《禮記注疏》,頁 189。

156 清·江永:《春秋地理考實》,收入《皇清經解春秋類彙編》第 1 冊,卷 252,頁 8。

一見隱公元年《左傳》：「夏四月，費伯帥師城郎。」（頁35）《左傳注》：「郎，地名，當在今魚臺縣舊治東北十里。」[157]另一「郎」見隱公九年《春秋經》：「夏，城郎。」（頁76）《左傳注》：「此年城郎，蓋魯（曲阜）近郊之邑。」[158]依《會箋》則郎邑應距稷曲不遠，亦在曲阜附近。因不知郎邑今址，未能考察與魯都距離。

　　除上引四則例證，上文第四節、第五節說明「郊」上設「鄉」而「鄉」下設「里」，知「里」亦在「郊」。以下再以第五節所舉「里」之記載，計算「郊」與「國」大致距離。

## （五）梁國新里、鄭國南里、宋國新里、衛國漆里（宛濮）

　　五者，僖公十八年《左傳》：「梁伯益其國而不能實也，命曰新里，秦取之。」梁伯所築新里，秦國更名新城，其地在「今陝西省澄城縣東北二十里」；梁都今址在「陝西省韓城縣南二十二里。」依比例尺知梁都至新里直線距離約 40.25 公里，換為東周里制合 96.8 里。

　　六者，襄公二十六年《左傳》：「十二月乙酉，入南里，墮其城。涉於樂氏，門于師之梁。」《會箋》、《左傳注》皆謂「今新鄭縣南五里有地名南里」，知南里位於鄭都新鄭南方 5 里處。

　　七者，昭公二十一年《左傳》：「遂敗華氏于新里。翟僂新

---

157 楊伯峻：《春秋左傳注》，頁 10。
158 楊伯峻：《春秋左傳注》，頁 63。

居于新里，既戰，說甲于公而歸。」《左傳注》謂「新里在今開封市東」，宋都商丘在今河南省商邱市，依比例尺知宋都至新里直線距離約 111 公里，換為東周里制合 267 里。

八者，《國語・齊語》：「以衛為主。反其侵地臺、原、姑與漆里，使海於有蔽，渠弭於有渚，環山於有牢。」漆里為衛國之「里」，即僖公二十八年《左傳》「甯武子與衛人盟于宛濮」之宛濮。魯僖公二年（658 B.C.）、即衛文公二年時，《左傳》謂「諸侯城楚丘而封衛焉」（頁 199），《左傳注》謂楚丘在今河南省滑縣東六十餘里。[159] 衛遷都帝丘見僖公三十一年《春秋經》：「十有二月，衛遷于帝丘」；（頁 286）同年《左傳》：「冬，狄圍衛，衛遷于帝丘，卜曰三百年。」（頁 287）《左傳注》謂帝丘在今河南省濮陽縣，[160] 漆里（宛濮）在今河南省長垣縣西南。依比例尺知衛都帝丘至漆里（宛濮）直線距離約 65.26 公里，換為東周里制合 157 里。若以衛都楚丘計算，則漆里（宛濮）至楚丘直線距離約 54.73 公里，換為東周里制合 132 里。

## （六）「郊」與國都距離不符文獻所載

上文八則為《左傳》、《國語》可推測「郊」範圍之記載，因第三、四則確切地點無法察考，可藉另六則得知「郊」與國都之距離。依《地圖集》比例尺計算兩地間直線距離，且代換為東周里制，第一則鄅國距其「郊」邑蒲騷約 67.34 里，楚國郢都距

---

[159] 楊伯峻：《春秋左傳注》，頁 18。
[160] 楊伯峻：《春秋左傳注》，頁 18。

其「郊」邑郊郢遠達 252.53 里。第二則鄭都新鄭距其「郊」邑牛首約 132.28 里，第五則梁國國都至其「郊」之新里約 96.8 里，第六則鄭都新鄭至其「郊」之南里約 5 里，第七則宋都商丘至其「郊」之新里約 267 里。第八則若以衛都楚丘計算，至其「郊」邑宛濮（漆里）約 132 里；若以衛都帝丘計算，至其「郊」邑宛濮（漆里）約 157 里。第一節已列典籍所載「郊」與國都距離之記載，若以周天子「方千里曰王畿」，其「郊」範圍為百里；五十里內為「近郊」，五十里至百里間為「遠郊」。然以《爾雅注疏》邢昺之見，爵等高低則疆域有廣狹之別，「郊」之範圍亦有別。依清人顧棟高（1679-1759）《春秋大事表・春秋列國爵姓及存滅表》，郧、楚為子國、鄭為伯國、宋為公國、衛為侯國。[161] 以《爾雅注疏》邢昺所釋，郧僅有二十里之「郊」，鄭僅有三十里之「郊」，宋僅有「五十里」之「郊」，衛僅有「四十里」之「郊」。雖楚「僭越」稱「王」，然其「郊」範圍亦超越「方千里曰王畿」規格。上文數字顯已逾五國應有「規範」──此「規範」雖見典籍，然應係刻意排序之數字。若排除邢昺所謂「規範」，郧之蒲騷尚在「百里為郊」範圍內，然鄭之牛首與衛之漆里（宛濮）仍在百里外，亦不合典籍「百里為郊」之說，楚之郊郢、宋之新里更在「百里為郊」兩倍以上。至於「郊」外之「野」情況是否如文獻所載，則於下節說明。

---

[161] 清・顧棟高輯，吳樹平、李解民點校：《春秋大事表》（北京：中華書局，1993 年，據清乾隆十三年〔1748〕萬卷樓刻本為底本點校排印），頁 577、567、566、568、564。

# 七、春秋「郊」、「野」比例

上節引文第一則論鄖國、楚國，因鄖國資料較少，已無法進一步分析，故僅取楚國部分討論。此外，第三、四則因無法確定地點，故予排除。第五則梁國資料較少，無法進一步說明，亦排除在外。第六則因南里距鄭都新鄭甚近，故不列討論。第一則之楚國及第二、七、八則，皆可探究「郊」、「野」比例問題。

## （一）楚國東北「郊」

楚武王是楚國迅速開疆擴土時期，[162]隨疆域開拓，楚國郢都「郊」之範圍亦達顛峰。依上文計算，魯桓公十一年（701 B.C.）時，郢都東北「郊」之範圍至少到達郊鄖，距郢都 252.53 里。依「圖四」知郢都東北向至郊鄖間尚有權國、那處。莊公十八年《左傳》：「初，楚武王克權，使鬬緡尹之，以叛，圍而殺之。遷權於那處，使閻敖尹之。」《集解》：「權，國名，南郡當陽縣東南有權城。鬬緡，楚大夫。那處，楚地，南郡編縣東南有那口城。」（頁 35）《會箋》：「今湖北安陸府當陽縣東南權城，古之權國也」；又謂「今安陸府荊門州東南有那口城，即那處。」[163] 陳槃〈春秋大事表列國爵姓及存滅表譔異（下一）〉亦云：「今湖廣安陸府當陽縣東南有權城。……不知何年

---

162 張正明：《楚史》（武漢：湖北教育出版社，1995 年），頁 67-68。李玉潔：《楚國史》（開封：河南大學出版社，2001 年），頁 89-91。
163 日本・竹添光鴻：《左傳會箋》，頁 245。

滅于楚。」[164]《左傳注》亦有相同看法，謂「今湖北省當陽縣東南有權城」，[165]是為古權國之地。《左傳注》又云：「那處，楚地，今湖北省荊門縣東南有那口城，當即其地。」[166]《春秋大事表‧春秋列國疆域表》：「莊十八年為楚文王之十四年，《左傳》特追敘其事耳，其滅權之年則不可考矣。」[167]雖不確定楚武王何年滅權，然桓公十三年《左傳》記楚伐羅，推測滅權至少應在魯桓公十二年（700 B.C.）前。桓公十三年《左傳》：「楚屈瑕伐羅，鬬伯比送之。」桓公十二年《左傳》之《集解》：「羅，熊姓國，在宜城縣西山中，後徙南郡枝江縣。」（頁 124）《會箋》：「今襄陽府宜城縣西二十里有羅川城，乃羅故國。」[168]陳槃亦云：「今湖廣襄陽府宜城縣西二十里有羅川城。……不知何年滅于楚。」[169]《左傳注》看法一致，謂「今湖北省宜城縣西二十里之羅川城乃羅國初封之故城。」[170]依「圖四」知權國位於郢都與漢水間，而羅國地處權國更北之漢水濱。僖公三十年《左傳》記鄭大夫燭之武謂秦穆公：「越國以鄙遠，君知其難也。」（頁 285）楚武王若繞權國而企圖占領羅國，亦可謂「越『權』而鄙『羅』」；不僅難度極

---

164 陳槃：〈春秋大事表列國爵姓及存滅表譔異（下一）〉，《中央研究院歷史語言研究所集刊》第 28 本冊上（臺北：中央研究院歷史語言研究所，1956 年），頁 393-440。

165 楊伯峻：《春秋左傳注》，頁 208。

166 楊伯峻：《春秋左傳注》，頁 209。

167 清‧顧棟高輯，吳樹平、李解民點校：《春秋大事表》，頁 518-519。

168 日本‧竹添光鴻：《左傳會箋》，頁 245。

169 陳槃：〈春秋大事表列國爵姓及存滅表譔異（中）〉，頁 325-364。

170 楊伯峻：《春秋左傳注》，頁 135。

高，亦不合戰略考量。若上述推測無誤，權國當於魯桓公十二年前被滅。郊郢見桓公十一年《左傳》，二者僅隔一年，推知魯桓公十一年時權國當已滅亡。則郢都東北向至郊郢內範圍，當皆為楚國郢都之「郊」。

## （二）鄭國東「郊」

鄭都新鄭東「郊」，目前可知「郊」上有牛首；易言之，牛首至新鄭皆鄭之「郊」。依「圖三」知新鄭與牛首間有菟氏、棐林，菟氏見昭公五年《左傳》：「以屈生為莫敖，使與令尹子蕩如晉逆女。過鄭，鄭伯勞子蕩于氾，勞屈生于菟氏。」《集解》：「氾、菟氏皆鄭地。」（頁 744）《會箋》：「氾，南氾，僖二十四年王適鄭處于氾，即此氾。菟氏城在河南開封府尉氏縣西北四十里。」《左傳注》：「氾在今河南襄城縣南。……菟氏在今河南尉氏縣西北四十里。」[171]傳文謂鄭簡公「勞」楚令尹子蕩與莫敖屈生於氾及菟氏，知二地屬鄭。宣公元年《春秋經》：「楚子、鄭人侵陳，遂侵宋。晉趙盾帥師救陳。宋公、陳侯、衛侯、曹伯會晉師于棐林，伐鄭。」《集解》：「鄭地，滎陽宛陵縣東南有林鄉。」（頁 360-361）又襄公三十一年《左傳》：「北宮文子相衛襄公以如楚，宋之盟故也。過鄭，印段迋勞于棐林，如聘禮而以勞辭。」（頁 688）知棐林亦屬鄭。至於棐林位置，《會箋》承《集解》而認為「林鄉城今在新鄭縣東二十五里，屬開封府。」《左傳注》則云「然襄三十一年《傳》謂

---

[171] 日本・竹添光鴻：《左傳會箋》，頁 1429。楊伯峻：《春秋左傳注》，頁 1265。

衛襄公如楚，『過鄭，印段迓勞于棐林』，則棐林宜在新鄭北三、四十里處。」[172]若依「圖三」知《地圖集》從《集解》，且標示位置距新鄭更偏東方。總而言之，新鄭東向至牛首內疆域皆屬鄭之東「郊」。

## （三）宋國西北「郊」

宋都商丘西北「郊」，目前知「郊」上有新里；易言之，新里至商丘當是宋之「郊」。依「圖三」知商丘與新里間有曲棘、黃、沙隨。曲棘見昭公二十五年《春秋經》：「宋公佐卒于曲棘。」《集解》：「陳留外黃縣城中有曲棘里，宋地。」（頁887）《會箋》言「曲棘當在今河南開封府杞縣境」；《左傳注》謂「在今河南蘭考縣東南，民權縣西北，為由宋適晉之道」；[173]《地圖集》採《左傳注》之說。宋元公卒於曲棘，《集解》又直云曲棘為宋地，可證該地屬宋。黃見隱公元年《左傳》：「惠公之季年，敗宋師于黃。」《集解》：「黃，宋邑，陳留外黃縣東有黃城。」（頁40）《會箋》言「故黃城在曹州考城縣東二十四里」，《左傳注》謂「當在今河南省民權縣東十五里。」[174]《集解》直言黃為宋邑，知其屬宋。沙隨見成公十六年《春秋經》：「公會晉侯、齊侯、衛侯、宋華元、邾人于沙

---

172 日本・竹添光鴻：《左傳會箋》，頁 683。楊伯峻：《春秋左傳注》，頁 647。

173 日本・竹添光鴻：《左傳會箋》，頁 1673。楊伯峻：《春秋左傳注》，頁 1455。

174 日本・竹添光鴻：《左傳會箋》，頁 30。楊伯峻：《春秋左傳注》，頁 18。

隨，不見公。」《集解》：「沙隨，宋地，梁國寧陵縣北有沙隨
亭。」（頁 472）《會箋》言「沙隨在河南歸德府寧陵縣西六
里」；《左傳注》謂「在今河南寧陵縣北。」[175]依《集解》知
沙隨為宋地。總而言之，宋都商丘西北向至新里內疆域，當屬宋
都商丘西北「郊」範圍。

## （四）衛國西南「郊」

　　衛國先都楚丘而後遷帝丘，因漆里（宛濮）位於楚丘及帝丘
西南，可視為衛都西南「郊」之里；易言之，漆里（宛濮）至衛
都楚丘或帝丘皆衛之「郊」。依「圖三」知楚丘、帝丘至漆里
（宛濮）間有訾婁、瓦、蒲，訾婁見僖公十八年《左傳》：「邢
人、狄人伐衛，圍菟圃。衛侯以國讓父兄子弟及朝眾……眾不
可，而後師于訾婁。狄師還。」《集解》：「訾婁，衛邑。」
（頁 238）《會箋》言「今河南衛輝府滑縣西南六十里有訾婁
城」；《左傳注》謂「訾婁在今河南省滑縣西南，與長垣縣接
界。」[176]《集解》謂訾婁為衛邑，知地屬衛國無疑。瓦見定公
八年《春秋經》：「公會晉師于瓦。」《集解》：「瓦，衛
地……東郡燕縣東北有瓦亭。」（頁 962）《會箋》言「今河南
衛輝府滑縣東南瓦岡集，古瓦亭也」；《左傳注》謂「瓦即今河

---

175 日本・竹添光鴻：《左傳會箋》，頁 909。楊伯峻：《春秋左傳注》，
　　頁 878。

176 日本・竹添光鴻：《左傳會箋》，頁 422。楊伯峻：《春秋左傳注》，
　　頁 378。

南滑縣南之瓦崗集。」[177]《集解》已謂瓦為衛地,可直承其說。蒲見桓公三年《春秋經》:「齊侯、衛侯胥命于蒲。」《集解》:「蒲,衛地,在長垣縣西南。」(頁 102)《會箋》言「今為直隸大名府長垣縣治」,《左傳注》謂「在今河南省長垣縣治稍東。」[178]知蒲為衛地。總而言之,衛都楚丘或帝丘西南至漆里(宛濮),當屬衛國西南「郊」範圍。

## (五)楚國「郊」、「野」比例

　　了解郢都東北「郊」、鄭都新鄭東「郊」、宋都商丘西北「郊」及衛都楚丘、帝丘西南「郊」之距離與範圍,可繼續探究四國該方位邊境。依「圖四」知郢都東北有隨、郧二國,郧國上文已說明。隨國首見桓公六年《左傳》:「楚武王侵隨,使薳章求成焉,軍於瑕以待之。」(頁 109)又哀公元年《春秋經》:「楚子、陳侯、隨侯、許男圍蔡」;(頁 990)知隨國終春秋仍存。隨國地望《集解》:「今義陽隨縣。」(頁 109)《會箋》言「今湖北應安府隨州即故隨國」;陳槃謂「今湖廣德安府隨州。……終春秋世猶存」;《左傳注》認為隨國在今「湖北省隨縣南。」[179]知魯桓公十一年、即楚武王四十年時,楚國郢都東

---

[177] 日本・竹添光鴻:《左傳會箋》,頁 1823。楊伯峻:《春秋左傳注》,頁 1562。

[178] 日本・竹添光鴻:《左傳會箋》,頁 132。楊伯峻:《春秋左傳注》,頁 96。

[179] 日本・竹添光鴻:《左傳會箋》,頁 145。陳槃:〈春秋大事表列國爵姓及存滅表譔異(中)〉,頁 325-364。楊伯峻:《春秋左傳注》,頁 109。

北界臨隨、鄖二國。

　　依「圖四」比例尺知鄖國距郢都直線距離約 171.5 公里，合東周里制 412.46 里；隨國距郢都直線距離約 182 公里，合東周里制 437.71 里。在此須說明，如此計算必然無法客觀，因道路規畫須配合地形地貌，無法以直線行進。然春秋道路目前已難推知，故僅以直線距離計算。此外另須說明，郢都有「郊」，隨、鄖二國亦有「郊」，上文計算方式尚未考量二國之「郊」。鄖「郊」上有蒲騷，鄖都至蒲騷直線距離已於第六節說明，約 28 公里，換算為東周里制合 67.34 里。若以此數字帶入計算，則郢都至鄖「郊」蒲騷約 143.5 公里，換算為東周里制合 345.18 里。又若以郢都至東北「郊」郊郢，直線距離約 105 公里，換算為東周里制合 252.53 里，則自郊郢至鄖之蒲騷約 38.5 公里，換算為東周里制合 92.59 里。至於隨「郊」文獻無徵，若以鄖「郊」蒲騷帶入換算，則郢都至隨「郊」直線距離 154 公里，換算為東周里制合 370.37 里。如此則郢郊至隨「郊」約 49 公里，換算為東周里制合 117.85 里。依第一節徵引文獻，「郊」外區域稱「野」。就上陳數據得知，魯桓公十一年、即楚武王四十年時，楚國郢都至東北「郊」郊郢直線距離約 105 公里，即 252.53 里。假設郊郢為郢都東北「郊」邊界，則郊郢外所謂「野」，至鄖「郊」蒲騷直線距離約 38.5 公里，即 92.59 里；至隨「郊」直線距離約 49 公里，即 117.85 里。從上述數字顯示，楚國東北「郊」、「野」距離呈現「郊大野小」情況，「郊」直線長度約為「野」之 2.4 倍。

## （六）鄭國「郊」、「野」比例

鄭國狀況可依「圖三」標示地點作為查考對象，若以鄭都新鄭直線至東「郊」牛首，再向外延伸有雍丘。雍丘僅見哀公九年《左傳》：「鄭武子賸之嬖許瑕求邑，無以與之。請外取，許之，故圍宋雍丘。」《集解》：「雍丘縣，屬陳留。」（頁682）《左傳注》：「雍丘本杞所封，《史記·杞世家·索隱》云：『春秋時，杞已遷東國，僖十四年《傳》云「杞遷緣陵」[180]』，[181]故雍丘為宋所得。」[182]哀公九年《左傳》雖謂雍丘為宋所有，然依僖公十四年《左傳》「諸侯城緣陵而遷杞焉」，（頁 224）則魯僖公十四年（646 B.C.）前，雍丘為杞國國都。《左傳注》謂杞「國都初于今河南杞縣」，[183]此即雍丘。牛首東向稍南又有承匡，文公十一年《春秋經》：「叔彭生會晉郤缺于承匡。」《集解》：「承匡，宋地，在陳留襄邑縣西。」（頁328）《會箋》言「今河南歸德府睢州西三十里有故匡城」，《左傳注》謂「當在今河南省睢縣西三十里。」[184]依傳文及

---

[180] 原句見僖公十四年《左傳》：「十四年春，諸侯城緣陵而遷杞焉。」（頁 224）

[181] 原句見《史記·陳杞世家》：「杞東樓公者，夏后禹之後苗裔也。」裴駰《史記集解》：「至春秋時，杞已遷東國，……僖十四年《傳》云：『杞遷緣陵。』」見漢·司馬遷著，南朝宋·裴駰集解，唐·司馬貞索隱，唐·張守節正義，日本·瀧川龜太郎考證：《史記會注考證》，頁583。

[182] 楊伯峻：《春秋左傳注》，頁 1652。

[183] 楊伯峻：《春秋左傳注》，頁 33。

[184] 日本·竹添光鴻：《左傳會箋》，頁 627。楊伯峻：《春秋左傳注》，頁 579。

《集解》知承匡為宋地。雍丘與承匡間有滑，莊公三年《春秋經》：「公次于滑。」《集解》：「滑，鄭地，在陳留襄邑縣西北。」（頁 138-139）《會箋》言「今歸德府睢州有滑亭」，《左傳注》謂「當在今河南省睢縣西北。」[185]依傳文及《集解》知滑為鄭地。依「圖三」知滑在雍丘及承匡間，且更向東而近宋。知魯桓公十四年（698 B.C.）、即鄭厲公三年時，雍丘、承匡與滑分屬杞、宋與鄭，此區域可謂犬牙交錯。滑雖介雍丘及承匡間，然作為杞國雍丘及宋國承匡以臨鄭界，本章仍以雍丘為計算對象。牛首在新鄭東「郊」，因《左傳》未明載鄭東「郊」邊界，姑以牛首為起點計算牛首至雍丘之距離，計算鄭東「郊」之外「野」之範圍。依比例尺知牛首至雍丘直線距離約 24.18 公里，換成東周里制合 58.15 里。上文已述新鄭至牛首直線距離約 55 公里，換為東周里制合 132.28 里，此為鄭東「郊」距離。而牛首至雍丘可視為鄭東「野」範圍，以上列數據換算，則鄭東「郊」、「野」距離亦「郊大野小」，「郊」直線長度約為「野」之 2.3 倍。

## （七）宋國「郊」、「野」比例

宋國部分可依「圖三」標示地點作為查考對象，以宋都商丘直線至西北郊「新里」，再向外延伸有長丘。長丘見文公十一年《左傳》：「耏班御皇父充石，公子穀甥為右，司寇牛父駟乘，以敗狄于長丘，獲長狄緣斯。」《集解》：「長丘，宋地。」

---

[185] 日本・竹添光鴻：《左傳會箋》，頁 199。楊伯峻：《春秋左傳注》，頁 160。

（頁 329）《會箋》言「今河南衛輝府封丘縣南八里，即白溝
也」；《左傳注》謂「今河南省封丘縣南舊有白溝，今已湮，當
為長丘故址，于春秋為宋邑。」[186]《會箋》已謂長丘為宋地，
亦可證新里之外另有宋邑。《左傳》雖未言新里為宋西北「郊」
邊界，姑以新里為起點計算至長丘距離，以為宋西北「郊」之外
「野」之範圍。依比例尺知新里至長丘直線距離約 27.37 公里，
換成東周里制合 65.83 里。上文已述商丘至新里直線距離約 111
公里，換為東周里制合 267 里，此為宋西北「郊」距離。新里至
長丘可視為宋西北「野」範圍，以上列數據換算，宋西北方
「郊」、「野」距離亦「郊大野小」，「郊」直線長度約為
「野」之 4.06 倍。

## （八）衛國「郊」、「野」比例

依「圖三」標示地點可考察衛「郊」、「野」比例，以衛都
楚丘或帝丘直線至西南「郊」漆里（宛濮），再向外延申有平
丘。平丘見昭公十三年《春秋經》：「公會劉子、晉侯、齊侯、
宋公、衛侯、鄭伯、曹伯、莒子、邾子、滕子、薛伯、杞伯、小
邾子于平丘。」《集解》：「平丘，在陳留長垣縣西南。」（頁
804）《會箋》言「平丘在河南衛輝府封丘縣東四十里」；《左
傳注》謂其地在「今河南封丘縣東四十里，即長垣縣南五十
里。」[187]《集解》對平丘之國屬皆無說明，然昭公十三年《左

---

186 日本‧竹添光鴻：《左傳會箋》，頁 629。楊伯峻：《春秋左傳注》，
　　頁 583。

187 日本‧竹添光鴻：《左傳會箋》，頁 1529。楊伯峻：《春秋左傳
　　注》，頁 1342。

傳》：「治兵于邾南。……羊舌鮒攝司馬，遂合諸侯于平丘。……次于衛地，叔鮒求貨於衛，淫芻蕘者。」（頁 809）傳文所謂「次」，依莊公三年《左傳》「凡師，一宿為舍，再宿為信，過信為次」（頁 139），知「次」指軍隊於一地駐紮二日以上。傳文先言「合諸侯于平丘」，又云「次于衛地」，知所「次」「衛地」當為平丘。平丘處漆里（宛濮）東南方，知漆里（宛濮）外更有衛邑。《左傳》雖未言漆里（宛濮）為衛西南「郊」邊界，姑以漆里（宛濮）為起點，推估衛西南「郊」南方「野」之範圍。因平丘位處漆里（宛濮）東南方，為較精準量測「郊」、「野」比例，暫以衛都楚丘為基準，計算楚丘至漆里（宛濮）及楚丘至平丘直線距離。前者視為衛西南「郊」範圍，後者距離減去前者，則視為衛西南「野」範圍。依比例尺知楚丘至平丘直線距離約 63.16 公里，換成東周里制合 151.9 里。上文已述漆里（宛濮）至楚丘直線距離約 54.73 公里，換為東周里制合 132 里。以楚丘至平丘直線距離 151.9 里，減楚丘至漆里（宛濮）距離 132 里，則衛西南「野」範圍約 19.9 里。以此「野」範圍與漆里（宛濮）至楚丘「郊」範圍計算，亦呈現「郊大野小」情況，「郊」直線長度約為「野」之 6.63 倍。

## （九）《左傳》「郊」、「野」比例為「郊大野小」

文獻關於「郊」、「野」範圍，依《司馬法》、《爾雅》皆為一百里。若為廣義之「野」則包括「郊」以外所有區域，範圍將不僅一百里。若以廣義之「野」與「郊」相較，呈現「野大郊小」格局。然上文論春秋楚東北「郊」、鄭東「郊」、宋西北「郊」與衛西南「郊」，以直線距離計算，該方位「郊」直線距

離皆逾文獻所載一百里；且該方位「郊」直線長度更是該方位「野」直線距離之 2.4 倍、2.3 倍、4.06 倍及 6.63 倍，皆呈「郊大野小」格局，明顯與典籍說法不合。因材料有限，僅比較楚、鄭、宋、衛四國單一方位「郊」、「野」。尤其鄭處中原，北與周王室接壤，南與許、陳比鄰，國土南北短而東西寬，推知其南北「郊」直線長度定然未若東「郊」距離。若其南北「郊」較短，則南北「野」長度當亦不如東「野」。即使如此，筆者推測若單一方位「郊」、「野」比例呈「郊大野小」狀態，其他方位「郊」、「野」比例或亦如是。鄭、宋、衛因地處中原而諸國林立，擴張領土不易，可能「郊」、「野」比例已達穩定狀態，或終春秋之世未有劇烈變化。至於楚國情況則可能隨疆域擴張，其「郊」、「野」範圍逐步擴大，「郊」、「野」比例亦有變動。

# 八、結語

　　本章以《左傳》、《國語》為文本，討論「郊」及相關制度，具體結論有六，分述於下：（一）「郊」內側與「國」之「郭」牆為界，「郭」牆內為「城中曰國」之「國」，「郭」牆外則為「郊」。「郊」外側以「郛」或「封」為界，「郛」或「封」內為「郊」，「郛」或「封」外為「野」。《左傳》「郊」之範圍為「國」之「郭」牆外及「郛」或「封」之內。（二）「郊尹」為楚治理「郊」之長官，《左傳》「郊人」為鄭管理「郊」之職官，其管理對象之一為居住於「郊」之「除徒」——即《左傳》之「正夫」、「正徒」。「正夫」、「正徒」又稱「役人」、「役徒」，身分為「國人」之「庶人」。從《左

傳》相關記載推判,鄭於魯昭公十二年、即鄭簡公三十六年起,至少至魯昭公十八年、即鄭定公六年間,任「郊人」者為子大叔。(三)傳統經師認為「郊里」、「鄉里」為二,主張「郊」在「鄉」外,故「鄉」、「郊」有異;散言之可以「郊」概括「鄉」,對言之則有所不同。本章證實春秋時「郊」設若干「鄉」,因文獻不足徵,目前僅知宋設四鄉、魯設三鄉、齊設二十一鄉,他國「鄉」數僅能付之闕如。(四)本章證實春秋時「鄉」下設「里」,至於每「鄉」設多少「里」,傳世文獻雖有記載,然因內容排列整齊,應係後人整理所致,恐非春秋實情。(五)《左傳》、《國語》記郧、楚、鄭、宋、衛等國單一方向「郊」上邑或里,據此計算與國都距離,均顯示「郊」範圍較傳世典籍「百里為郊」更為遼遠,或達二倍以上。(六)楚東北「郊」、鄭東「郊」、宋西北「郊」與衛西南「郊」直線長度,是該方位「野」直線長度之 2.4 倍、2.3 倍、4.06 倍及 6.63 倍,皆呈「郊大野小」格局,與典籍說法不同。

# 第四章 《左傳》綴以「隧」字地名與「鄉遂」制度析論[*]

## 一、前言

　　《左傳》「隧」字記載計二十二則，近人楊伯峻（1909-1992）《春秋左傳詞典》釋「隧」有四義：（一）小路，徑；（二）天子墳墓之地下道；（三）同「隊」；（四）挖掘隧道。連同楊氏釋為「掌郊外役徒之官」之官名「隧正」在內，《左傳》「隧」字共有五義。[1]陳克炯《左傳詳解詞典》釋「隧」愈詳，共分六義：（一）名詞，在地下鑿成之通道，上不露天，供天子埋葬時運進棺材之用；（二）名詞，露天地下通道，諸侯葬禮皆懸棺而下，通道露天，與天子之隧有別；（三）名詞，道、路；（四）名詞，指狹路，隘道；（五）名詞，通「遂」，周代一種行政區劃，轄遠郊五縣；（六）形容詞，通「遺」，迅猛。

---

[*] 本章依拙文〈《左傳》綴以「隧」字地名與「鄉遂」制度蠡測〉為基礎，調整標題與修訂部分內容，拙文發表於《文與哲》第 31 期（2017 年 12 月），頁 53-100。

[1] 楊伯峻：《春秋左傳詞典》（臺北：漢京文化事業公司，1987 年），頁 927。

此外，陳氏又釋「隧正」：「同『遂正』，官名，一遂之長，掌管遠郊的政令事務。」[2]為行文與閱讀之便，排除「隧」釋為路徑、墓道及動詞用者，《左傳》有十則綴以「隧」字地名及二則與「隧」關聯之職官，依年代先後編以序號臚列於下：

> 1、晉欒書救鄭，與楚師遇於繞角。楚師還。晉師遂侵蔡。楚公子申、公子成以申、息之師救蔡，禦諸桑隧。（成公六年《左傳》）
>
> 2、五月丁亥，晉師以諸侯之師及秦師戰于麻隧。秦師敗績，獲秦成差及不更女父。曹宣公卒于師。師遂濟涇，及侯麗而還。（成公十三年《左傳》）
>
> 3、楚子侵鄭，及暴隧。遂侵衛，及首止。鄭子罕侵楚，取新石。（成公十五年《左傳》）
>
> 4、遺為費宰。叔仲昭伯為隧正，欲善季氏，而求媚於南遺。謂遺：「請城費，吾多與而役。」故季氏城費。（襄公七年《左傳》）
>
> 5、宋災，樂喜為司城以為政，使伯氏司里。火所未至，徹小屋，塗大屋，陳畚挶；具綆缶，備水器；量輕重，蓄水潦，積土塗；巡丈城，繕守備，表火道。使華臣具正徒，令隧正納郊保，奔火所。（襄公九年《左傳》）
>
> 6、圍鄭，觀兵于南門，西濟于濟隧。（襄公十一年《左傳》）

---

7、衛孫蒯田于曹隧，飲馬于重丘，毀其瓶。（襄公十七年《左傳》）

8、齊及晉平，盟于大隧。故穆叔會范宣子于柯。（襄公十九年《左傳》））

9、初，陳侯會楚子伐鄭，當陳隧者，井堙木刊，鄭人怨之。（襄公二十五年《左傳》）

10、罕虎、公孫僑、公孫段、印段、游吉、駟帶私盟于閨門之外，實薰隧。（昭公元年《左傳》）

11、二月丙申，齊師至于蒲隧，徐人行成。徐子及郯人、莒人會齊侯，盟于蒲隧，賂以甲父之鼎。（昭公十六年《左傳》）

12、左司馬戌謂子常曰：「子沿漢而與之上下，我悉方城外以毀其舟，還塞大隧、直轅、冥阨。子濟漢而伐之，我自後擊之，必大敗之。」（定公四年《左傳》）[3]

本章集中討論「隧」字本義與《左傳》綴以「隧」字地名，擴及與「鄉遂」制度之關聯，討論春秋「隧」之制度及相關問題，就教於方家學者。

---

[3]　晉・杜預集解，唐・孔穎達正義：《春秋左傳注疏》（臺北：藝文印書館，1993 年，據清嘉慶二十年〔1815〕江西南昌府學版影印），頁422、463、466、518、522-523、545、574、587、621、704、825、826、950。為簡省篇幅與利於讀者閱讀，以下徵引本書不再以註腳方式載明出處，逕於引文後以括號夾注頁碼。

# 二、「隧」之本義為道路

　　「隧」字《說文解字》（以下簡稱《說文》）不見，《玉篇》謂「隧」為「墓道也，掘地通路也」；[4]此義已見《左傳》。又《周禮·冬官考工記·匠人》：「田首倍之，廣二尺、深二尺謂之遂。」漢人鄭玄（127-200）《注》（以下簡稱鄭《注》）：「遂者，夫間小徑，遂上亦有徑。」唐人陸德明（550？-630）《經典釋文》：「隧音遂，本又作遂。」[5]知「遂」一本作「隧」，且〈地官·遂人〉：「凡治野：夫間有遂，遂上有徑。」[6]知「隧」在《周禮》亦有道路義。第一節已陳《左傳》「隧」字諸義，大凡與道路相關，知其本義為道路。此外，第一節引文第 9 則「陳隧」，晉人杜預（222-285）《春秋左傳集解》（以下簡稱《集解》）：「隧，徑也。」（頁621）日人竹添光鴻（1842-1917）《左傳會箋》（以下簡稱《會箋》）：「隧，軍行之道。」[7]楊伯峻《春秋左傳注》（以下簡稱《左傳注》）亦謂「陳軍所經過之地，井被塞，樹木被伐。」[8]

---

[4]　南朝梁·顧野王著，宋·陳彭年等重修：《玉篇》，收入文懷沙主編：《四部文明·魏晉南北朝文明卷》第 30 冊（西安：陝西人民出版社，2007 年，景印清康熙四十三年〔1704〕吳郡張氏刊澤存堂五種本），卷 22，頁 21。

[5]　漢·鄭玄注，唐·賈公彥疏：《周禮注疏》（臺北：藝文印書館，1993年，據清嘉慶二十年〔1815〕江西南昌府學版影印），頁 651。

[6]　漢·鄭玄注，唐·賈公彥疏：《周禮注疏》，頁 232。

[7]　日本·竹添光鴻：《左傳會箋》（臺北：天工書局，1998 年），頁1194。

[8]　楊伯峻：《春秋左傳注》（北京：中華書局，2000 年），頁 1102。

知「陳隧」乃連接陳、鄭二國道路，因陳軍所經之處皆「井堙木
刊」，鄭人因而憤懣不平。又引文第 10 則「薰隧」，《集
解》：「閟門，鄭城門。薰隧，門外道。」（頁 794）清人顧棟
高（1679-1759）《春秋大事表》（以下簡稱《大事表》）：
「或曰：『閟門，鄭內宮北門也。』薰隧如後世複道。」[9]「薰
隧」指鄭都新鄭城門「閟門」外道路，猶如鄭另有道路「周氏之
衢」，[10]齊有大道「莊」、[11]「嶽」，[12]魯有「五父之衢」，[13]知

---

[9] 清・顧棟高著，吳樹平、李解民點校：《春秋大事表》（北京：中華書
局，1993 年，據清乾隆十三年〔1748〕萬卷樓刻本為底本點校排
印），754。

[10] 昭公二年《左傳》：「尸諸周氏之衢，加木焉。」《集解》：「衢，道
也。」（頁 720）《大事表》認為「周氏之衢」乃鄭國道路專名，見
清・顧棟高著，吳樹平、李解民點校：《春秋大事表》，頁 754-755。

[11] 襄公二十八年《左傳》：「得慶氏之木百車於莊。」《集解》：「慶封
時有此木，積於六軌之道。」（頁 654）《孟子・滕文公下》：「引而
置之莊、嶽之間數年。」趙岐《注》：「莊、嶽，齊街里名也。」見
漢・趙岐注，題宋・孫奭疏：《孟子注疏》（臺北：藝文印書館，1993
年，據清嘉慶二十年（1815）江西南昌府學版影印），頁 113。則將
「莊」籠統解為「街里名」。《大事表》謂「莊」是臨輜城內里名，見
清・顧棟高著，吳樹平、李解民點校：《春秋大事表》，頁 736。然
《會箋》謂「莊者，國中之要路」；《左傳注》亦謂「莊，臨淄城大街
名」（頁 1147）；皆主「莊」為齊都臨淄大道名。見日本・竹添光
鴻：《左傳會箋》，頁 1261；楊伯峻：《春秋左傳注》，頁 1147。筆
者認為《集解》既釋「莊」為「六軌之道」，應解為道路名較合傳義。

[12] 襄公二十八年《左傳》：「反，陳于嶽，請戰，弗許，遂來奔。」《集
解》：「嶽，里名。」（頁 655）《大事表》亦主此見，見清・顧棟高
著，吳樹平、李解民點校：《春秋大事表》，頁 737。《會箋》則釋為
「街里名」，未能確切指實其性質，見日本・竹添光鴻：《左傳會
箋》，頁 1264。《左傳注》認為據傳文，慶封率其私屬「陳于嶽」，

「隧」即道路。又引文第 12 則「大隧」,《集解》:「三者,漢東之隘道。」(頁 950)《會箋》:

> 應山縣北有義陽三關,一曰平靖關;一曰黃峴關,又名百雁關;一曰武陽關,又名澧山關;即古之大隧、直轅、冥阨也。大隧即武陽,直轅即黃峴,冥阨即平靖也。[14]

《左傳注》認為「今豫鄂交界三關,東為九里關,即古之大隧;中為武勝關,即直轅;西為平靖關,即冥阨。」[15]潘英《中國上古國名地名辭彙及索引》(以下簡稱《辭彙》)認為「在今湖北應山東北卅里。」[16]宋煥文與陳習剛針對「義陽三關」演變有較詳盡說明,讀者可參看。[17]《會箋》、《左傳注》對「大隧」今名意見雖異,然可確定「大隧」乃隘道名,知「隧」為道路義。

---

「里巷狹小,不足以列陣,嶽當亦是大街。」見楊伯峻:《春秋左傳注》,頁 1148。本章從《左傳注》之見,仍將「嶽」釋為道路名。

[13] 襄公十一年《左傳》:「乃盟諸僖閎,詛諸五父之衢。」《集解》:「五父,衢道名,在魯國東南。」(頁 544)

[14] 日本・竹添光鴻:《左傳會箋》,頁 1764。

[15] 楊伯峻:《春秋左傳注》,頁 1543。

[16] 潘英:《中國上古國名地名辭彙及索引》(臺北:明文書局,1986年),頁 101。

[17] 宋煥文:〈從應山春秋墓看楚三關的地位和作用〉,《江漢考古》1987年第 3 期(1987 年 10 月),頁 40-46。陳習剛:〈「義陽三關」的演變與地位〉,《信陽師範學院學報(哲學社會科學版)》2004 年第 2 期(2004 年 2 月),頁 110-114。二篇論文蒙審查委員提點增補,謹致謝忱。

## （一）「隧」、「遂」異文

「隧」字从阜、遂聲，「隧」於典籍常與「遂」互為異文。如《尚書‧費誓》：「魯人三郊三遂。」[18]《史記‧魯周公世家》作「魯人三郊三隧。」[19]又《國語‧周語上》：「其七也，回祿信于聆隧。」[20]又《說文‧耳部》：「聆，《國語》曰：『回祿信於聆遂』，[21]闕。」[22]又上引《周禮‧冬官考工記‧匠人》：「田首倍之，廣二尺、深二尺謂之遂。」《經典釋文》：「隧音遂，本又作遂。」「遂」亦有道路義，如《毛詩‧鄘風‧載馳》：「大夫跋涉，我心則憂。」《經典釋文》引《韓詩》：「不由蹊遂而涉曰跋涉。」[23]又《淮南子‧脩務》：「跋涉山

---

18 題漢‧孔安國傳，唐‧孔穎達正義：《尚書注疏》（臺北：藝文印書館，1993 年，據清嘉慶二十年〔1815〕江西南昌府學版影印），頁313。

19 漢‧司馬遷著，南朝宋‧裴駰集解，唐‧司馬貞索隱，唐‧張守節正義，日本‧瀧川龜太郎考證：《史記會注考證》（高雄：復文圖書出版社，1991 年），頁555。

20 三國‧韋昭：《國語韋昭註》（臺北：藝文印書館，1974 年，據嘉慶庚申〔1800〕讀未見書齋重雕天聖明道本影印），頁26。韋昭《注》：「聆遂，地名也。」此記載所述乃上古之事，與本章所述春秋已有時間差距，故不入討論之列。

21 原句見《國語‧周語上》：「其七也，回祿信于聆隧。」見三國‧韋昭：《國語韋昭註》，頁26。

22 漢‧許慎著，清‧段玉裁注：《說文解字注》（臺北：黎明文化事業公司，1994 年，據經韵樓藏版影印），頁599。

23 漢‧毛亨傳，漢‧鄭玄注，唐‧孔穎達正義：《毛詩注疏》（臺北：藝文印書館，1993 年，據清嘉慶二十年〔1815〕江西南昌府學版影印），頁125。

川，冒蒙荊棘。」漢人高誘（？-？，東漢獻帝建安十年〔205〕任司空掾）《注》：「不從蹊遂曰跋涉。」[24]「蹊」指路徑，宣公十一年《左傳》：「牽牛以蹊人之田，而奪之牛。」《集解》：「蹊，徑也。」（頁 384）又《周禮・地官・遂人》：「凡治野，夫間有遂，遂上有徑。」鄭《注》：「徑容牛馬。」唐人賈公彥（？-？，高宗永徽〔650-656〕時官太常博士）《疏》（以下簡稱賈《疏》）：「徑不容車軌而容牛馬及人之步徑，是以《春秋》有牽牛蹊，蹊即徑也。」[25]又《莊子・馬蹄》：「當是時也，山无蹊隧，澤无舟梁。」唐人成玄英（601？-690？）《疏》：「蹊，徑。隧，道。」[26]「蹊」既為路徑，「蹊遂」又連言，知「遂」亦指路徑。又《荀子・大略》：「迷者不問路，溺者不問遂，亡人好獨。」唐人楊倞（？-？，於憲宗天和十三年〔818〕完成《荀子注》）《注》：「遂謂徑隧，水中可涉之徑也。」[27]梁人蕭統（501-531）《文選》收入晉人陸機（261-303）〈漢高祖功臣頌〉：「慶雲應輝，皇階授木。」唐人李善（630-689）《注》引《春秋孔演圖》：「天子皆五帝精，必有諸神扶助，使開階立遂。」漢人宋均（？

---

[24] 漢・劉安編，何寧集釋：《淮南子集釋》（北京：中華書局，1998年，據清光緒二年〔1876〕浙江書局刻莊逵吉校刊本為底本點校排印），頁 1347。

[25] 漢・鄭玄注，唐・賈公彥疏：《周禮注疏》，頁 233。

[26] 周・莊周著，清・郭慶藩集釋：《莊子集釋》（臺北：貫雅文化事業公司，1991 年），頁 334-335。

[27] 周・荀況著，清・王先謙集解，沈嘯寰、王星賢點校：《荀子集解》（北京：中華書局，1997 年，據清光緒十七年辛卯〔1891〕王先謙刻本為底本點校排印），頁 499。

-76）謂「遂，道也。」[28]知「遂」確有道路、路徑義。

## （二）「隧」、「述」異文

此外，「遂」又與「術」異文，如《左傳》文公十二年《春秋經》：「秦伯使術來聘。」同年《左傳》：「秦伯使西乞術來聘，且言將伐晉。」（頁 329-330）《公羊傳》文公十二年《春秋經》則作「秦伯使遂來聘。」[29]又《禮記‧月令》：「王命布農事，命田舍東郊，皆修封疆，審端經術。」鄭《注》：「術，《周禮》作遂。」又〈學記〉：「古之教者，家有塾，黨有庠，術有序，國有學。」鄭《注》：「術當為遂，聲之誤也。」[30]以上皆為「遂」、「術」典籍異文之例。此外，《說文‧行部》釋「術」為「邑中道也。」清人段玉裁（1735-1815）《注》（以下簡稱段《注》）：「邑，國也。」[31]知「術」亦指道路。又《墨子‧備城門》：「攻無過四隊者，上術廣五百步，中術三百步，下術五十步。」清人孫詒讓（1848-1908）謂「術、隊一聲

---

[28] 南朝梁‧蕭統編，唐‧李善注：《文選》（北京：中華書局，1986年，據清嘉慶年間胡克家覆刻南宋尤袤《文選》李善注本點校排印），頁 2101。

[29] 漢‧公羊壽傳，晉‧何休解詁，唐‧徐彥疏：《春秋公羊傳注疏》（臺北：藝文印書館，1993 年，據清嘉慶二十年（1815）江西南昌府學版影印），頁 176。

[30] 漢‧鄭玄注，唐‧孔穎達正義：《禮記注疏》（臺北：藝文印書館，1993 年，據清嘉慶二十年〔1815〕江西南昌府學版影印），頁 288、649。

[31] 漢‧許慎著，清‧段玉裁注：《說文解字注》，頁 78。

之轉，皆謂攻城之道。」[32]又《呂氏春秋・慎大・下賢》：「桃李之垂於行者莫之援也。」清人梁玉繩（1716-1792）：「《初學記》二十四引作『垂於術』，[33]疑今本譌『行』字。」[34]又《廣雅・釋宮》：「術，道也。」[35]可證「術」有道路之意。「隧」、「遂」上古音皆為邪母物部，「術」為船母物部，[36]二者韻部相同而聲母相近而可為通假。知意義關涉道路時，「隧」、「遂」、「術」可為假借。

　　上引《說文・行部》謂「術」為「邑中道也」，段《注》釋「邑」為「國」，知「邑中道」乃「國中道」，指「國」中道路。上文已言「隧」、「遂」、「術」若釋為道路可為通假，則《左傳》「隧」亦可如《說文》釋「遂」之意，解為「邑中道」、「國中道」。第二章第四節已引清人焦循（1763-1820）《群經宮室圖》釋先秦典籍「國」之定義有三，段《注》釋「邑」為「國」，究為焦氏所析廣狹三層「國」之何者？筆者認為可由「隧」作為行政區劃單位範圍推論。

---

32　周・墨翟著，清・孫詒讓詁，孫啟治點校：《墨子閒詁》（北京：中華書局，2001 年，據上海商務印書館涵芬樓影印清宣統二年〔1910〕刊定《墨子閒詁》為底本點校排印），頁 530。

33　原句作「《呂氏春秋》曰：『子產相鄭，桃李垂於術。』」見唐・徐堅等：《初學記》（北京：中華書局，1962 年），頁 589。

34　秦・呂不韋編，陳奇猷校釋：《呂氏春秋校釋》（臺北：華正書局，1998 年，據清畢沅《呂氏春秋校正》本為底本校釋排印），頁 880、890。

35　三國魏・張揖輯，清・王念孫疏證，鍾宇訊點校：《廣雅疏證》（北京：中華書局，2004 年，據清嘉慶年間王氏家刻本影印），頁 214。

36　郭錫良：《漢字古音手冊》（北京：北京大學出版社，1986 年），頁 148、100。

## （三）「隧正」為「隧」之長官

　　第一節引文第 4 則知魯有「隧正」一職，《集解》：「隧正，主役徒。」唐人孔穎達（574-648）《春秋正義》（以下簡稱《正義》）：「九年《注》云：『隧正，官名也，五縣為隧。』[37]則隧正當《周禮》之遂人也，掌諸遂之政令。徒役出諸遂之民，故為主役徒者。」（頁 518）「隧正」又見引文第 5 則，知宋亦有此官。《集解》：「隧正，官名也，五縣為隧。納聚郊野保守之民，使隨火所起，往救之。」（頁 523）《正義》：

> 此隧正當天子之遂大夫，故〈遂大夫〉職云：「各掌其遂之正令。」[38]……然則諸侯之有鄉、遂，亦以郊內、郊外別之也。郊內屬鄉者，近於國都，司徒自率之，以入城矣。郊外屬遂者，是郊野保守之民，不可全離所守，司徒令遂正量其多少，納之於國。（頁 523）

《會箋》謂「鄭司農云：『王國百里內為六鄉，外為六遂。』[39]是隧在鄉外，隧正其長也。其職掌近郊之事，猶《周禮·隧人》之職耳。」[40]《集解》釋二處「隧正」較略，《正義》將前者類

---

[37]　原句見襄公九年《左傳》：「令隧正納郊保，奔火所。」《集解》：「隧正，官名也，五縣為隧。」（頁 523）

[38]　原句見《周禮·地官·遂大夫》：「遂大夫：各掌其遂之政令。」見漢·鄭玄注，唐·賈公彥疏：《周禮注疏》，頁 236。

[39]　原句見襄公九年《左傳》：「令隧正納郊保，奔火所。」《正義》：「鄭司農云：『王國百里內為六鄉，外為六遂。』」（頁 523）

[40]　日本·竹添光鴻：《左傳會箋》，頁 1009。

以《周禮》「遂人」而後者比諸《周禮》「遂大夫」。《周禮・
地官司徒》：「遂人：中大夫二人。……遂大夫，每遂中大夫一
人。」鄭《注》：「遂人主六遂，若司徒之於六鄉也。」賈
《疏》：「此遂大夫於六遂各主一遂，似鄉大夫各主一鄉。」[41]
知「遂人」總管諸「遂」，是統領國中諸「遂」之長。「遂大
夫」僅司一「遂」事務，是各「遂」之長。故可如《集解》所
言，「隧正」掌「隧」之「役徒」；又如《左傳》所載，「隧
正」納郊保之役徒以奔火所。近人劉師培（1884-1919）謂上述
《左傳》「隧正猶言遂官，故遂人、隧大夫咸可名之為隧正。」
劉氏又言「周代遂官，其位較縣官為崇，其所轄之境亦廣列國之
遂官，蓋僅有調發之權，非一境之事悉為遂官所掌也，故權勢遠
遜縣邑各大夫。」[42]本章重點非辨魯、宋二國「隧正」類似《周
禮》「遂人」或「遂大夫」，然可確知「隧正」乃「隧」之長，
至於劉氏之說可備為一說。

　　「隧正」管轄行政單位「隧」，其區域及範圍又如何？《周
禮・地官・遂人》：「遂人：掌邦之野。以土地之圖經田野，造
縣鄙形體之法。五家為鄰，五鄰為里，四里為酇，五酇為鄙，五
鄙為縣，五縣為遂，皆有地域，溝樹之。」鄭《注》：「郊外曰
野，此野謂甸、稍、縣、都。」賈《疏》：

　　遂在遠郊百里之外，即遂人所掌之野，在「郊外曰野」之

---

41　漢・鄭玄注，唐・賈公彥疏：《周禮注疏》，頁 142-143。

42　劉師培：〈春秋時代地方行政考〉，收入劉師培著，鄔國義、吳修藝編
　　校：《劉師培史學論著選集》（上海：上海古籍出版社，2006 年），
　　頁 268。

中，故鄭云：「郊外曰野」。鄭又知「此野謂甸、稍、縣、
都」者，從二百里至五百里皆名野者，此遂人不言掌遂，
又見下文云「以達于畿」，明遂人掌野，通至畿疆也。[43]

簡言之，「遂人」總理一國「郊」外泛稱為「野」之區域，
「野」分若干「遂」，各「遂」由「遂大夫」司掌。「野」在典
籍亦稱「鄙」，此部分已於第二章第四節論述，敬請讀者參看。
「郊」之範圍亦於第三章析論，亦請讀者參看。據上文則段
《注》釋「遂」為「邑中道」之「國」，其層次應是焦循分析
「國」三種定義之最廣義者，即泛指全部封國。故釋為道路之
「隧」可以是第一節引文第 10 則國都城門外道路之「薰隧」，
亦可指引文第 12 則山區關隘險道之「大隧」，當然亦可指引文
第 9 則連接兩國大道之「陳隧」。須再深入討論者為：「隧」既
可泛指封國內道路，何以又為「郊」外之「野」行政區劃單位之
名？二者有何關聯？論及此問題前，須釐清《左傳》綴以「隧」
字地名之位置及特點，方能申論本義為道路之「隧」與「鄉遂」
制度之「遂」關係。

## 三、《左傳》綴以「隧」字地名之位置及特點

### (一) 蔡國桑隧

　　《左傳》有數例綴以「隧」字地名，如第一節引文第 1 則
「桑隧」為蔡地，《集解》：「汝南朗陵縣東有桑里，在上蔡西

---

[43] 漢・鄭玄注，唐・賈公彥疏：《周禮注疏》，頁232。

南。」（頁 442）《大事表》謂「朗陵，漢縣，晉因之，在今河南汝寧府確山縣西南三十里；又縣東有桑里亭。」[44]（《左傳注》謂「桑隧在今河南確山縣東」，《辭彙》亦同《左傳注》之說。[45]今據近人譚其驤（1911-1992）主編《中國歷史地圖集》（以下簡稱《地圖集》）截取為「圖一」，[46]請讀者參看。蔡國原都上蔡，《左傳注》謂「今河南省上蔡縣西南附近有故蔡國城」，[47]此其故地。魯昭公十三年（529 B.C.）蔡平侯遷新蔡，[48]《左傳注》謂其地在「今河南新蔡縣。」[49]由「圖一」知桑隧近房國、[50]道國，[51]距國都上蔡頗遠，應處蔡國邊鄙。引文第 1 則

---

[44] 清・顧棟高著，吳樹平、李解民點校：《春秋大事表》，頁 872-873。

[45] 楊伯峻：《春秋左傳注》，頁 830。潘英：《中國上古國名地名辭彙及索引》，頁 162。

[46] 譚其驤：《中國歷史地圖集》（臺北：曉園出版社，1991 年），頁 24-25。

[47] 楊伯峻：《春秋左傳注》，頁 35。

[48] 昭公十三年《左傳》：「楚之滅蔡也，靈王遷許、胡、沈、道、房、申於荊焉。平王即位，既封陳、蔡，而皆復之，禮也。隱太子之子廬歸于蔡，禮也。」《集解》：「滅在在十一年。……隱大子，大子有也。廬，蔡平侯。」（頁 814）

[49] 楊伯峻：《春秋左傳注》，頁 35。

[50] 房見昭公十三年《左傳》：「楚之滅蔡也，靈王遷許、胡、沈、道、房、申於荊焉。平王即位，既封陳、蔡，而皆復之，禮也。」《集解》：「道、房、申，皆故諸侯，楚滅以為邑。」（頁 814）知楚靈王時曾滅房國，待楚平王即位又復之。

[51] 道見僖公五年《左傳》：「楚鬭穀於菟滅弦，弦子奔黃。於是江、黃、道、柏方睦於齊，皆弦姻也。」《集解》：「道國在今汝南安陽縣南。」（頁 207）又昭公十三年《左傳》：「楚之滅蔡也，靈王遷許、胡、沈、道、房、申於荊焉。平王即位，既封陳、蔡，而皆復之，禮也。」（頁 814）知楚靈王曾遷道國於楚，楚平王即位而復之。

載晉、楚之師遇於繞角，《集解》謂其為「鄭地」（頁 442），
《辭彙》從之。[52]然清人江永（1681-1762）《春秋地理考
實》：「繞角在汝州之魯山，當是蔡地，非鄭地。」[53]《會
箋》、《左傳注》主此說，[54]今從江氏之見。《左傳》謂晉軍自
繞角侵蔡，與楚國申、息之師遇於桑隧。以地望推測，晉軍應沿
方城外、汝水西岸南下，可能取道柏、房、道一路，與北上援蔡
楚師遇於桑隧。知桑隧應有道路貫通蔡都上蔡及道、房，乃蔡國
西南交通要道。

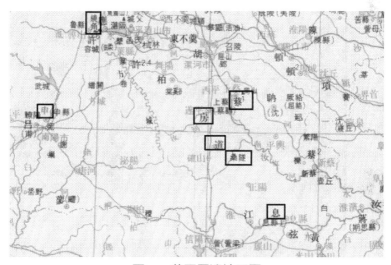

**圖一、蔡國周邊地區圖**

---

[52]　潘英：《中國上古國名地名辭彙及索引》，頁 229。

[53]　清·江永：《春秋地理考實》，收入清·王先謙：《經解續經解春秋類
彙編》（臺北：藝文印書館，1986 年），頁 854。

[54]　日本·竹添光鴻：《左傳會箋》，頁 849。楊伯峻：《春秋左傳注》，
頁 830。

## （二）秦國麻隧

　　第一節引文第 2 則「麻隧」為秦地，《大事表》謂「在今陝西西安府涇陽縣西南。」[55]《左傳注》謂「《清一統志》以為在今陝西涇陽縣北，[56]《方輿紀要》以為在涇陽縣西南，[57]疑《一統志》近是。」[58]《辭彙》主「在今陝西涇陽西南」，[59]本章從《左傳注》之見。今據《地圖集》截取為「圖二」，[60]引錄於下。《左傳注》謂秦於「寧公二年，即魯隱公九年，徙平陽，故城在今眉縣西四十六里。德公元年，即魯莊公十七年，徙居雍，今鳳翔縣治。」[61]「圖二」右側有芮國，魯僖公十九年（641 B.C.）滅於秦。[62]此外，芮旁有王城，本秦邑；[63]王城左近之輔

---

[55] 清・顧棟高著，吳樹平、李解民點校：《春秋大事表》，頁 836。

[56] 原文見清・和珅等：《欽定大清一統志》，收入《景印文淵閣四庫全書》第 478 冊（臺北：臺灣商務印書館，1983-1986 年），卷 179，頁 44。

[57] 原文見清・顧祖禹著，賀次君、施和金點校：《讀史方輿紀要》（北京：中華書局，2005 年，據北京圖書館藏清代商丘宋氏緯蕭草堂寫本為底本排印），頁 2549。

[58] 楊伯峻：《春秋左傳注》，頁 866。

[59] 潘英：《中國上古國名地名辭彙及索引》，頁 182。

[60] 譚其驤：《中國歷史地圖集》，頁 22-23。

[61] 楊伯峻：《春秋左傳注》，頁 101。

[62] 《史記・秦本紀》：「（秦穆公）二十年，秦滅梁、芮。」見漢・司馬遷著，南朝宋・裴駰集解，唐・司馬貞索隱，唐・張守節正義，日本・瀧川龜太郎考證：《史記會注考證》，頁 89。考諸僖公十九年《左傳》：「梁亡，不書其主，自取之也。」（頁 240）《史記》既載芮與梁同亡，推知芮亦亡於同年。

[63] 僖公十五年《左傳》：「十月，晉陰飴甥會秦伯，盟于王城。」《集解》：「王城，秦地，馮翊晉縣東有三城，今名武鄉。」（頁 234）

氏卻屬晉。[64]知秦東疆約在黃河西岸一帶，與晉邑犬牙交錯，麻
隧處秦國雍都與東疆之間。引文第 2 則載晉及諸侯之師先與秦師
戰於麻隧，此役因秦師敗績，《左傳》謂諸侯之師「遂濟涇，及
侯麗而還。」（頁 463）依「圖二」知侯麗在涇水東岸，推測諸
侯之師在麻隧渡河，麻隧應是入秦都之孔道。又襄公十四年《左
傳》：

> 夏，諸侯之大夫從晉侯伐秦，以報櫟之役也。……魯人、
> 莒人先濟。鄭子蟜見衛北宮懿子……。二子見諸侯之師而
> 勸之濟。濟涇而次。……鄭司馬子蟜帥鄭師以進，師皆從
> 之，至于棫林，不獲成焉。（頁 559）

《集解》：「棫林，秦地。」（頁 559）據「圖二」知棫林亦在
涇水東岸，《左傳》謂諸侯之師渡涇東向，亦當在麻隧附近濟
河。諸侯二次征秦皆經麻隧，推測此是秦國東向幹道所經之地。

**圖二、秦國周邊地區圖**

---

[64] 宣公十五年《左傳》：「秋七月，秦桓公伐晉，次于輔氏。」《集
解》：「晉地。」（頁 409）

## （三）鄭國暴隧

　　第一節引文第 3 則「暴隧」為鄭地，《會箋》謂「文八年『盟于暴』，暴一曰暴隧，周圻內邑，即詩〈何人斯〉暴公之采邑。」《左傳注》亦謂「暴即成十五年《傳》之暴隧，本為周室暴辛公采地，後入於鄭，當在今河南省原陽縣西舊原武縣境。」《辭彙》謂其地望在「河南原武東南」，[65]與《左傳注》相符。今據《地圖集》截取為「圖三」，[66]引錄於下。由「圖三」知暴隧處鄭國北鄙，黃河北岸如郯田、[67]懷、邢丘[68]皆屬晉；暴隧左近之祭、[69]邲、[70]制、[71]索氏、[72]時來、垂隴[73]則屬鄭，推測鄭、

---

65　日本・竹添光鴻：《左傳會箋》，頁 904。楊伯峻：《春秋左傳注》，頁 565。潘英：《中國上古國名地名辭彙及索引》，頁 213。

66　譚其驤主編：《中國歷史地圖集》，頁 24-25。

67　成公十五年《左傳》：「晉郤至與周爭郯田，王命劉康公、單襄公訟諸晉。郤至曰：『溫，吾故也，故不敢失。』」《集解》：「郯，溫別邑，今河內懷縣西南有郯人亭。」（頁 457）《左傳》謂晉大夫郤至與周王室爭郯田，最終雖禮讓周王室取郯田，知郯田已非鄭地。

68　宣公六年《左傳》：「秋，赤狄伐晉，圍懷及邢丘。晉侯欲伐之。」（頁 377）《左傳》既言「赤狄伐晉」而「圍懷及邢丘」，知懷、邢丘乃晉地。

69　成公四年《左傳》：「晉欒書將中軍，荀首佐之，士燮佐上軍，以救許伐鄭，取汜、祭。」《集解》：「汜、祭，鄭地。」（頁 439）

70　宣公十二年《春秋經》：「夏六月乙卯，晉荀林父帥師及楚子戰于邲，晉師敗績。」《集解》：「邲，鄭地。」（頁 388）

71　隱公元年《左傳》：「及莊公即位，為之請制。公曰：『制，嚴邑也，虢叔死焉。佗邑唯命。』」（頁 35）《左傳》載武姜為共叔段向鄭莊公請制，知制乃鄭地。

晉當以黃河為界。暴隧周邊城邑繁多，臨近之時來、垂隴，《春秋經》、《左傳》載為諸侯盟會之地，[74]推測此地應是晉國、周王室及齊、魯、衛等東方諸侯交通要衝，亦是晉國出入鄭國之孔道。此外，襄公二十七年《左傳》：「鄭伯享趙孟于垂隴，子展、伯有、子西、子產、子大叔、二子石從。……伯有賦〈鶉之賁賁〉，趙孟曰：『床第之言不踰閾，況在野乎？』」（頁647-648）《左傳注》謂「垂隴，鄭之一邑，故曰野。」[75]鄭伯與鄭卿享晉卿趙孟於鄭邑垂隴，趙孟又稱此為「野」，知垂隴當處鄭之「野」。又隱公元年《左傳》：「既而大叔命西鄙、北鄙貳於己。……大叔又收貳以為己邑，至于廩延。」《集解》：「鄙，鄭邊邑。……廩延，鄭邑，陳留酸棗縣北有延津。」（頁35）《左傳注》謂「西鄙、北鄙，鄭國西部與北部邊境一帶地。」[76]依《左傳注》知「西鄙」、「北鄙」乃概稱鄭國西部及北部邊鄙地區，即鄭「郊」外之「野」、「鄙」。上節已述依《周禮·地官·遂人》知一國之「野」分設若干「遂」。考諸

---

72　昭公五年《左傳》：「晉韓宣子如楚送女，叔向為介。鄭子皮、子大叔勞諸索氏。」（頁 745）鄭卿子皮、子大叔勞晉卿韓宣子於索氏，知索氏乃鄭地。

73　時來及垂隴見下文注解，於此不贅述。

74　隱公十一年《春秋經》：「夏，公會鄭伯于時來。」《集解》：「時來，郲也，滎陽縣東有釐城，鄭地也。」（頁 78）又文公二年《春秋經》：「夏六月，公孫敖會宋公、陳侯、鄭伯、晉士縠盟于垂隴。」（頁 300）同年《左傳》：「六月，穆伯會諸侯及晉司空士縠盟于垂隴，晉討衛故也。」《集解》：「垂隴，鄭地。」（頁 302）

75　楊伯峻：《春秋左傳注》，頁 1134。

76　楊伯峻：《春秋左傳注》，頁 12。

「圖三」知暴隧在屬於「野」之垂隴之北，居屬「鄙」之廩延之西南，知此屬鄭之「野」、「鄙」無疑。

圖三、鄭國周邊地區圖

## （四）齊國大隧

第一節引文第 8 則「大隧」為齊地，《集解》：「大隧，地闕。」（頁 587）清人高士奇（1644-1703）《春秋地名考略》：「或曰在今高唐州境。」《大事表》、《左傳注》與《辭彙》皆主此說。[77]今據《地圖集》截取為「圖四」，[78]引錄於

---

77　清・高士奇：《春秋地名考略》，收入賈貴榮、宋志英輯：《春秋戰國史研究文獻叢刊》第 3 冊（北京：國家圖書館出版社，2009 年，據清康熙間錢塘高氏刻本影印），卷 3，頁 19。清・顧棟高著，吳樹平、李

下。大隧臨近之高唐已為齊西鄙，西渡黃河之廣大區域未見地名
載於《左傳》，推測當是人煙鮮少之地。大隧東距齊都臨淄甚
遠，知此地已屬齊西鄙邊陲。哀公十年《左傳》：「趙鞅帥師伐
齊，大夫請卜之。……於是乎取犁及轅，毀高唐之郭，侵及賴而
還。」《集解》：「犁，一名隰，濟南有隰陰縣。祝，阿縣西有
轅城。」（頁 1015）傳載晉卿趙鞅帥師伐齊，自晉至齊乃由西
向東，侵高唐、犁、轅至賴。上文已謂大隧在高唐附近，推測此
役趙鞅經大隧伐齊，知大隧乃齊西鄙通晉之孔道。

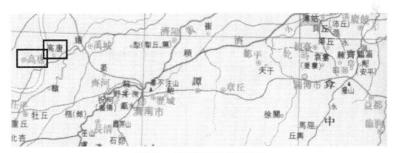

圖四、齊國西部地區圖

## （五）徐國蒲隧

第一節引文第 11 則「蒲隧」為徐地，《集解》：「蒲隧，
徐地，下邳取慮縣東有蒲如陂。」（頁 825-826）《大事表》謂
「在今鳳陽府虹縣北。」[79]《會箋》謂「虹縣今廢，并屬江蘇徐

解民點校：《春秋大事表》，頁 741。楊伯峻：《春秋左傳注》，頁
1051。潘英：《中國上古國名地名辭彙及索引》，頁 101。

[78] 譚其驤：《中國歷史地圖集》，頁 26-27。

[79] 清·顧棟高著，吳樹平、李解民點校：《春秋大事表》，頁 800。

州府睢寧縣」；《左傳注》亦主今地在「江蘇睢寧縣西南」；
《辭彙》認為在「今安徽泗水縣西北」，[80]諸家之說相合。今據
《地圖集》截取為「圖五」，[81]引錄於下。蒲隧處睢水濱，北岸
之彭城、[82]蕭屬宋；[83]鍾吾為小國，疑魯昭公三十年（512 B.C.）
為吳所滅；[84]另有良屬吳。[85]知蒲隧當處徐國北境，與宋、鍾吾
接壤。僖公四年《左傳》載齊桓公鳩集諸侯與楚盟於召陵，陳大
夫轅濤塗與鄭大夫申侯商議，建請齊桓公「若出於東方，觀兵於
東夷，循海而歸，其可也。」《集解》：「東夷，郯、莒、徐夷
也。」（頁 203）《左傳注》：

　　循海而歸，沈欽韓謂按其道當沿淮河而下，由今河南省潢

---

[80] 日本・竹添光鴻：《左傳會箋》，頁 1571。楊伯峻：《春秋左傳
注》，頁 1376。潘英：《中國上古國名地名辭彙及索引》，頁 210。

[81] 譚其驤：《中國歷史地圖集》，頁 29-30。

[82] 成公十八年《春秋經》：「夏，楚子，鄭伯伐宋。宋魚石復入于彭
城。」《集解》：「彭城，宋邑。」（頁 485）

[83] 莊公十二年《左傳》：「十二年秋，宋萬弒閔公于蒙澤。遇仇牧于門，
批而殺之。遇大宰督于東宮之西，又殺之。立子游。群公子奔蕭，公子
御說奔亳。」《集解》：「蕭，宋邑。」（頁 154）

[84] 昭公二十七年《左傳》：「吳公子掩餘奔徐，公子燭庸奔鍾吾。」《集
解》：「鍾吾，小國。」（頁 908）又昭公三十年《左傳》：「冬十二
月，吳子執鍾吾子。」（頁 928）《大事表》謂「三十年吳子執鍾吾
子，疑遂亡」；見清・顧棟高著，吳樹平、李解民點校：《春秋大事
表》，頁 597。

[85] 哀公十五年《左傳》：「夏，楚子西、子期伐吳，及桐汭，陳侯使公孫
貞子弔焉，及良而卒，將以尸入。」《集解》：「良，吳地。」（頁
1034）

　　川縣、安徽省六安縣東至安徽省泗縣、江蘇省東海縣而入
　　山東省臨沂地區再回國，甚遼遠迂曲。[86]

「循海而歸」謂順淮水東下至徐，自徐經泗水、沂水北上返齊。
若依轅濤塗之策，齊師回國應經蒲隧。又莊公二十六年《春秋
經》：「公會宋人、齊人伐徐。」（頁 175）依地望知齊、魯在
徐之北，宋在徐西北；三國聯軍伐徐，應自北入徐。蒲隧處徐國
北疆，推測三國伐徐當經蒲隧，知蒲隧乃徐國北境通齊、魯、宋
要道。

圖五、徐國周邊地區圖

<hr />

86　楊伯峻：《春秋左傳注》，頁 293。

## （六）鄭國濟隧

第一節引文第 6 則「濟隧」，《集解》釋為「水名。」（頁545）《左傳注》從《集解》之見，謂「舊為故黃河水道支流，今已埋，當在今原陽縣西」；《辭彙》亦言「鄭水，在今河南榮陽東南。」[87]然《會箋》云「上用于[88]字，則濟隧當非水名。《水經・濟水》一注：『京相璠曰：「鄭地也。」』[89]」[90]考諸《左傳》「濟」字用法，「濟」之後若為河川名，係指濟渡該河川。如莊公四年《左傳》：「濟漢而後發喪」（頁 140）；又成公十三年《左傳》：「師遂濟涇，及侯麗而還」（頁 464）；又成公十六年《左傳》：「晉師濟河」（頁 474）；又定公四年《左傳》：「楚子涉睢，濟江，入于雲中。」（頁 952）「濟」字之後「漢」、「涇」、「河」、「江」指漢水、涇水、黃河及長江，「濟漢」、「濟涇」、「濟河」、「濟江」乃濟渡該河川。《左傳》、《國語》另見「濟」後加介詞「于」或「於」詞例，如襄公九年《左傳》：「濟于陰阪，侵鄭。」《集解》：「陰阪，洧津。」《正義》：「鄭都洧水之旁，故知陰阪，洧津也。」（頁 528-529）又昭公五年《左傳》：「楚師濟於羅汭。」（頁 749）《說文・水部》載「汭」之意為「水相入

---

[87] 楊伯峻：《春秋左傳注》，頁 989。潘英：《中國上古國名地名辭彙及索引》，頁 226。

[88] 原句「于」字本作「助」，然觀諸上下文意，「助」字應是「于」字之誤。

[89] 原句見漢・桑欽著，北魏・酈道元注：《水經注》（長春：時代文藝出版社，2001 年，據清人王先謙《合校水經注》為底本排印），頁 58。

[90] 日本・竹添光鴻：《左傳會箋》，頁 1051。

兒。」[91]如閔公二年《左傳》：「虢公敗犬戎于渭汭。」《集解》：「水之隈曲曰汭。」《正義》：「汭字以內為聲，明是水之隈曲之內也。」（頁 189-190）知羅汭乃羅水河道內彎處。又《國語‧楚語下》：「吳人入楚，昭王出奔，濟於成臼。」三國吳人韋昭（204-273）《注》：「成臼，津名。」[92]陰阪、羅汭、成臼皆河川涯涘之地，由詞例推斷，引文第 6 則「西濟于濟隧」之濟隧亦是地名。濟隧地望可參「圖三」，唯《地圖集》標為水名，應修訂為地名為確。「圖三」顯示濟隧臨近之踐土、[93]衡雍、[94]脩澤屬鄭，[95]黃河北岸已屬晉，推測濟隧與暴隧皆處鄭北方邊境。至於與濟隧臨近之踐土、衡雍及脩澤又是《左傳》所載諸侯會盟之所，[96]推知此亦中原諸侯交通輻湊之地。上文已述暴隧介於垂隴及廩延之間，是鄭北方「野」、「鄙」地區。考諸

---

91　漢‧許慎著，清‧段玉裁注：《說文解字注》，頁 551。

92　三國‧韋昭：《國語韋昭註》，頁 412。

93　僖公二十八年《春秋經》：「五月癸丑，公會晉侯、齊侯、宋公、蔡侯、鄭伯、衛子、莒子，盟於踐土。」《集解》：「踐土，鄭地。」（頁 268）

94　僖公二十八年《左傳》：「晉師三日館、穀，及癸酉而還。甲午，至于衡雍，作王宮于踐土。」《集解》：「衡雍，鄭地。」（頁 273）

95　成公十年《左傳》：「鄭子罕略以襄鐘，子然盟于脩澤，子駟為質。」《集解》：「滎陽卷縣東有脩武亭。」（頁 450）《集解》雖未言脩澤隸屬何國，然《大事表》列屬鄭地，見清‧顧棟高著，吳樹平、李解民點校：《春秋大事表》，頁 756。今從《大事表》之說，將脩澤列屬鄭地。

96　踐土、脩澤會盟之例請見前注，於此不贅述。衡雍會盟之例見文公八年《春秋經》：「冬十月壬午，公子遂會晉趙盾，盟于衡雍。」同年《左傳》：「冬，襄仲會晉趙孟盟于衡雍，報扈之盟也。」（頁 319）

「圖三」知臨近暴隧之濟隧，當亦鄭「野」、「鄙」之域。

## （七）曹隧與陳隧釋義

　　《左傳》綴以「隧」字地名除上述外，須注意第一節引文第7則「曹隧」。《集解》：「越竟而獵。……重丘，曹邑。」（頁574）《大事表》謂重丘在清朝「曹州府曹縣東北五十里」，《左傳注》認為在「今山東茌平縣西南約二十里」，《辭彙》以為「在今山東菏澤東北卅里。」[97]曹隧今址僅《辭彙》謂「在今山東曹縣」，[98]其餘皆無說。今據《地圖集》截取為「圖六」，[99]引錄於下。重丘臨近之垂葭，《大事表》認為乃衛地，[100]其說可從；至於咸丘則屬魯。[101]此外，大野澤北方之犁、[102]

---

[97] 清·顧棟高著，吳樹平、李解民點校：《春秋大事表》，頁786。楊伯峻：《春秋左傳注》，頁1030。潘英：《中國上古國名地名辭彙及索引》，頁155。

[98] 潘英：《中國上古國名地名辭彙及索引》，頁173。

[99] 譚其驤：《中國歷史地圖集》，頁26-27。

[100] 定公十三年《春秋經》：「十有三年春，齊侯、衛侯次于垂葭。」（頁981）《集解》未言垂葭隸屬何國，然《大事表》則載於衛地，見清·顧棟高著，吳樹平、李解民點校：《春秋大事表》，頁784。《大事表》未言何以將垂葭屬衛，筆者推測乃因《春秋經》載齊侯與衛侯次於垂葭，以地望推之，垂葭離齊遼遠，自難統領此地；如此則僅餘衛國，故將垂葭屬之。

[101] 桓公七年《春秋經》：「七年春二月己亥，焚咸丘。」《集解》：「咸丘，魯地。」（頁118）

[102] 哀公十一年《左傳》：「冬，衛大叔疾出奔宋。初，疾娶于宋子朝，其娣嬖。子朝出，孔文子使疾出其妻，而妻之。疾使侍人誘其初妻之娣寘於犁，而為之一宮，如二妻。」《集解》：「犁，衛邑。」（頁1018）《欽定大清一統志》謂犁在鄆城縣西，《地圖集》依此繪製。見

羊角屬衛，[103]然高魚、[104]鄆則屬魯；[105]知大野澤南北大致分屬
衛、魯。重丘處大野澤西南而與衛領土交錯，故《集解》謂衛大
夫孫蒯「越竟而獵」以至重丘。曹隧距曹都陶丘甚遠，已達曹與
衛、魯交界處，當屬曹之「野」、「鄙」地區。

**圖六、曹國周邊地區圖**

對於第一節引文第 7 則「曹隧」，《會箋》提出一說值得注
意。《會箋》謂孫蒯「獵而入曹之隧也，闢地通路曰隧。曹隧，

---

清・和珅等：《欽定大清一統志》，收入《景印文淵閣四庫全書》第
478 冊，卷 144，頁 21。

[103] 襄公二十六年《左傳》：「齊人城郲之歲，其夏，齊烏餘以廩丘奔晉，
襲衛羊角，取之；遂襲我高魚。」（頁 638）

[104] 同前注內容。

[105] 成公四年《春秋經》：「冬，城鄆。」《正義》：「魯有二鄆，文十二
年『城諸及鄆』，杜云：此東鄆，莒、魯所爭者。……成十六年《傳》
晉人執季文子，公待于鄆，杜云：此西鄆，昭公所出居者，東郡廩丘縣
東有鄆城。」（頁 438）

曹之邊境阻固處」；[106]主張曹隧非地名，是曹國邊境險要道路
之稱。孫蒯自衛「越竟而獵」，不僅入曹田獵，更沿「曹隧」
——《會箋》所指曹國邊境道路——直抵曹國位於大野澤西南岸
之重丘。類似記載又如第一節引文第9則「陳隧」，上文已述陳
隧乃連接陳、鄭之孔道。因陳師行經此道而堙塞路旁水井、砍伐
樹木，鄭人甚為憤慨。《左傳》既言「鄭人怨之」，知陳人「井
堙木刊」之陳隧乃鄭國領土內路段。今據《地圖集》截取為「圖
七」，[107]引錄於下。

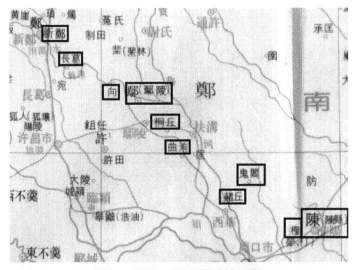

**圖七、鄭國、陳國周邊地區圖**

由「圖七」知鄭都新鄭之南有洧水，東南注入潁水。自新鄭沿洧

---

[106] 日本·竹添光鴻：《左傳會箋》，頁1103。
[107] 譚其驤：《中國歷史地圖集》，頁24-25。

水有長葛、[108]向、[109]鄢陵、[110]桐丘、[111]曲洧皆屬鄭，[112]洧水下游東岸之赭丘、[113]鬼閻、[114]樨則屬宋。[115]此條鄭通陳之陳隧可能沿洧水修建，經宋之赭丘、鬼閻、樨等邑而抵陳都。

## （八）齊國邧遂

最後補充一例東周齊國璽印資料，《古璽匯編》編號 3233內容為「邧遂璽」，引錄為「圖八」。[116]李家浩分析「邧」字從邑、兜聲，疑是《左傳》莊公十三年《春秋經》：「齊人滅

---

[108] 隱公五年《春秋經》：「宋人伐鄭，圍長葛。」（頁 58）宋人伐鄭而圍長葛，知長葛為鄭地。

[109] 襄公十四年《春秋經》：「十有四年，春，王正月，季孫宿、叔老會晉士匄、齊人、宋人、衛人、鄭公孫蠆、曹人、莒人、邾人、滕人、薛人、杞人、小邾人會吳于向。」《集解》：「向，鄭地。」（頁 557）

[110] 成公十六年《春秋經》：「甲午晦，晉侯及楚子、鄭伯戰于鄢陵。」《集解》：「鄢陵，鄭地。」（頁 472）

[111] 莊公二十八年《左傳》：「鄭人將奔桐丘，諜告曰：『楚幕有烏。』乃止。」（頁 177-178）鄭人欲奔桐丘以避楚軍，知桐丘為鄭地。

[112] 成公十七年《左傳》：「公會尹武公、單襄公及諸侯伐鄭，自戲童至于曲洧。」（頁 482）魯成公與尹武公、單襄公及諸侯之師伐鄭，知戲童與曲洧皆為鄭地。

[113] 昭公二十一年《左傳》：「曹翰胡會晉荀吳、齊苑何忌、衛公子朝救宋。丙戌，與華氏戰于赭丘。」《集解》：「赭丘，宋地。」（頁 870）

[114] 昭公二十年《左傳》：「其徒與華氏戰于鬼閻，敗子城。」（頁 586）《大事表》認為鬼閻為宋地，今從其說，見清‧顧棟高著，吳樹平、李解民點校：《春秋大事表》，頁 773-774。

[115] 僖公元年《春秋經》：「八月，公會齊侯、宋公、鄭伯、曹伯、邾人于樨。」《集解》：「樨，宋地。」（頁 197）

[116] 故宮博物院：《古璽匯編》（北京：文物出版社，1981 年），頁 303。

遂」之「遂」之專字。[117]《集解》：「遂，國在濟北蛇丘縣東
北。」（頁 154）《大事表》謂「山東兗州府寧陽縣北有遂
鄉」；《左傳注》言其地在「山東省寧陽縣西北，與肥城縣接
界」；《辭彙》主張「地在今山東肥城南四十里。」[118]今據
《地圖集》截取為「圖九」，[119]引錄於下。

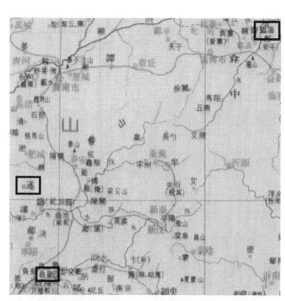

圖八、
「鄁遂璽」圖

圖九、齊國、魯國周邊地區圖

---

[117] 李家浩：〈齊國文字中的「遂」〉，收入氏著：《著名中年語言學家自
選集·李家浩卷》（合肥：安徽教育出版社，2002 年），頁 44。

[118] 清·顧棟高著，吳樹平、李解民點校：《春秋大事表》，頁 579。楊伯
峻：《春秋左傳注》，頁 193。潘英：《中國上古國名地名辭彙及索
引》，頁 69。

[119] 譚其驤：《中國歷史地圖集》，頁 24-25。

依「圖九」知遂距齊都臨淄頗遠，其地東北之棘原為齊邑。成公三年《春秋經》：「叔孫僑如帥師圍棘。」《集解》：「棘，汶陽田之邑，在濟北蛇丘縣。」（頁 436）同年《左傳》：「叔孫僑如圍棘，取汶陽之田。棘不服，故圍之。」（頁 437）自此棘乃歸魯。江永據《集解》以為棘在山東肥城縣南，[120]《辭彙》從此說。[121]清人沈欽韓（1775-1831）《春秋左氏傳地名補注》依《山東通志》，謂其地在山東泰安縣西南。[122]《左傳注》認為二說所指實一，蓋在今山東肥城縣南與泰安縣西南境。[123]遂之東北有陽橋，見成公二年《左傳》：「楚侵及陽橋，孟孫請往賂之以執斷、執鍼、織紝，皆百人，公衡為質，以請盟。」《集解》：「陽橋，魯地。」（頁 429）《會箋》謂其地在「山東泰安府泰安縣西北」，《左傳注》亦言「在今山東泰安縣西北」，《辭彙》則云「在今山東泰安西南。」[124]《辭彙》雖與《會箋》、《左傳注》不同，然仍謂陽橋為魯地。[125]遂臨近城邑分屬齊、魯，推測遂已處齊之「野」、「鄙」地區。

---

[120] 清・江永：《春秋地理考實》，收入清・王先謙：《經解續經解春秋類彙編》，頁 854。

[121] 潘英：《中國上古國名地名辭彙及索引》，頁 186。

[122] 清・沈欽韓：《春秋左氏傳補注》，收入清・王先謙：《經解續經解春秋類彙編》（臺北：藝文印書館，1986 年），頁 2646。

[123] 楊伯峻：《春秋左傳注》，頁 814。

[124] 日本・竹添光鴻：《左傳會箋》，頁 825。楊伯峻：《春秋左傳注》，頁 193。潘英：《中國上古國名地名辭彙及索引》，頁 195。

[125] 潘英：《中國上古國名地名辭彙及索引》，頁 195。

## （九）綴以「隧」字地名之特點

上文已述《左傳》綴以「隧」字地名位置，大致位處距國都較遠之「野」、「鄙」。學者普遍認為春秋仍地廣人稀，故《大事表‧春秋列國不守關塞論》謂「處兵爭之世，而反若大道之行，外戶不閉，歷敵境如行几席，如適戶庭。」[126]即使開發較早之中原，至春秋晚期魯哀公十二年（483 B.C.），《左傳》仍載「宋、鄭之間有隙地焉，曰彌作、頃丘、玉暢、喦、戈、錫。」（頁 1027）城邑間雖有幹道聯繫，然離幹道較遠之山林水澤常有盜賊盤踞。如昭公二十年《左傳》：「鄭國多盜，取人於萑苻之澤。……興徒兵以攻萑苻之盜，盡殺之，盜少止。」[127]此鄭之盜嘯聚萑苻之澤。又定公四年《左傳》：「楚子涉雎，濟江，入于雲中。王寢，盜攻之，以戈擊王，王孫由于以背受之，中肩。」[128]此楚之盜盤踞雲夢之澤。推測當時大小城邑當臨近幹道，不致偏離過遠。上節已敘春秋諸國於「郊」外設若干「遂」以管理「野」、「鄙」，本節又證《左傳》綴以「隧」字地名位處諸國邊鄙，則綴以「隧」字地名在空間上似與「鄉

---

[126] 清‧顧棟高著，吳樹平、李解民點校：《春秋大事表》，頁 996。

[127] 《集解》：「萑苻，澤名，於澤中劫人。」（頁 861）然王引之謂「劫人而取其財，不得謂之取人。取讀為聚，人即盜也。謂群盜皆聚於澤中，非謂劫人於澤中也。盜聚於澤中則四出劫掠，又非徒於澤中劫人也。下文云『興徒兵以攻萑苻之盜，盡殺之』，則此澤為盜之所聚明矣。」見清‧王引之：《經義述聞》（臺北：廣文書局，1979 年），卷 19，頁 34。

[128] 《集解》：「入雲夢澤中，所謂江南之夢。」（頁 952）此「盜」《集解》雖未言何人，然《左傳》未言吳軍追擊楚昭王，推測此盜乃雲夢澤中盜賊。

遂」之「遂」重疊，極可能綴以「隧」字地名即一國「野」、「鄙」之「遂」。此外，「隧」本義為道路，可與「遂」通假。推測作為行政區劃單位之「遂」，應取自本義為道路之「隧」。易言之，以道路之「隧」途經之城邑，可概括為同一行政區劃之「遂」。此說之析論，於下節申言。

# 四、「鄉遂」之「遂」取義於道路之「隧」

## （一）地名有廣狹之分

　　「鄉遂」之「遂」取義之由，近人徐中舒（1898-1991）以《周禮・冬官考工記・匠人》為證，[129]認為：

> 《尚書・費誓》稱魯有「三遂」，[130]《史記・魯周公世家》作「三隧」，[131]這是魯國郊外的區畫；《左傳》宋、魯兩國都有隧正，這原是管理當時溝的官長；春秋時有遂國，[132]列國地以隧名的如：且于之隧、[133]大隧、曹

---

[129] 相關文字將於下文論及，於此不贅引。

[130] 《尚書・費誓》：「魯人三郊三遂，峙乃芻茭，無敢不多。」見題漢・孔安國傳，唐・孔穎達正義：《尚書注疏》，頁313。

[131] 《史記・魯周公世家》：「魯人三郊三隧，峙爾芻茭、糗糧、楨榦，無敢不逮。」見漢・司馬遷著，南朝宋・裴駰集解，唐・司馬貞索隱，唐・張守節正義，日本・瀧川龜太郎考證：《史記會注考證》，頁555-556。

[132] 莊公十三年《春秋經》：「齊人滅遂。」（頁154）

> 隧、桑隧、蒲隧、麻隧、暴隧、濟隧（並見於《左傳》），
> 凡此，都可以認為是這種溝洫制度存在的地方。[134]

徐氏謂綴以「隧」字地名，甚至「鄉遂」之「遂」皆因溝洫制度
而起。張樂時引《說文‧辵部》「遂，亡也」之說，[135]認為居
於「遂」者多為：

> 背井離鄉之人，實際上就是脫離血緣家族部落的人聚居一
> 起而形成社會組織。……說明他們是按照地域組織起來的
> 居民，而完全不同於按血緣組織的「六鄉」。[136]

二氏之說有待商榷。第一節引文第 3 則暴隧，文公八年《春秋
經》：「公子遂會雒戎，盟于暴。」《集解》：「暴，鄭地。」

---

[133] 「且于之隧」見襄公二十三年《左傳》：「齊侯還自晉，不入，遂襲
莒。門于且于，傷股而退。……杞殖、華還載甲夜入且于之隧，宿於莒
郊。」《集解》：「且于，莒邑。……且于隧狹路。」（頁 607）《左
傳注》謂「且于之隧為在且于之狹路，隧道」，見楊伯峻：《春秋左傳
注》，頁 1084。知「且于之隧」應釋為且于之「隧」，非綴以「隧」
字之地名，故不列入本章討論。

[134] 徐中舒：〈試論周代田制及其社會性質〉，原載《四川大學學報（哲學
社會科學版）》1995 年第 2 期（1995 年 5 月），頁 51-90；收入氏
著：《徐中舒歷史論文選輯》（北京：中華書局，1998 年），頁 834。

[135] 漢‧許慎著，清‧段玉裁注：《說文解字注》，頁 74。

[136] 張樂時：〈中國早期形態的基層社會組織的衍生〉，收入夏毅輝等：
《中國古代基層社會與文化研究》（湘潭：湘潭大學出版社，2012
年），頁 163。

（頁 319）《會箋》謂此「暴」「一曰暴隧」，[137]知暴隧可省稱暴。同為行政區劃名詞之「縣」，《左傳》亦見省稱之例，如襄公三十年《左傳》：「晉悼夫人食輿人之城杞者，絳縣人或年長矣，無子而往與於食，有與疑年，使之年。」（頁 680）絳縣乃晉都而省稱絳。又襄公二十三年《左傳》：「欒盈帥曲沃之甲，因魏獻子，以晝入絳。」《集解》：「絳，晉國都。」（頁 602）又昭公二十九年《左傳》：「龍見于絳郊。」《集解》：「絳，晉國都。」（頁 922）又昭公三年《左傳》：「州縣，欒豹之邑也。」後文又言：「二宣子曰：『自郤稱以別，三傳矣。晉之別縣不唯州，誰獲治之？』」《集解》：「州，本屬溫。」（頁 724）州縣可省稱州，乃自溫縣「別」而獨立。又昭公七年《左傳》：「宣子為初言，病有之，以易原縣於樂大心。」《集解》：「原，晉邑，以賜樂大心也。」（頁 763）知原縣可省稱原。又昭公二十八年《左傳》：

> 分祁氏之田以為七縣，分羊舌氏之田以為三縣。司馬彌牟為鄔大夫，賈辛為祁大夫，司馬烏為平陵大夫，魏戊為梗陽大夫，知徐吾為塗水大夫，韓固為馬首大夫，孟丙為孟大夫，樂霄為銅鞮大夫，趙朝為平陽大夫，僚安為楊氏大夫。（頁 912）

《集解》：「七縣：鄔、祁、平陵、梗陽、塗水、馬首、孟。」羊舌氏之田所分三縣，《集解》謂即「銅鞮、平陽、楊氏。」

---

[137] 日本・竹添光鴻：《左傳會箋》，頁 615。

（頁 912）此十邑皆「縣」，然《左傳》省「縣」字而僅載其
名。

　　須說明者為，行政區劃單位之「縣」非「點」狀城邑，乃以
規模較大城邑為主，聚集周邊規模較小之城邑或居民點所劃定區
域。此觀念在新石器時代已見發端，林澐〈關於中國早期國家形
成的幾個問題〉：

> 在這樣的歷史背景上，國不可能是由單獨的邑演進而成，
> 而應該是分別起源於一個個「邑群」的。每個邑群的中心
> 大邑成為都，而其他的邑則成為該邑的鄙。[138]

殷商與西周亦復如此，近人王玉哲（1913-2005）〈殷商、西周
疆域史中的一個重要問題〉：

> 商、周當時王朝的情況，概括地說，就是以一個大邑為都
> 城，並以此為中心，遠遠近近的周圍，散布著屬於王朝的
> 幾個或十幾個諸侯「據點」。……在這種情況下，商、周
> 時人對每個王朝國家所控制的國土，只會有分散於各地的
> 一些「點」的觀念，還沒有整個領土聯成為「面」的觀
> 念。[139]

---

[138] 林澐：〈關於中國早期國家形成的幾個問題〉，收入氏著：《林澐學術
文集》（北京：中國大百科全書出版社，1998 年），頁 88。

[139] 王玉哲：〈殷商、西周疆域史中的一個重要問題〉，收入氏著：《古史
集林》（北京：中華書局，2002 年），頁 202。

王氏謂殷商與西周未具體以「面」之觀念為政體，然以國都為核心而串連四周大小諸侯或城邑為「王朝國家」之觀念已存。隨時間推移，至春秋方逐步建構以「面」為統治概念。以上引溫縣為例，州原屬溫縣，後「別」而獨立為縣。此外，上引成公十一年（580 B.C.）《左傳》之郗田，《集解》謂「郗，溫別邑。」（頁 457）晉大夫郤至與周王室爭郗田，《會箋》謂乃因「溫，大名也，……溫地未盡賜晉，故與郤至爭郗田。」[140]知溫乃區域大名，溫故地包括郗田，[141]今截取《地圖集》內容為「圖十」。[142]又昭公九年《左傳》：「楚公子棄疾遷許于夷，實城父。取州來淮北之田以益之，伍舉授許男田。然丹遷城父人於陳，以夷濮西田益之。遷方城外人於許。」《集解》：「此時改城父為夷，故《傳》實之。」（頁 777）《正義》：

> 杜以地名《經》、《傳》不同而《傳》言實者，則以為名有改易也。《傳》不言實，則以為二名並存也。所言實者，皆舉舊以實新。此地舊名城父，此時新改為夷。（頁777）

《會箋》謂《集解》、《正義》所言易名之說不確，實則「夷蓋大名，而城父蓋夷中之一邑。」[143]《左傳》「實」字可訓充

---

[140] 日本‧竹添光鴻：《左傳會箋》，頁 880。

[141] 周自強：《中國經濟通史‧先秦經濟卷》（北京：經濟日報出版社，2000 年），頁 1031。

[142] 譚其驤：《中國歷史地圖集》，頁 22。

[143] 日本‧竹添光鴻：《左傳會箋》，頁 1482。

**圖十、晉國溫縣周邊地區圖**

實、安置，[144]依《會箋》則楚公子棄疾遷許於夷，夷乃範圍較廣之地名，包括城父及其他城邑。「實城父」係指將許國君民主要安置於夷之城父，或有若干人安置於夷之其他城邑。《左傳》

---

[144] 楊氏釋「實」字有七義：（一）果實，（二）充實，（三）實行，（四）實踐，（五）實是，（六）表肯定副詞，（七）用於動賓倒裝之結構助詞。見楊伯峻：《春秋左傳詞典》，頁 800。陳氏釋「實」字有十義：（一）名詞，財貨；（二）名詞，產品、物品；（三）名詞，實際、事實；（四）名詞，果實；（五）動詞，結果；（六）動詞，安置、置放；（七）動詞，實踐；（八）動詞，就是；（九）副詞，肯定副詞，用在動詞或形容詞謂語的前面，表示「的確」、「確實」的意思；（十）助詞，（1）結構助詞，用在動詞和它的賓語之間，起提前賓語的作用；（2）語氣助詞，用在謂語前面，起加強語意的作用。見陳克炯：《左傳詳解詞典》，頁 326-327。

又言：「取州來淮北之田以益之。」《集解》：「益許田。」
《正義》：「州來，淮南下蔡縣汝水之南也。淮北之田，淮水北
田。則州來邑在淮南，邑民有田在淮北也。許國盡遷于夷，夷田
少，故取以益之。」（頁 777）為使讀者了解上述地名位置，今
截取《地圖集》為「圖十一」，[145]引錄於下。

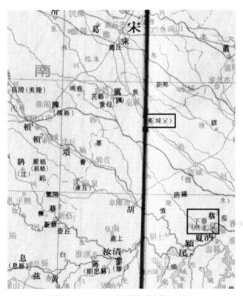

**圖十一、許國周邊地區圖**

由「圖十一」知夷與州來相距甚遠，若理解夷、州來為「點」狀
城邑，恐不合情理。依《會箋》所言「大名」——範圍較廣之區
域名，方能解釋《左傳》所言，取州來淮水北岸之田歸為夷，使
遷於夷之許國臣民有更多耕地維持所需。類似記載又見昭公十八

---

[145] 譚其驤：《中國歷史地圖集》，頁 29-30。

年《春秋經》：「許遷于白羽。」（頁 840）同年《左傳》：「楚子使王子勝遷許於析，實白羽。」（頁 844）《會箋》謂「白羽恐是析之一邑」，[146]知析乃區域「大名」，包括白羽及其他若干城邑。

　　又哀公十四年《左傳》：「魋先謀公，請以鞌易薄。公曰：『不可。薄，宗邑也。』乃益鞌七邑。」《集解》：「鞌，向魋邑。薄，公邑。」（頁 1033）近人王國維（1877-1927）〈說亳〉謂薄即成湯所都之亳，[147]故宋景公謂此乃「宗邑」，不可與桓魋交換。王氏認為鞌乃桓魋之邑，今地雖無考，推測當近薄邑。[148]《左傳注》據王氏之說認為「鞌當在今山東定陶縣之南，河南商邱市之北之某地。」[149]《辭彙》謂鞌在「今山東歷城西十里」，[150]因與王氏考證不合而不採此見。今截取《地圖集》為「圖十二」，[151]引錄於下。宋景公為安撫桓魋，乃「益鞌七邑」。《會箋》釋為「公益賜鞌旁七邑」，《左傳注》謂「疑以七邑併于鞌，而鞌為縣。」[152]二書所言皆是，唯《左傳注》言鞌設為「縣」有待商榷。考諸《左傳》、《國語》，設「縣」諸侯僅晉、楚二國；此外，依金文記載知齊於春秋亦設

---

146 日本・竹添光鴻：《左傳會箋》，頁 1603。

147 王國維：〈說亳〉，收入氏著：《觀堂集林》（北京：中華書局，1959年），頁 518-522。

148 王國維：〈說亳〉，收入氏著：《觀堂集林》，頁 518-522。

149 楊伯峻：《春秋左傳注》，頁 1686。

150 潘英：《中國上古國名地名辭彙及索引》，頁 217。

151 譚其驤：《中國歷史地圖集》，頁 29-30。

152 日本・竹添光鴻：《左傳會箋》，頁 1972。楊伯峻：《春秋左傳注》，頁 1686。

**圖十二、宋國周邊地區圖**

「縣」。[153]無論傳世文獻或出土資料，皆未見宋有設「縣」記錄，《左傳注》推論恐失武斷。宋景公既使桓魋之鞌增益七邑，知此七邑當在鞌附近。如是推之，則鞌應為「大名」，範圍包括周邊若干大小城邑。

除《左傳》外，春秋齊國青銅器銘亦見相關記載。〈𬬇鎛〉（《殷周金文集成》1.271，舊名「齊侯鎛」[154]）銘文：「⿱陶革（鮑）叔又（有）成裝（勞）于齊邦，侯氏賜之邑二百又九十又

153 內容見下文，於此不贅引。

154 馬承源：《商周青銅器銘文選（三）》（北京：文物出版社，1990年），頁533。

九邑，罌（與）鄩之民人都嚚（鄙）。」[155]據銘文知齊侯賜鮑叔二百九十九大小城邑，當是後文所言「鄩之民人都嚚（鄙）」；意即以鄩為主要之「都」，旁及四「鄙」大小城邑及居民點。近人馬承源（1927-2004）《商周青銅器銘文選》引宋人鄭樵（1104-1162）《通志‧氏族略‧以邑為氏》：「尋氏，亦作鄩，曹姓，古斟鄩之後，或言與夏同姓。今濰州東五十里尚有鄩亭。京相璠云：斟鄩去鄩亭七里。[156]」[157]《大事表》亦謂斟鄩在山東萊州府濰縣西南五十里之斟城，[158]知斟鄩在今山東省濰坊市境內。《辭彙》言斟鄩在「今河南鞏縣西南五十八里」，[159]因與諸說不合而不採其說。同為春秋齊器之〈叔夷鎛〉（《殷周金文集成》1.285）銘文：「余賜女（汝）釐（萊）都、賸（密）、厙（膠），其縣三百，余命女（汝）嗣（司）辝（台）釐（萊）邑。」[160]齊侯賜叔夷「其縣三百」，亦以釐都為主要都邑，包括賸（密）、厙（膠）等「縣」。杜正勝謂〈叔夷鎛〉銘文之「縣」「非後世郡縣之縣，而是東夷聚落

---

[155] 中國社會科學院考古研究所：《殷周金文集成》第 1 冊（北京：文物出版社，1984 年），編號 271。銘文隸定參考張亞初：《殷周金文集成引得》（北京：中華書局，2001 年），頁 13。

[156] 原句見宋‧鄭樵：《通志》（杭州：浙江古籍出版社，2000 年，據上海商務印書館編印《萬有文庫》影印），卷 27，頁 1。又京相璠原句不見今本《水經注》。

[157] 馬承源：《商周青銅器銘文選（三）》，頁 535。

[158] 清‧顧棟高著，吳樹平、李解民點校：《春秋大事表》，頁 604。

[159] 潘英：《中國上古國名地名辭彙及索引》，頁 64。

[160] 中國社會科學院考古研究所：《殷周金文集成》第 1 冊，編號第 285。銘文隸定參考張亞初：《殷周金文集成引得》，頁 14。

的名稱，實質當近於中原農莊之邑。」[161]杜氏所謂「縣」未必是「東夷聚落的名稱」，然仍可理解為規模較小之城邑及居民點，與釐都、滕（密）、劘（膠）等合計三百。釐都即《左傳》之萊國，宣公七年《春秋經》：「公會齊侯伐萊。」《集解》：「萊國，今東萊黃縣。」（頁 377）《大事表》言應在山東登州府黃縣東南二十里之萊子城，《左傳注》、《辭彙》皆從之。[162]為使讀者了解上述地名位置，今截取《地圖集》為「圖十三」。[163]

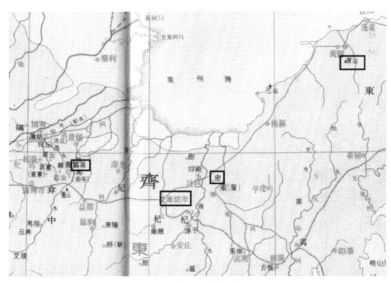

**圖十三、齊國東部地區圖**

---

161 杜正勝：《編戶齊民》（臺北：聯經出版事業公司，1990 年），頁 113。

162 清·顧棟高著，吳樹平、李解民點校：《春秋大事表》，頁 592。楊伯峻：《春秋左傳注》，頁 690-691。潘英：《中國上古國名地名辭彙及索引》，頁 60。

163 譚其驤：《中國歷史地圖集》，頁 26-27。

二器所載鄀與鬶都皆廣範區域「大名」，「大名」包括若干大小
城邑及居民點。

　　《史記・孔子世家》：「孔子生魯昌平鄉陬邑」，[164]昌平
鄉乃魯之昌衍。僖公二十九年《左傳》：「介葛盧來朝，舍于昌
衍之上。」《集解》：「魯縣東南有昌平城。」（頁 283）又襄
公十年《左傳》：「縣門發，郰人紇抉之。」《集解》：「紇，
陬邑大夫，仲尼父叔梁紇也。陬邑，魯縣東南莝城是也。」（頁
538）孔子之父叔梁紇既為陬邑大夫，《史記》又言孔子生於昌
平鄉陬邑，知陬邑乃昌平鄉所轄一邑。《史記》之昌平鄉實《左
傳》之昌衍，知昌衍亦「大名」，其下包含陬邑等城邑及居民
點。今截取《地圖集》為「圖十四」，[165]引錄於下。春秋亦見
國家與國都同名之例，邾、莒、許皆為其證。[166]如哀公七年
《左傳》：「成子以茅叛，師遂入邾，處其公宮。」（頁
1010）傳文既言眾師處邾君公宮，此「入邾」顯是攻入邾都，知
邾都亦稱邾。又成公九年《左傳》：「楚子重自陳伐莒，圍渠
丘。渠丘城惡，眾潰，奔莒。戊申，楚入渠丘。……楚師圍莒。
莒城亦惡，庚申，莒潰。」（頁 448-449）傳載楚國子重率師自
陳伐莒而圍渠丘，知此莒指莒國。渠丘守備窳陋而難禦楚師，莒
眾潰逃而「奔莒」。楚師再遣軍「圍莒」，莒城亦潰敗。依傳文
知第一次「伐莒」之莒為國名，後文之「莒」應指莒都。又隱公

---

[164] 漢・司馬遷著，南朝宋・裴駰集解，唐・司馬貞索隱，唐・張守節正
　　義，日本・瀧川龜太郎考證：《史記會注考證》，頁 725。

[165] 譚其驤：《中國歷史地圖集》，頁 26-27。

[166] 清・顧棟高著，吳樹平、李解民點校：《春秋大事表》，頁 788-789、
　　791、874。

十一年《左傳》：「公會齊侯、鄭伯伐許。庚辰，傅于許。……壬午，遂入許。」《集解》：「傅於許城下。」（頁 80）傳文既言魯、齊、鄭聯軍「伐許」而又言「傅于許」，知前者為國名而後者指國都。邾、莒、許有時僅指國都一邑，有時又為「大名」——泛指全部封國。當其為「大名」時，則包括國都及其他大小都邑及居民點。

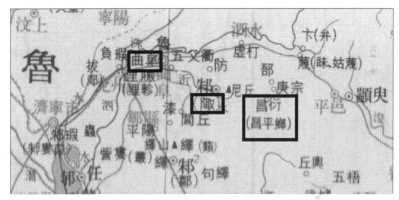

**圖十四、魯國周邊地區圖**

筆者認為《左傳》之「隧」及《周禮》所載「鄉遂」之「遂」亦可視為廣泛區域「大名」，其下包括若干城邑與居民點。上節已述暴隧、濟隧處鄭國北方「鄙」、「野」，二地皆綴以「隧」字，推測二者極可能是鄭國北部之「遂」。若以此角度檢視《左傳》綴以「隧」字地名，則第一節引文第 1 則桑隧可能乃蔡國諸「遂」之一，引文第 2 則麻隧疑為秦之「遂」；引文第 8 則大隧及引文第 11 則蒲隧，分別是齊與徐之「遂」。至於引文第 7 則曹隧之「隧」，亦可理解為曹之「遂」，唯《左傳》未載該「遂」之名而僅泛稱曹隧。學者或許質疑：若如筆者所言，

上述《左傳》綴以「隧」字地名為一國「鄉遂」之「遂」名，既泛指較廣大區域之「大名」，經師又何能指出確切地點？如此豈非自相矛盾？筆者認為此問題上文已能解釋，如晉之溫本含州與俔田，溫原是「大名」。然在「大名」下，溫又是主要城邑名，溫具廣狹二義。此外，〈鱗鎛〉之郠與〈叔夷鎛〉之釐都亦復如此，郠、釐都既是包括近三百大小城邑及居民點之「大名」，又為「大名」下主要城邑，郠、釐都亦具廣狹二義。至於國都與國家同名之例，概念亦復如是。以此理檢視上述綴以「隧」字地名，既可指涉較廣泛區域「鄉遂」之「遂」名，亦可專指該區域主要城邑。如第一節引文第 3 則暴隧，雖是鄭國諸「遂」之一，然《左傳》又載暴隧可省稱暴，知暴乃暴隧主要都邑名。以此理推之，則《左傳》諸「隧」地名實不妨有廣狹二義，不違筆者論證。

## （二）「鄉遂」之「遂」取義於道路

「鄉遂」之「遂」與本義為道路之「隧」之關係，筆者認為「遂」取義於道路，故二者關聯密切。上節已述桑隧、麻隧、暴隧、濟隧、大隧、蒲隧處各國邊鄙，且為該地區聯結國都與其他國家之孔道。以國都為核心，欲聯結四鄙及鄰國，須經聯外幹道方能抵達。此道路之「隧」不僅肩負一國內部聯絡城邑與區域之重責，益是交通國際之樞紐，大小城邑與居民點當沿道路周邊分布最為便利。又《周禮・地官・遂人》：「凡治野：夫間有遂，遂上有徑；十夫有溝，溝上有畛；百夫有洫，洫上有涂；千夫有澮，澮上有道；萬夫有川，川上有路，以達于畿。」鄭《注》：「十夫，二鄰之田。百夫，一酇之田。千夫，二鄙之田。萬夫，

四縣之田。遂、溝、洫、澮，皆所以通於川也。……徑、畛、
涂、道、路，皆所以通車徒於國都也。」[167]〈遂人〉之說乃藉
田間大小溝渠上道路，由「遂」上之「徑」而通「溝」上之
「畛」，由「溝」上之「畛」而聯「洫」上之「涂」，逐步匯聚
於「川」上之「路」以達京畿，藉大小道路串聯而成完整交通網
絡。近人徐復觀（1904-1982）謂〈遂人〉所載「遂」所轄各行
政區劃，「是以交通水利為組成單位。」[168]從另一角度言之，
即以京畿為核心，輻射各「路」於四面八方，再由「路」分散
「道」、「涂」、「畛」、「徑」而至各地。推測沿此「隧」分
布之大小城邑及居民點，甚至由主幹道路開展之支道所涵蓋區域
皆屬「某隧」，正符上揭〈遂人〉之理念。

　　另外，春秋諸國國都城門，常以該城門通往之山川、城邑或
國家命名。如莊公十年《左傳》：「自雩門竊出，蒙皋比而先犯
之。」《集解》：「雩門，魯南城門。」（頁 147）《大事表》
謂雩門「面臨雩水因名」；[169]因該門臨雩水，故以雩水名之。
又閔公二年《公羊傳》：「桓公使高子將南陽之甲，立僖公而城
魯，或曰自鹿門至于爭門者是也，或曰自爭門至于吏門者是
也。」[170]《大事表》謂「爭門，魯北門，即《公羊》所云爭

---

[167] 漢・鄭玄注，唐・賈公彥疏：《周禮注疏》，頁 233。

[168] 徐復觀：〈《周官》成立之時代及其思想性格〉，收入氏著：《徐復觀
論經學史二種》（上海：上海書店出版社，2002 年），頁 288。

[169] 清・顧棟高著，吳樹平、李解民點校：《春秋大事表》，頁 719-720。

[170] 漢・公羊壽傳，晉・何休解詁，唐・徐彥疏：《春秋公羊傳注疏》，頁
116。

門。一云當作淨門。淨，魯北門池也。」[171]知該門可通淨池，故稱淨門、爭門。又文公十八年《左傳》：「公游于申池。」《集解》：「齊南城西門名申門，齊城無池，唯此門左右有池，疑此則是。」（頁351）《大事表》謂申門是「門因以池名」，[172]知齊都申門乃因城外有申池而為名。又宣公十二年《左傳》：「入自皇門，至于逵路。」（頁388）《大事表》謂「吳氏曰：『諸侯國各以其所向之地為名。皇，周邑，蓋走王畿之道』」；[173]知鄭之皇門因通王畿之皇邑而名之。又襄公九年《左傳》：「季武子、齊崔杼、宋皇郧從荀罃、士匃門于鄟門。」《集解》：「鄭城門也。」（頁527）《大事表》謂「吳氏曰：『魯嘗取鄟，衛有鄟澤。鄟門者，國之東門，走魯、衛之道。』」[174]知鄟門為鄭都東向城門，又魯有鄟邑、衛有鄟澤，因以名之。又襄公十年《左傳》：「乃焚書於倉門之外，眾而後定。」（頁542）《大事表》謂「倉門，鄭之東南門，以面石倉城得名。石倉城在陳留西南七十里」；[175]知倉門因面向鄭國石倉城而得名。又成公十八年《左傳》：「鄭伯侵宋，及曹門外。」《集解》：「曹門，宋城門也。」（頁488）《大事表》謂「侯國各以所向之地為名，此蓋走曹之道，曹在宋西北，則亦西北門矣。」[176]知宋都商丘西北門通曹國，故稱此門為曹門。

---

[171] 清‧顧棟高著，吳樹平、李解民點校：《春秋大事表》，頁721。

[172] 清‧顧棟高著，吳樹平、李解民點校：《春秋大事表》，頁735。

[173] 清‧顧棟高著，吳樹平、李解民點校：《春秋大事表》，頁750。

[174] 清‧顧棟高著，吳樹平、李解民點校：《春秋大事表》，頁750。

[175] 清‧顧棟高著，吳樹平、李解民點校：《春秋大事表》，頁754。

[176] 清‧顧棟高著，吳樹平、李解民點校：《春秋大事表》，頁766。

又襄公二十七年《左傳》：「宋公及諸侯之大夫盟于蒙門之外。」《集解》：「蒙門，宋城門。」（頁 647）《大事表》謂「宋有蒙邑，故有蒙門。今歸德府治東北有蒙城，則亦東北門矣。」[177]知宋國蒙邑在宋都商丘東北，故國都東北門因稱蒙門。春秋諸國國都城門之命名，常以城門方位及其道路通達之地點為名，與筆者推論道路之「隧」以連接一國某方位之「鄙」、「野」之「遂」取義相符。

此外，「鄉遂」之「鄉」，《說文・邑部》：「國離邑，民所封鄉也，嗇夫別治。」段《注》：

> 「離邑」如言離宮、別館，國與邑名可互偁，析言之則國大邑小，一國中離析為若干邑。封猶域也，鄉者，今之向字。漢字多作鄉，今作向。「所封」謂民域，其中所鄉，謂歸往也。《釋名》曰：「鄉，向也，民所向也。」[178]以同音為訓也。[179]

段《注》釋「國離邑」為一國分設若干城邑為「鄉」，「鄉」實為廣大區域名，又以較大城邑為「鄉」之治所，含括周邊若干較小城邑及居民點，與上文所陳概念一致。然須注意者為，「鄉」

---

[177] 清・顧棟高著，吳樹平、李解民點校：《春秋大事表》，頁 767。

[178] 原句見《釋名・釋州國》：「萬二千五百家為鄉，鄉，向也，眾所向也。」漢・劉熙著，任繼昉校：《釋名匯校》（濟南：齊魯書社，2006年，據《四部叢刊・經部》影印江南圖書館藏明嘉靖翻宋本為底本點校排印），頁 91。

[179] 漢・許慎著，清・段玉裁注：《說文解字注》，頁 303。

有「向」義，意指方向，[180]《左傳》亦見此用法。如僖公三十
三年《左傳》：「秦伯素服郊次，鄉師而哭曰。」（頁 290）
《會箋》謂「今人所用之向，漢人作鄉」；《左傳注》亦謂「鄉
同今向字。」[181]又襄公二十七年《左傳》：「託於木門，不鄉
衛國而坐。」（頁 643）又昭公十八年《左傳》：「子產過女，
而命速除，乃毀於而鄉。」《集解》：「而，女也。毀女所
鄉。」《經典釋文》：「鄉，許亮反，本又作向。」（頁 843）
《會箋》謂「鄉，石經作向，向俗字。鄉，古向字」；《左傳
注》亦謂「鄉同向。」[182]以上「鄉」字皆作動詞，有朝向、面
向義。又襄公十八年《左傳》：「魯人、莒人皆請以車千乘自其
鄉入，既許之矣。」（頁 577）《會箋》謂「鄉猶方也，魯、莒
在齊之東，兵自東道入齊。」《左傳注》亦謂「鄉同嚮，今作
向。魯在齊都臨淄西南，莒在齊都東南。自其向入，則二國兵一
往西北一往東北，而併攻齊都。」[183]又昭公四年《左傳》：

---

180　楊氏釋《左傳》「鄉」字之義有四，分別為：（一）鄉里，或行政區劃
　　之基層單位；（二）鄉土，實指祖國；（三）今作「向」；（四）同
　　「曏」，前不久。見楊伯峻：《春秋左傳詞典》，頁 784。陳氏亦釋
　　「鄉」字之義為四，分別為：（一）名詞，基層行政區劃單位，其範圍
　　在國都以外和郊以內；（二）名詞，鄉里，家鄉；（三）動詞，朝向，
　　對著；（四）副詞，同「曏」，時間副詞，用在句首，表示時間已過
　　去。見陳克炯：《左傳詳解詞典》，頁 1203。
181　日本‧竹添光鴻：《左傳會箋》，頁 551。楊伯峻：《春秋左傳注》，
　　頁 500。
182　日本‧竹添光鴻：《左傳會箋》，頁 1601。楊伯峻：《春秋左傳
　　注》，頁 1398。
183　日本‧竹添光鴻：《左傳會箋》，頁 1112。楊伯峻：《春秋左傳
　　注》，頁 1037。

「國險而多馬,齊、楚多難;有是三者,何鄉而不濟?」(頁
726)《左傳注》謂「鄉同嚮,今作向。」[184]上引「鄉」字雖為
名詞,其意仍為方向。「鄉」字甲骨文作 𨑓 (《甲骨文合集》
23378),[185]金文作 𨝯 (〈小臣宅簋〉,《殷周金文集成》
8.4201),[186]近人姚孝遂(1926-1996)謂「卿、鄉、嚮、饗古
本同字……《說文》作鄉,今作向。」[187]知「鄉」本義即朝
向、面向,引申為方向。如《毛詩・鄘風・桑中》:「爰采唐
矣,沬之鄉矣。」漢人毛亨(?-?,秦末漢初學者)《傳》:
「沬,衛邑。」鄭玄《箋》:「於何采唐,必沬之鄉,猶言欲為
淫亂者,必之衛之都。」又〈小雅・采芑〉:「薄言采芑,于彼
新田,于此中鄉。」毛亨《傳》:「鄉,所也。」鄭玄《箋》:
「中鄉,美地名。」[188]杜正勝引《國語・越語下》:「後世子
孫有敢侵蠹之封地者,使無終沒於越國,皇天后土、四鄉地主正
之。」韋《注》:「鄉,方也。」[189]杜氏謂「鄉里之『鄉』的
本義或取於方,四鄉原指國(首都)之四方,故直到漢代,鄉猶

---

[184] 楊伯峻:《春秋左傳注》,頁 1246。

[185] 胡厚宣:《甲骨文合集釋文》(北京:中國社會科學出版社,1999
年),編號 23378。

[186] 中國社會科學院考古研究所:《殷周金文集成》第 8 冊(北京:文物出
版社,1987 年),編號 4201。

[187] 于省吾主編,姚孝遂按語編撰:《甲骨文字詁林》(北京:中華書局,
1996 年),頁 378。

[188] 漢・毛亨傳,漢・鄭玄注,唐・孔穎達正義:《毛詩注疏》,頁 113、
361。

[189] 三國・韋昭:《國語韋昭註》,頁 472。

多以左、右、東、西、南、北等方位命名。」[190]依杜氏知「鄉」之取名與方位相關。[191]「隧」之取名復如春秋諸國都城城門與「鄉」之命名,即以通往某方位或某城邑之道路,且以此統稱該道路所涵蓋區域為「某隧」。

最後補充《周禮・地官・大司徒》述及「野」命名原則:「大司徒之職,……各以其野之所宜木,遂以名其社與其野。」鄭《注》:「所宜木謂若松、栢、栗也,若以松為社者,則名松社之野,以別方面。」[192]前文已引《周禮・地官・遂人》及〈遂大夫〉之職,知遂人、遂大夫掌一國之「野」;前者統司「野」全部諸「遂」事務,後者管理單一「遂」之工作。上引〈大司徒〉所言「各以其野之所宜木」之「野」,即指一國「郊」外劃為若干「遂」之地區。《周禮》謂以「野」所適宜生長之「木」以名其「野」,故鄭《注》以松、栢、栗等木種釋之。第一節引文第 1 則桑隧以桑為名,[193]可能即「以其野之所宜木」而名之。或許《周禮》所言「以其野之所宜木」之「木」可泛指植物,如此則引文第 2 則麻隧、引文第 11 則蒲隧,乃因

---

[190] 杜正勝:《編戶齊民》,頁 118。

[191] 田昌五、臧知非對「鄉」之取義亦表意見:「我們以為向是鄉之本字,『鄉』字像兩人共食一簋狀,係源於族人共祭,其字源於族祭祀,同族之人要同向而祭,祭畢相向而食,再後來演變為『鄉飲酒禮』。西周時的六鄉也取意於『向』。」見田昌五、臧知非:《周秦社會結構研究》(西安:西北大學出版社,1996 年),頁 60。

[192] 漢・鄭玄注,唐・賈公彥疏:《周禮注疏》,頁 149。

[193] 《說文・木部》:「桑,蠶所食葉木,从叒、木。」見漢・許慎著,清・段玉裁注:《說文解字注》,頁 275。

該「野」適宜生長麻、蒲而名之。[194]然此命名法亦未全然如是，如引文第 3 則暴隧之暴原為暴辛公采邑。第三節所引東周齊國鄆遂，李家浩主張是齊滅遂國後所設之「遂」。[195]第一節引文第 6 則濟隧，北魏人酈道元（466？-527）：「言濟水榮澤中北流，至衡雍西，與出河之濟會」；[196]因以命名。至於引文第 8 則大隧，或因其面積遼闊而稱之。知《左傳》所載綴以「隧」字地名未必盡合《周禮》，於此僅列為備考。

總上所述，以為本節結束。若以「大名」概念檢視《左傳》綴以「隧」字地名，極可能指一國「鄉遂」之「遂」。「隧」、「遂」本義既為道路，且《左傳》綴以「隧」字地名又分布一國「鄙」、「野」，則「鄉遂」之「遂」乃取義於道路。意即自國都通往某一方向、地區或城邑之道路，沿此幹道及其延伸支道涵蓋大小城邑及居民點，即屬該「隧」、「遂」統轄。

# 五、結語

《左傳》載十則綴以「隧」字地名，經本章考證與分析，其地望皆在一國「鄙」、「野」。依《周禮》所載「鄉遂」制度，

---

[194] 《說文‧麻部》：「麻，枲也」；又〈艸部〉：「蒲，水草也，或以作席。」見漢‧許慎著，清‧段玉裁注：《說文解字注》，頁 339、28。麻是桑科草本植物之統稱，其莖部韌皮纖維長而堅韌，可供紡織製成衣服，果實則可為飼料或榨油之用。《說文》所言蒲者又稱香蒲，其葉可製為蓆、扇等物。

[195] 李家浩：〈齊國文字中的「遂」〉，收入氏著：《著名中年語言學家自選集‧李家浩卷》，頁 44。

[196] 漢‧桑欽著，北魏‧酈道元注：《水經注》，頁 58。

一國「野」上分設若干「遂」，《左傳》所載綴以「隧」字之地名，極可能為一國「鄉遂」之「遂」。先秦典籍所載地名常有廣狹二義，廣義之「大名」指涉範圍較廣，「大名」下涵蓋諸多城邑及居民點，包括狹義之同名地名。故《左傳》綴以「隧」字地名，狹義者為一點狀城邑；以「大名」角度視之則為廣闊區域，內含釋為狹義之「某隧」城邑，另包括其他城邑及居民點。至於「鄉遂」之「遂」取義當與道路相關，「遂」既為一國「鄙」、「野」行政區劃單位，國都必有道路通往該區域。故沿此幹道及其延伸支道所經大小城邑及居民點，皆屬該「遂」所轄。

# 第五章　《左傳》「州」析論
## ——兼論「作州兵」*

## 一、前言

　　「州」是中國歷史常見行政單位，[1]直至清末廢止，綿延二千餘年。《春秋經》、及《國語》「州」字近百筆資料，遽作地名者有「州」、「州來」、「州屈」。州為地名者有三，一近晉、一近齊、另一近楚。前者首見隱公十一年《左傳》：「王取鄔、劉、蒍、邘之田于鄭，而與鄭人蘇忿生之田：溫、原、絺、樊、隰郕、攢茅、向、盟、州、陘、隤、懷。」晉人杜預（222-285）《春秋左傳集解》（以下簡稱《集解》）：「州，今州縣。」[2]日人竹添光鴻（1842-1917）《左傳會箋》（以下簡稱

---

\*　本章依拙文〈《左傳》「州」芻議——兼論「作州兵」〉為基礎，調整標題與修訂部分內容，拙文發表於《成大中文學報》第 55 期（2016 年 12 月），頁 1-50。

[1]　周振鶴：《中國地方行政制度史》（上海：上海人民出版社，2014 年），頁 1。

[2]　晉・杜預集解，唐・孔穎達正義：《春秋左傳注疏》（臺北：藝文印書館，1993 年，據清嘉慶二十年〔1815〕江西南昌府學版影印），頁 397、440、538、577。為簡省篇幅與利於讀者閱讀，以下徵引本書不再

《會箋》）：「州在今懷慶府河內縣東南五十里，後屬晉。」[3]
近人楊伯峻（1909-1992）《春秋左傳注》（以下簡稱《左傳
注》）謂州在今河南省沁陽縣東稍南五十里。[4]此州亦見《國
語・晉語四》：「賜公南陽陽樊、溫、原、州、陘、絺、組、攢
茅之田。」三國吳人韋昭（204-273）《注》（以下簡稱韋
《注》）：「八邑，周之南陽地。」[5]此州即隱公十一年（712
B.C.）《左傳》之州，原欲予鄭莊公，後由晉文公得之。近齊之
州首見桓公五年《春秋經》：「州公如曹」；同年《左傳》：
「淳于公如曹，度其國危，遂不復。」《集解》：「淳于，州國
所都，城陽淳于縣也。」（頁 105-109）《左傳注》謂此州「都
淳于，今山東省安丘縣東北之淳于城。」[6]知此州因都於淳于，
即以國都名為代稱，故《春秋經》稱州而《左傳》稱淳于。[7]近
楚之州首見桓公十一年《左傳》：「鄖人軍於蒲騷，將與隨、
絞、州、蓼伐楚師。」《集解》：「州國在南郡華容縣東南。」
（頁 122）《會箋》：「州，今荊州府監利縣東三十里有州陵

---

以註腳方式載明出處，逕於引文後以括號夾注頁碼。

[3]　日本・竹添光鴻：《左傳會箋》（臺北：天工書局，1998 年），頁
99。

[4]　楊伯峻：《春秋左傳注》（北京：中華書局，2000 年），頁 76。

[5]　三國・韋昭：《國語韋昭註》（臺北：藝文印書館，1974 年，據嘉慶
庚申〔1800〕讀未見書齋重雕天聖明道本影印），頁 273。

[6]　楊伯峻：《春秋左傳注》，頁 103。

[7]　先秦文獻有「一國多名」現象，可參黃聖松：〈先秦一國多名現象芻議
——兼論曾、隨二名之關係〉，《中國文哲研究集刊》第 45 期（2014
年），頁 1-50。

城，即故州國」；《左傳注》亦謂在今湖北省監利縣東。[8]州來
首見成公七年《春秋經》：「吳入州來。」《集解》：「州來，
楚邑，淮南下蔡縣是也。」（頁 443）宋人葉夢得（1077-
1148）《葉氏春秋傳》卷十八：「州來，國也。何以知其為國？
邑不言滅。」[9]清人顧棟高（1679-1759）《春秋大事表・春秋列
國爵姓及存滅表》將州來定為國名，[10]《御纂春秋直解》亦謂
「州來，國名。」[11]《會箋》：「《傳》稱巫臣通吳於上國，則
州來之入，必吳以告於魯，是以書州來，楚之屬國。在今安徽鳳
陽府壽州北三十里。」《左傳注》謂州來為國名，[12]在今安徽省

---

[8]　日本・竹添光鴻：《左傳會箋》，頁 168。楊伯峻：《春秋左傳注》，
　　頁 130。

[9]　宋・葉夢得：《葉氏春秋傳》，收入《景印文淵閣四庫全書》第 149 冊
　　（臺北：臺灣商務印書館，1983-1986 年），卷 18，頁 213。

[10]　清・顧棟高著，吳樹平、李解民點校：《春秋大事表》（北京：中華書
　　局，1993，據清乾隆十三年〔1748〕萬卷樓刻本為底本點校排印），頁
　　593。

[11]　清・傅恆等：《御纂春秋直解》，收入《景印文淵閣四庫全書》第 147
　　冊（臺北：臺灣商務印書館，1983-1986 年），卷 10 上，頁 229。

[12]　清人王夫之《春秋稗疏》：「州來書месяц又書滅，則其為國無疑。」見
　　清・王夫之：《春秋稗疏》，收入清・王先謙：《經解續經解春秋類彙
　　編》（臺北：藝文印書館，1986 年），頁 21。又清人雷學淇《介庵經
　　說》：「不知州來本楚之屬國，與鍾離、巢、徐皆服事于楚，在楚之東
　　北而鄰于吳。自巫臣教吳叛楚，吞并小國，故《經》書滅州來、滅巢、
　　滅鍾離。徐則先服于吳者也，三國因伐而不服，故終滅之。」見清・雷
　　學淇：《介庵經說》（臺北：新文豐出版公司，1984 年，據商務依畿
　　輔叢書本排印），卷 7，頁 21。楊氏從王、雷二氏之說，亦謂州來為國
　　名而非楚國邑名。

鳳臺縣。[13]州屈僅見昭公二十五年《左傳》：「楚子使薳射城州
屈，復茄人焉。」（頁 896）《會箋》：「州屈在今安徽鳳陽府
鳳陽縣西」，《左傳注》亦謂地在今安徽省鳳陽縣西。[14]上述三
州或為專屬地名、小國名，與本章欲探究作為行政名詞之「州」
有別，故排除討論之列。本章論《左傳》、《國語》涉及行政單
位意義及地名為「○州」者，計有「九州」、「平州」、「夏
州」、「瓜州」、「陽州」、「舒州」、「外州」、「戎州」，
並兼述與「州」關係密切之「作爰田」、「作州兵」，就教於方
家學者。

## 二、「作爰田」與「作州兵」

正式討論《左傳》「州」之屬性前，須先探究「作爰田」、
「作州兵」之意。蓋因二者與判斷「州」之屬性息息相關，故先
予釐清。「作爰田」、「作州兵」見僖公十五年《左傳》：

> 晉侯使郤乞告瑕呂飴甥，且召之。子金教之言曰：「朝國
> 人而以君命賞。且告之曰：『孤雖歸，辱社稷矣，其卜貳
> 圉也。』」眾皆哭，晉於是乎作爰田。呂甥曰：「君亡之
> 不恤，而群臣是憂，惠之至也，將若君何？」眾曰：「何
> 為而可？」對曰：「征繕以輔孺子。諸侯聞之，喪君有

---

13　日本・竹添光鴻：《左傳會箋》，頁 851。楊伯峻：《春秋左傳注》，
　　頁 832。

14　日本・竹添光鴻：《左傳會箋》，頁 1694。楊伯峻：《春秋左傳
　　注》，頁 1468。

君，群臣輯睦，甲兵益多。好我者勸，惡我者懼，庶有益乎！」眾說，晉於是乎作州兵。（頁232）

《集解》：

恐國人不從，先賞之於朝。貳，代也。圉，惠公大子懷公。……分公田之稅應入公者，爰之於所賞之眾。征，賦也。繕，治也。孺子，大子圉。五黨為州，州，二千五百家也，因此又使州長各繕甲兵。（頁232）

唐人孔穎達（574-648）《春秋正義》（以下簡稱《正義》）：

服虔、孔晁皆云：爰，易也。賞眾以田，易其疆畔。杜言：「爰之於所賞之眾」，則亦以爰為易。謂舊入公者，今改易與所賞之眾。《周禮・鄉大夫》：「以歲時登其夫家之眾寡，辨其可任者」，[15]州長則否。今以州長管人既少，督察易精，故使州長治之。（頁232）

此事亦見《國語・晉語三》：

公在秦三月，聞秦將成，乃使郤乞告呂甥。呂甥教之言，

---

[15] 原句見《周禮・地官・鄉大夫》：「以歲時登其夫家之眾寡，辨其可任者。」見漢・鄭玄注，唐・賈公彥疏：《周禮注疏》（臺北：藝文印書館，1993年，據清嘉慶二十年〔1815〕江西南昌府學版影印），頁180。

令國人于朝曰：「君使乞告二三子曰：『秦將歸寡人，寡
人不足以辱社稷，二三子其改置以代圉也。』」且賞以悅
眾，眾皆哭，焉作轅田。呂甥致眾而告之曰：「吾君慚焉
其亡之不恤，而群臣是憂，不亦惠乎？君猶在外，若
何？」眾曰：「何為而可？」呂甥曰：「以韓之病，兵甲
盡矣。若征繕以輔孺子，以為君援，雖四鄰之聞之也，喪
君有君，群臣輯睦，兵甲益多，好我者勸，惡我者懼，庶
有益乎？」眾皆說，焉作州兵。

韋《注》：

賈侍中云：轅，易也。為易田之法，賞眾以田。易者，易
疆界也。或云：轅田，以田出車賦。昭謂此欲賞以悅眾，
而言以田出車賦，非也。唐曰：讓肥取磽也。……二千五
百家為州，使州長各帥其屬，繕甲兵。[16]

《左傳》、《國語》內容相去不遠，唯《左傳》「爰」字《國
語》作「轅」。[17]

---

[16]　三國・韋昭：《國語韋昭註》，頁 239-240。

[17]　「作爰田」之說歷來頗為分歧，為顧及本章篇幅與主題，僅擇其要者於
此概略說明。依《國語・晉語三》韋《注》引三國曹魏人賈侍中賈逵
（174-228）之解，「轅」之意為「易」，與《正義》引漢人服虔（?-
?，約為桓〔146-168〕、靈〔168-189〕時人）、晉人孔晁（?-?，西
晉初期學者）之見相同。又漢人班固（32-92）《漢書・地理志下》：
「十餘世，孝公用商君，制轅田，開仟伯，東雄諸侯。」唐人顏師古
（581-645）引三國曹魏人孟康（?-?，嘉平末〔約 254〕入為中令

　　《會箋》謂「爰田、州兵,從前無其法,故皆曰『作』」;
[18]以為「作爰田」、「作州兵」乃古之未有,故《左傳》特以
「作」字標舉。若《周禮》所載「易田而耕」之事為古制,是否
此制即由晉「作爰田」為始?答案不得而知。傳文謂「朝國人而

---

令):「〈食貨志〉曰:『自爰其處而已』是也,轅、爰同。」知
「轅」、「爰」可通釋。見漢·班固著,唐·顏師古注:《漢書》(臺
北:宏業書局,1996 年,據清人王先謙《漢書補注》本為底本點校排
印),頁 1641-1642。此外,《說文解字·走部》「趄」字:「趄田,
易居也。」清人段玉裁(1735-1815)《注》:「許云:趄田,易居;
爰、轅、趄、換,四字音義同也。」見漢·許慎著,清·段玉裁注:
《說文解字注》(臺北:黎明文化事業公司,1994 年,據經韵樓藏版
影印),頁 67。段氏《注》引《周禮·地官·大司徒》:「不易之
地,家百畝;一易之地,家二百畝;再易之地,家三百畝。」鄭玄
《注》引漢人鄭眾(?-83):「不易之地歲種之,地美,故家百晦。
一易之地休一歲乃復重,地薄,故家二百晦。再易之地休二歲乃復種,
故家三百晦。」見漢·鄭玄注,唐·賈公彥疏:《周禮注疏》,頁
156。《漢書·食貨志上》承繼此說:「民受田,上田夫百畝,中田夫
二百畝,下田夫三百畝。歲耕種者為不易上田;休一歲者為一易中田;
休二歲者為再易下田,三歲更耕之,自爰其處。」見漢·班固著,唐·
顏師古注:《漢書》,頁 1119。段氏《注》:「古者每歲易其所耕,
則田廬皆易。云三年者,三年而上、中、下田徧焉,三年後一年仍耕上
田,故曰『自爰其處』。」見漢·許慎著,清·段玉裁注:《說文解字
注》,頁 67。因地力不同而為求平均分配,故有「趄田」之制。《漢
書·食貨志上》又載代田之說:「過能為代田,一畝三甽。歲代處,故
曰代田,古法也。」顏氏《注》:「代,易也。」見漢·班固著,唐·
顏師古注:《漢書》,頁 1138-1139。則「代田」亦易田制,與《周
禮·地官·大司徒》之法雷同。「易田而耕」是爰田(轅田)主張之
一,另一派則主「易疆界」之說,即上引《漢書》商鞅之事。

[18] 日本·竹添光鴻:《左傳會箋》,頁 404。

以君命賞」，因賞而「作爰田」，知「國人」當因施行此制而獲得利益。筆者認為《左傳》、《國語》之國人應排除卿大夫等貴族，組成人員為士、農、工、商。國人具體定義為「具有人身自由而隸屬於國君，且居住於國都或直屬國君或國家之都邑城內外者。」[19]《儀禮‧喪服》：「大宗者，收族者也，不可以絕。」漢人鄭玄（127-200）《注》（以下簡稱鄭《注》）：「收族者，謂別親疏、序昭穆。」唐人賈公彥（？-？，高宗永徽〔650-656〕時官太常博士）《疏》（以下簡稱賈《疏》）：「大宗者，尊之統也。又云『大宗者收族』，是大宗統遠之之事也。」[20]又《禮記‧大傳》：「親親故尊祖，尊祖故敬宗，敬宗故收族，收族故宗廟嚴。」鄭《注》：「收族，序以昭穆也。」《禮記正義》：「『敬宗故收族』者，族人既敬宗子，宗子故收族人。……『收族故宗廟嚴』者，若族人散亂、骨肉乖離，則宗廟祭享不嚴肅也。若收之，則親族不散、昭穆有倫，則宗廟之所以尊嚴也。」[21]國君為族人之大宗，大宗有收族義務，[22]須使國人維持生計所需。近人楊寬（1914-2005）認為：

　　春秋時各國國君和大臣，對於「國人」確常有「詢國

---

[19] 黃聖松：〈《左傳》國人考〉，收入氏著：《《左傳》國人研究》（臺中：天空數位圖書有限公司，2013年），頁2-192。

[20] 漢‧鄭玄著，唐‧賈公彥疏：《儀禮注疏》（臺北：藝文印書館，1993年，據清嘉慶二十年〔1815〕江西南昌府學版影印），頁358-359。

[21] 漢‧鄭玄注，唐‧孔穎達正義：《禮記注疏》（臺北：藝文印書館，1993年，據清嘉慶二十年〔1815〕江西南昌府學版影印），頁622。

[22] 史鳳儀：《中國古代的家族與身分》（北京：社會科學文獻出版社，1999年），頁34。

危」、「詢立君」之事。當時有些國家國君的廢和立，
「國人」經常起著決定的作用。在各國貴族的內訌中，勝
負常由「國人」的向背而決定，其例不勝枚舉。[23]

知國人有參與政治權利，[24]故晉惠公亟須以賞攏賂國人。何以晉
惠公須積極攏賂國人，務求由其子太子圉代為國君？僖公十五年
《左傳》：「晉侯之入也，秦穆姬屬賈君焉，且曰：『盡納群公
子。』晉侯烝於賈君，又不納群公子，是以穆姬怨之。」《集
解》：「群公子，晉武、獻之族。」（頁 229）《左傳注》謂
「獻公之子九人，除申生、奚齊、卓子已死，夷吾立為君外，尚
有重耳等五人，即所謂群公子。」[25]即便晉惠公逝世後，其子晉
懷公──即太子圉──仍對晉惠公之兄公子重耳顧忌甚深。僖公
二十三年《左傳》：「晉惠公卒。懷公立，命無從亡人，期，期
而不至，無赦。」《集解》：「懷公，子圉。亡人，重耳。」
（頁 250）因群公子皆有繼承君位資格，晉惠公擔憂國人擁戴其

---

23　楊寬：〈論西周金文中「六㠯」、「八㠯」和鄉遂制度的關係〉，原載
　　《考古》1964 年第 8 期（1964 年 8 月），頁 414-419；收入氏著：
　　《楊寬古史論文選集》（上海：上海人民出版社，2003 年），頁 43-
　　53。

24　國人參與政治記載如《左傳》僖公二十四年、僖公二十八年、文公十一
　　年、文公十六年、文公十八年、襄公十五年、襄公三十年、襄公三十一
　　年、昭公十三年、昭公十四年、昭公二十年、昭公二十二年、定公八
　　年、哀公元年、哀公二十四年。見晉・杜預集解，唐・孔穎達正義：
　　《春秋左傳注疏》，頁 257、270、329、348、356、565、682、687、
　　806、820、855、872、965、992、1050。論述詳見拙文：〈《左傳》國
　　人考〉，收入拙著：《《左傳》國人研究》，頁 2-192。

25　楊伯峻：《春秋左傳注》，頁 352。

他公子為君。僖公二十四年《左傳》載介之推言：「（晉）獻公之子九人」（頁 255），公子重耳應是晉惠公最為顧忌者。[26]若真由其他公子立為國君，晉惠公或將滯秦而不得回返。在此情勢下，晉惠公須穩定國內政權，故「作爰田」賞國人以獲支持。[27]

至於國人實質獲得利益為何？此即諸家意見紛陳之處。諸家說法整理與析辨，劉文強先生〈再論「作爰田」〉已有精闢討論。[28]劉先生文章發表後，晚近討論者尚有十餘篇專論，[29]以于

---

[26] 《史記·晉世家》：「晉侯至國，誅慶鄭，修政教。謀曰：『重耳在外，諸侯多利內之。』欲使人殺重耳於狄。重耳聞之，如齊。」見漢·司馬遷著，劉宋·裴駰集解，唐·司馬貞索隱，唐·張守節正義，日本·瀧川龜太郎考證：《史記會注考證》（高雄：復文圖書出版社，1991 年），頁 614。

[27] 陳恩林：《先秦軍事制度研究》（長春：吉林文史出版社，1991年），頁 129、132。田昌五、臧知非：《周秦社會結構研究》（西安：西北大學出版社，1996 年），頁 104-105。晁福林：《先秦社會形態研究》（北京：北京師範大學出版社，2003 年），頁 531。孫翊剛主編、陳光焱副主編：《中國賦稅史》（北京：中國稅務出版社，2003年），頁 37。李則鳴：〈春秋戰國史中幾個問題的探討〉，收入氏著：《先秦·秦漢經濟文化史略》（武漢：長江文藝出版社，2004年），頁 221-241。李孟存、李尚師：《晉國史》（太原：三晉出版社，2014 年），頁 69。劉文強：《論《左傳》之「作爰田」「作州兵」與「被廬之蒐」》（香港：香港大學博士論文，1994 年）。劉文強：〈爰田與州兵〉，原載《大陸雜誌》第 83 卷第 2 期（1991 年 8月），頁 28-35；收入氏著：《晉國伯業研究》（臺北：臺灣學生書局，2004 年），頁 299-324。

[28] 劉先生文中述評諸家有王毓銓：〈爰田（轅田）解〉、冉昭德：〈試論商鞅變法的性質〉、韓連琪：〈春秋戰國時代的農村公社〉、林甘泉：〈中國封建土地所有制的形成〉、金景芳：〈論井田制度〉、徐喜辰：〈晉「作爰田」解並論爰田即井田〉、李隆獻：《晉文公復國定霸

琨奇〈井田制、爰田制新探〉尤為重要：

> 從周制的步百為畝，到范氏、中行氏的一百六十步為畝，
> 其間尚有六十步的迴旋餘地。晉惠公所作爰田的畝積，自

考》、徐喜辰：〈「開阡陌」辨析〉、林甘泉：〈古代中國社會發展的
模式〉、周蘇平：〈論春秋晉國土地關係的變動〉、王恩田：〈臨沂竹
書《田法》與爰田制〉、王貴民：〈周代的籍田——奴隸制田莊剖
析〉、杜正勝：《編戶齊民》、陳恩林：《先秦軍事制度研究》、田昌
五：〈戰國土地所有制和社會經濟結構〉、李隆獻：《晉史蠡測》，見
劉文強：〈再論「作爰田」〉，原載《中山人文學報》第 3 期（1995
年 4 月），頁 1-19；收入氏著：《晉國伯業研究》，頁 325-359。

**29** 晚近與作爰田相關論文另有林劍鳴：〈井田與爰田〉、羅元貞：〈晉國
的爰田與州兵〉、彭益林：〈晉作轅田辨析〉、林鵬：〈晉作爰田考
略〉、李孟存、常金倉：〈對〈晉作爰田考略〉的異議〉、林鵬：〈再
論晉作爰田——答李孟存、常金倉二同志〉、楊善群：〈「爰田」釋義
辨正〉、李孟存、常金倉：〈爰田與井田——與林鵬同志再商榷〉、張
玉勤：〈晉作爰田探討〉、史建群：〈試論晉「作爰田」及其影響〉、
李民立：〈晉「作爰田」析——兼及秦「制轅田」〉、王貴鈞：〈釋
「爰田」——讀史札記〉、鄒昌林：〈「作爰田」和小土地占有制的興
起〉、葉茂：〈「作爰田」辨〉、張在義：〈《左傳》「爰田」試析
——兼談晉國土地制度〉、楊作龍：〈晉「作爰田」辨析〉、陳奇猷：
〈也談「爰田」——兼談「國人」〉、屈友賢：〈「作爰田」注釋新
探〉、陳斯鵬：〈「爰田」非即「援田」〉、沈長云：〈從銀雀山竹書
〈守法〉、〈守令〉等十三篇論及戰國時期的爰田制〉、楊兆榮：
〈「爰（趙、轅）田」新解〉、于琨奇：〈論春秋戰國時期土地所有制
關係的變化〉、趙偉豔：〈晉作爰田再探〉、楊善群：〈「爰田」是什
麼樣的土地制度？——兼論銀雀山竹書《田法》〉、項觀奇：〈徹法、
作爰田、「三農」新解〉、楊善群：〈論春秋戰國間的「爰田」制〉、
李巖：〈春秋中期晉國田制變革中的「國人」問題新解〉、蘇家弘：
《春秋時代秦、晉之戰研究》。

可為一百廿步或一百四十步，但也不能排斥范氏、中行氏
沿襲惠公一百六十步為畝的可能性。由此我們可以推知：
晉惠公作爰田的主要內容之一便是擴大畝積。[30]

于氏所言范氏、中行氏一百六十步為畝之說，乃據山東臨沂銀雀
山出土《孫子兵法・吳問》：

> 范（范）、中行是（氏）制田，以八十步為婉（畹），以
> 百六十步為昀（畝）。……韓、巍（魏）制田，以百步為
> 婉（畹），以二百步為昀（畝）。……趙是（氏）制田，
> 以百廿步為婉（畹），以二百卅步為昀（畝）。[31]

一夫百畝而耕之說屢見先秦典籍，[32]當是歷史實況。《說文解

---

[30] 于琨奇：〈井田制、爰田制新探〉，《安徽師大學報（哲學社會科學
版）》1986 年第 3 期（1986 年 6 月），頁 59-68。

[31] 銀雀山漢墓竹簡整理小組：《銀雀山漢墓竹簡・孫子兵法》（北京：文
物出版社，1976 年），頁 94-95。

[32] 《周禮・地官・遂人》：「辨其野之土——上地、中地、下地，以頒田
里：上地，夫一廛，田百畝，萊五十畝，餘夫亦如之；中地，夫一廛，
田百畝，萊百畝，餘夫亦如之；下地，夫一廛，田百畝，萊二百畝，餘
夫亦如之。」見漢・鄭玄注，唐・賈公彥疏：《周禮注疏》，頁 233。
《禮記・王制》：「制：農田百畝。」見漢・鄭玄注，唐・孔穎達正
義：《禮記注疏》，頁 214。《孟子・梁惠王上》：「百畝之田，勿奪
其時，數口之家可以無飢矣！……百畝之田，勿奪其時，八口之家可以
無飢矣。」又〈滕文公上〉：「夏后氏五十而貢，殷人七十而助，周人
百畝而徹。……方里而井；井九百畝，其中為公田。八家皆私百畝，同
養公田。……夫以百畝之不易為己憂者，農夫也。」又〈萬章下〉：

字・田部》（以下簡稱《說文》）「晦」字：「六尺為步，步百
為晦。秦田二百四十步為晦。畮，晦或从十、久。」清人段玉裁
（1735-1815）《注》（以下簡稱段《注》）於「秦田二百四十
步為晦」云：「秦孝公之制也，商鞅開阡陌封疆。則鄧展曰：古
百步為晦，漢時二百四十步為晦。按：漢因秦制也。」[33]「百步
為畝」或當是周朝之制，春秋晚期晉國范、中行、韓、魏及趙等
五家改易原制，將一畝步數由百步擴大為一百六十步、二百步及
二百四十步。秦孝公時商鞅採趙氏之法，以二百四十步為畝。
《左傳注》謂「秦惠既以大量田土分賞眾人，自必變更舊日土田
所有制，一也；所賞者眾，所得必分別疆界，又不能不開阡陌以

---

「耕者之所獲，一夫百畝。」又〈盡心上〉：「百畝之田，匹夫耕之，
八口之家，足以無飢矣。」見漢・趙岐注，宋・孫奭疏：《孟子注疏》
（臺北：藝文印書館，1993 年據清嘉慶二十年〔1815〕江西南昌府學
版影印），頁 12-24、91-98、178、238。《荀子・王霸》：「人主得使
人為之，匹夫則無所移之。百畝一守，事業窮，無所移之也。」又〈大
略〉：「故家五畝宅，百畝田，務其業而勿奪其時，所以富之也。」見
周・荀況著，清・王先謙集解：《荀子集解》（北京：中華書局，1997
年，據清光緒十七年辛卯〔1891〕王先謙刻本為底本點校排印），頁
213、498。《管子・臣乘馬》：「百畝之夫予之笶，率二十七日為子之
春事，資子之幣。」又〈山權數〉：「地量百畝，一夫之力也。」又
〈輕重甲〉：「然則一農之事，終歲耕百畝，百畝之收，不過二十
鍾。」見題周・管仲著，黎翔鳳校注，梁運華整理：《管子校注》（北
京：中華書局，2009 年，據上海涵芬樓影宋刊楊忱本為底本點校排
印），頁 1227、1306、1436。《呂氏春秋・先識覽・樂成》：「魏氏
之行田也以百畝，鄴獨二百畝，是田惡也。」見秦・呂不韋編，漢・高
誘注，陳奇猷校釋：《呂氏春秋校釋》（臺北：華正書局，1988 年，
據清畢沅《呂氏春秋校正》本為底本校釋排印），頁 990。

33　漢・許慎著，清・段玉裁注：《說文解字注》，頁 702。

益之，二也。」[34]于氏承《左傳注》言晉惠公「作爰田」乃擴大百畝面積，國人所得雖仍百畝，然因增益百步為畝基數，可能是一百六十步、二百步或二百四十步為畝，國人所得百畝面積已是以往 1.6 倍、2 倍甚或 2.4 倍。此即晉惠公賞國人實際內容，使國人獲得更大面積土田種植莊稼。學者或許質疑：若「作爰田」是擴大國人百畝面積，何以不多賞土田，卻僅是原本 1.6 倍、2 倍甚或 2.4 倍？清人金鶚（1771-1819）《求古錄禮說》卷十四〈井田考〉：「農夫之耕必與其家相近，若去家甚遠，朝夕往來，田且荒蕪矣。」[35]杜正勝《編戶齊民》謂「農莊的範圍不可能太擴大延伸，因為它受了生產勞動形態的制約。……聚落太大，耕地延伸太遠，往返里程必定躭誤田作。」[36]鄭紹昌〈秦以前中國農業勞動生產率的初步估計〉謂「大抵一夫百畝是與當時廣植薄收的生產水平相適應的；因為超過百畝就耕不了了，而不足百畝又活不了了。」[37]在耕地維持百畝需求下稍增步數，擴大耕地面積為 1.6 倍、2 倍甚或 2.4 倍，應仍在負擔範圍內。

晉惠公「作爰田」以賞國人，既而施行「作州兵」，二者有何關聯？僖公十五年《左傳》：「征繕以輔孺子。諸侯聞之，喪君有君，群臣輯睦，甲兵益多。」《集解》：「征，賦也。繕，

---

[34]　楊伯峻：《春秋左傳注》，頁 362。

[35]　清·金鶚：《求古錄禮說》（濟南：山東友誼書社，1992 年，據北京圖書館所藏清道光三十年〔1850〕陸建瀛木犀香館刻本影印），卷 14，頁 14。

[36]　杜正勝：《編戶齊民》（臺北：聯經出版事業公司，1990 年），頁 101。

[37]　鄭紹昌：〈秦以前中國農業勞動生產率的初步估計〉，《中國社會經濟史研究》1985 年第 1 期（1985 年 4 月），頁 1-8。

治也。孺子，大子圉。」（頁 232）《國語‧晉語三》直言「以
韓之病，兵甲盡矣。若征繕以輔孺子，以為君援，雖四鄰之聞之
也，喪君有君，群臣輯睦，兵甲益多。」韋《注》：「病，敗
也。」[38]依〈晉語三〉知晉國大敗於韓而「兵甲盡矣」，須「征
繕以輔孺子」──此「孺子」即晉惠公之子太子圉。「征」者指
賦，《孟子‧盡心下》：「有布縷之征，粟米之征，力役之
征。」漢人趙岐（108-201）《注》：「征，賦也。國有軍旅之
事，則橫興此三賦也。布，軍卒以為衣也。縷，紩鎧甲之縷也。粟
米，軍糧也。力役，民負荷廝養之役也。」[39]知「征」、「賦」
內容概分三者，可與「作爰田」對應。國人受土田種粟米等農作
物，此「粟米之征」。土田亦可植桑麻，紡織而為布匹，此「布
縷之征」。上文已述國人組成分子為士、農、工、商，士之「力
役之征」乃披堅執銳為戰鬥人員，農、工、商則任「役人」，負
責戰場後勤工作。[40]趙岐所釋「負荷廝養之役」即役人之責，實
則國人之士服役戰場亦「力役之征」。[41]「征」、「賦」內容除
上引《孟子》三則，襄公二十五年《左傳》：

楚蒍掩為司馬，子木使庀賦，數甲兵。甲午，蒍掩書土

38 三國‧韋昭：《國語韋昭註》，頁 240。
39 漢‧趙岐注，宋‧孫奭疏：《孟子注疏》，頁 259。
40 黃聖松：〈《左傳》輿人考〉，《文與哲》第 6 期（2005 年 6 月），頁 35-68。黃聖松：〈《左傳》「役人」考〉，《文與哲》第 18 期（2011 年 6 月），頁 81-103。黃聖松：〈《左傳》「役人」續考〉，《文與哲》第 20 期（2012 年 6 月），頁 1-40。
41 黃聖松：〈《左傳》國人考〉，收入氏著：《《左傳》國人研究》，頁 2-192。

田，度山林，鳩藪澤，辨京陵，表淳鹵，數疆潦，規偃
豬，町原防，牧隰皋，井衍沃，量入修賦，賦車籍馬，賦
車兵、徒兵、甲楯之數。（頁623-624）

《集解》：「庀，治。閱數之。……量九土之所入而治理其賦
稅。籍疏其毛色、歲齒以備軍用。車兵，甲士。步卒。」《正
義》：「車兵者，甲士也。徒兵者，步卒也。知非兵器者，上云
『數甲兵』，下云『甲楯之數』，故知此兵謂人也。」（頁
623-624）傳文謂楚司馬蒍掩「庀賦」，先整頓不同土地性質應
賦數額。《會箋》：

山林藪澤因生材多少以量入，故言「度」、「鳩」。京
陵、淳鹵無所入，故特言「辨」、「表」。「町原防」以
下三事，賦入寓於法制之中，故唯言其制。杜以淳鹵為賦
稅之地，故云「九土」，其實當為八土。[42]

待清查各處土地狀況乃「量入修賦」，征得應有數額。依傳文知
「賦」之內容另有車、馬、甲楯等兵器武備，此自不待言；須注
意者為，「賦」亦包括車兵、徒兵。依《集解》、《正義》知
「車兵」、「徒兵」非指兵器，乃徵發自國人之戰鬥人員，可分
戎車上之車兵及步戰之徒兵二類。知「征」、「賦」內容不僅是
與戰爭相關之兵械車馬等物資，亦包括相關人員——戰鬥人員與
後勤人員。「征繕」之「繕」較單純，《左傳注》謂「凡修治均

---

[42]　日本・竹添光鴻：《左傳會箋》，頁1201。

可曰繕。」[43]如隱公元年、成公十六年《左傳》之「繕甲兵」
（頁 36、478），襄公九年、昭公十五年《左傳》之「繕守備」
（頁 523、823），襄公三十年《左傳》之「繕城郭」（頁
681），襄公三十一年《左傳》之「庫廄繕修」（頁 687），皆
可稱「繕」。依傳文知此「繕」乃修繕甲兵，《左傳注》亦謂傳
文「甲兵益多」，「即應此繕字。」[44]

　　「征」之內容既已含物資與人員，「繕」若指修繕甲兵器
械，亦已包括「征」之範圍。依上文所釋，「征」、「賦」既有
定數，何以傳文又特言「甲兵益多」？筆者認為此「甲兵」非僅
指兵器，亦含戰鬥人員。《左傳》「甲兵」一詞除僖公十五年
（645 B.C.）《左傳》及上引隱公元年（722 B.C.）、成公十六
年（575 B.C.）《左傳》「繕甲兵」、襄公二十五年（548
B.C.）《左傳》「數甲兵」，另有四見。襄公四年《左傳》：
「以德綏戎，師徒不勤，甲兵不頓。」《集解》：「頓，壞
也。」（頁 508）又襄公十一年《左傳》：「鄭人賂晉侯……廣
車、軘車淳十五乘，甲兵備，凡兵車百乘。」《集解》：「廣
車、軘車，皆兵車名。」（頁 546-547）又昭公二十七年《左
傳》：「無極曰：『令尹好甲兵，子出之，吾擇焉。』取五甲五
兵。」《正義》：「《司馬法》曰：弓矢圉，殳矛守，戈戟助，
凡五兵長以衛短，短以救長。」（頁 908）又哀公十一年《左
傳》：「仲尼曰：『胡簋之事，則嘗學之矣；甲兵之事，未之聞
也。』」《正義》：「對靈公軍旅之事，未之學也。」（頁

---

1019）前三則無疑係鎧甲兵械，第四則雖代指軍旅之事，但與前句「胡簋」對舉，亦是兵器之意。學者或許質疑：《左傳》「甲兵」既指兵器，何以僖公十五年《左傳》「甲兵」又包括戰鬥人員？《左傳》除「甲兵」，另有「兵甲」一詞。哀公十五年《左傳》：「成子病之，乃歸成，公孫宿以其兵甲入于嬴。」（頁1036）此「兵甲」指戰鬥人員移防入嬴邑，若僅指兵器武備，似難通釋全文。此外，《國語‧吳語》：「裕其眾庶，其民殷眾，以多甲兵。」[45]謂人民富庶繁衍便可多徵甲兵充任戰鬥人員，知此「甲兵」指人員而非關兵器。《左傳》「甲」、「兵」二字分用，仍有指涉戰鬥人員之意。楊伯峻分析《左傳》「甲」字有二義：（一）「鎧甲，古代作戰之防護衣，以鐵片或革片連綴制成」；（二）「著鎧甲之士卒」；陳克炯之見與楊氏同。楊氏釋《左傳》「兵」字有四義：（一）「兵器」；（二）「戰事，武事」；（三）「軍隊」；（四）「動詞，攻擊、刺殺」；陳氏亦析為四義，唯第三義釋為「軍隊、士卒」。[46]「甲」訓作戰鬥人員者，如襄公十九年《左傳》：「子孔當罪，以其甲及子革、子良氏之甲守。」（頁587）又襄公二十七年《左傳》：「使盧蒲嫳帥甲以攻崔氏。」（頁649）又襄公三十年《左傳》：「子晳以駟氏之甲伐而焚之。」（頁682）又昭公十年《左傳》：「桓子授甲而如鮑氏。遭子良醉而騁，遂見文子，則亦授甲矣。」（頁782）「兵」釋為戰鬥人員者，如宣公三年《左傳》：「楚

---

[45] 三國‧韋昭：《國語韋昭註》，頁427。

[46] 楊伯峻：《春秋左傳詞典》（臺北：漢京文化事業公司，1987年），頁216、293。陳克炯：《左傳詳解詞典》（鄭州：中州古籍出版社，2004年），頁834、159。

子伐陸渾之戎，遂至於雒，觀兵于周疆。」（頁 367）《左傳
注》謂「觀兵，陳兵示威也」，[47]知「兵」指軍隊，亦指戰鬥人
員。又襄公二十六年《左傳》：「歸老幼，反孤疾，二人役，歸
一人。簡兵蒐乘，秣馬蓐食。」（頁 636）《左傳注》釋「簡兵
蒐乘」為「精選徒兵，檢閱兵馬」，[48]知「兵」亦是戰鬥人員。
又昭公十四年《左傳》：「楚子使然丹簡上國之兵於宗丘，且撫
其民。……使屈罷簡東國之兵於召陵亦如之。」《正義》：「然
則兵者，戰器之名，戰必令人執兵，因即名人為兵也。此簡上國
之兵，謂料簡人丁之彊弱於宗丘之地，集而簡之，且即慰撫其民
也。」（頁 820）知「上國之兵」、「東國之兵」指戰鬥人員。
此外，上引襄公二十五年《左傳》之「車兵」、「徒兵」亦指戰
鬥人員而非兵器。知「甲兵」不僅釋為兵械武器，有時亦含配備
甲兵之戰鬥人員，故僖公十五年《左傳》「甲兵益多」之「甲
兵」除指兵器武備，亦包括戰鬥人員。[49]

---

[47] 楊伯峻：《春秋左傳注》，頁 669。

[48] 楊伯峻：《春秋左傳注》，頁 1121。

[49] 周自強：「『作州兵』、『作丘甲』，『兵』、『甲』，簡而言之，實
際上包括士卒，並非僅指武器裝備之類。」周氏亦主張「作州兵」之
「兵」包括戰鬥人員，見周自強：《中國經濟通史・先秦經濟卷
（下）》（北京：經濟日報出版社，2000 年），頁 1088-1089。至於韓
連琪、顧德融與朱順龍：「『州兵』之兵，乃甲兵之兵，同於後來楚國
的『量入修賦，賦車籍馬，賦車兵、徒兵、甲楯之數』，包括兵役與軍
需的費用。」三氏仍主張「作州兵」之「兵」為武器，筆者不取其說。
見韓連琪：〈周代的軍賦及其演變〉，原載《文史哲》1980 年第 3 期
（1980 年 3 月），頁 4-16；收入氏著：《先秦兩漢史論叢》（濟南：
齊魯書社，1986 年），頁 109-134。見顧德融、朱順龍：《春秋史》
（上海：上海人民出版社，2001 年），頁 307。

　　如何讓晉國「甲兵益多」，此乃「作州兵」之目的。何謂「作州兵」？《集解》謂「使州長各繕甲兵」（頁 232）；清人沈欽韓（1775-1831）《春秋左氏傳補注》繼《集解》，謂「《周官》兵器本鄉師所掌，州共賓器而已，今更令作之也。」[50]《春秋大事表・春秋田賦軍旅表》言「作州兵」「於軍制無所變更，第增一州長為將耳，所謂增繕者是也。後日晉三軍皆立將佐，本諸此。」[51]然《左傳注》認為顧氏之見「臆說顯然」，[52]不採其說。清人洪亮吉（1746-1809）《春秋左傳詁》主張「『作州兵』蓋亦改易兵制。或使二千五百家畧增兵額，故上云『甲兵益多』，非僅修繕兵甲而已。杜《注》似非。」[53]《會箋》承洪氏之見而云「甲兵藏於公府，今欲益多之，故又使每州作之。上云『甲兵益多』，非僅修繕兵甲而已。」[54]近人蒙文通（1894-1968）依《管子》記載，統理「州」者謂之「遂」，「作州兵」即取消「三郊」服兵役限制而擴大出於「三遂」。[55]近人白壽彝（1909-2000）主編《中國通史・第三卷・上古時代》言「作州兵」乃「兵制改革，特別說它是『取消三郊服兵役

---

[50]　清・沈欽韓：《春秋左氏傳地名補注》，收錄清・王先謙編：《經解續經解春秋類彙編》（臺北：藝文印書館，1986 年），頁 2515。

[51]　清・顧棟高著，吳樹平、李解民點校：《春秋大事表》，頁 1429。

[52]　楊伯峻：《春秋左傳注》，頁 363。

[53]　清・洪亮吉詁，李解民點校：《春秋左傳詁》（北京：中華書局，2004 年，據清嘉慶十八年〔1813〕金陵刊本點校排印），頁 296。

[54]　日本・竹添光鴻：《左傳會箋》，頁 405。

[55]　蒙文通：〈孔子和今文學〉，《經史抉原》（成都：巴蜀書社，1995 年），頁 157-221。

的限制，擴大出於三遂』，頗有道理。」[56]下節「表二」整理
《管子》行政單位記載，〈立政〉、〈度地〉皆見「州」列其
中，然統屬「州」者於〈立政〉為「鄉」而〈度地〉為「都」。
蒙氏所謂以「遂」統理「州」者，推測應據〈度地〉而言。〈度
地〉謂「十術為州」，「術」讀為「遂」，可見《禮記・學記》
「術有序」，鄭《注》：「術當為遂，聲之誤也」；《禮記正
義》：「述，遂也，《周禮》萬二千五百家為遂。」[57]依〈度
地〉當以「州」統「述」（遂），非蒙氏所言以「遂」統
「州」。近人李亞農（1906-1962）謂「作州兵」乃晉始建地方
兵團，「是晉國國內諸民族（周族、殷族、狄種懷姓九宗、夏族
等等）已經開始融合而為一的證據。」[58]近人論「作州兵」另有
徐中舒（1898-1991）、金景芳（1902-2001）、史建群、張玉
勤、陳恩林與李隆獻先生等。[59]徐氏言「作州兵」之「州」本野
人所居，居民本不服兵役。「作州兵」後「州」之野人因得終身
可使用之土地，故得以服兵役。[60]金氏云「作州兵」之「州」不

---

56　白壽彝主編：《中國通史・第三卷・上古時代》（上海：上海人民出版
　　社，1994 年），頁 785。

57　漢・鄭玄注，唐・孔穎達正義：《禮記注疏》，頁 649。

58　李亞農：《西周與東周》，收入氏著：《李亞農史論集》（上海：上海
　　人民出版社，1978 年），頁 831。

59　金景芳：〈由周的徹法談到「作州兵」、「作丘甲」等問題〉，《吉林
　　大學社會科學學報》1962 年第 1 期（1962 年 3 月），頁 91-102。張玉
　　勤：〈晉作州兵探析〉，《山西師大學報（社會科學版）》1985 年第 1
　　期（1985 年 4 月），頁 75-79。

60　徐中舒：《左傳選》（北京：中華書局，1963 年），頁 52。筆者案：
　　徐中舒：「『作州兵』把當兵的人擴充到州的地區，使原來不能當兵的
　　人也加入到軍隊的行列，由此便大大地擴充了兵士的來源，廣大被征服

僅與《周禮》載「鄉」屬之「州」無涉，亦與「九州」、「二百
一十國以為州」[61]之「州」無關。金氏舉《司馬法》「二百里為
州」及《管子‧度地》為據，[62]謂「州」處郊外。金氏認為「作
州兵」乃晉人因「戰敗而採取的一種增加兵源的措施。……當兵
作戰原為國人所有的特殊任務，今因軍事緊急，兵源不足，不得
不變更舊制，也讓一部分野人，即州人，負同等任務。」[63]易言
之，「作州兵」是更易制度，讓不具服兵役資格之「州」人得以
披堅執銳而成正規戰鬥人員。史建群謂「州」是「接受了先進文
化而定居下來的『蠻夷戎狄』的邑聚」，「作州兵」乃「衝破了
野人不能當兵的限制，被統治的野人也被組織在軍隊之中。」[64]
張玉勤見解與金氏同，言「州」泛指「野」，是「被征服部族的
聚居地，住在州的野人自然身分為奴，……不能當兵的。」故張
氏以為「『作州兵』就是打破了國人自賦為兵的框框，把征賦的
範圍擴大到州野，把征兵的對象擴大到野人。」[65]陳恩林亦持此

---

的異族聚居區的村社成員也可以當兵了。」見徐中舒：《先秦史十講》
（北京：中華書局，2009 年），頁 103。

61　原句見《禮記‧王制》：「二百一十國以為州」，見漢‧鄭玄注，唐‧
孔穎達正義：《禮記注疏》，頁 219。

62　《周禮‧地官司徒‧載師》鄭玄《注》引《司馬法》之說：「王國百里
為郊，二百里為州，三百里為野，四百里為縣，五百里為都。」漢‧鄭
玄注，唐‧賈公彥疏：《周禮注疏》，頁 198。

63　金景芳：〈由周的徹法談到「作州兵」、「作丘甲」等問題〉，《吉林
大學社會科學學報》1962 年第 1 期，頁 91-102。

64　史建群：〈試論晉「作爰田」及其影響〉，《河南大學學報（哲學社會
科學版）》1984 年第 4 期（1984 年 8 月），頁 65-71。

65　張玉勤：〈晉作州兵探析〉，《山西師大學報（社會科學版）》1985
年第 1 期，頁 75-79。

見，謂「率先打破國、野界限，吸收野人當兵，創建新制的，是
晉國的『作州兵』。」[66]《左傳注》持調和之見，主張「作州
兵」是改革兵制；「兵制改革，勢必擴充軍器之製造，則此說實
包含前說，較為合理。」[67]李隆獻先生謂「作州兵」是因晉國韓
原之敗，「兵力補稱之需尤殷，遂選取『州』中之『能為士者』
擔任作戰任務以擴充兵力。……『州兵』則僅部分農民——能為
士者——可任此職，且戰時為兵，戰後解甲歸農，仍為良民。」
[68]其他約略提及「作州兵」之見者，所論大致不出前述諸家，相
關篇章置於註腳，提供讀者參看。[69]

---

66　陳恩林：《先秦軍事制度研究》，頁 128。

67　楊伯峻：《春秋左傳注》，頁 363。

68　李隆獻：〈晉作「爰田」、「州兵」蠡論〉，《臺大中文學報》第 3 期
　　（1989 年 12 月），頁 431-464。

69　田昌五、臧知非：「州屬於野而不屬於國，州人屬於野人。所以，『作
　　州兵』就是以州人為兵，擴大兵源，補充晉軍。」見田昌五、臧知非：
　　《周秦社會結構研究》，頁 106。黃樸民認為「作州兵」「是改國人兵
　　役制為國人、庶人共同兵役制。這也可以說是歷史上的『庶人』（野
　　人）當兵的最早記載。」見軍事科學院主編，黃樸民著：中國軍事通
　　史·春秋軍事史》（北京：軍事科學出版社，1998 年），頁 86。周自
　　強：「作州兵就是取消只限三郊才能當兵的規定，擴大於三遂（諸侯
　　三郊三遂）。」見周自強：《中國經濟通史·先秦經濟卷（下）》，頁
　　1088。張廣志、李學功：「『作州兵』就是讓原來不服兵役的在野之
　　『庶』，即『州』眾服兵役和提供軍賦，即在野之庶與國人同服兵役，
　　以擴大兵源，增強軍力。」見張廣志、李學功：《三代社會形態——中
　　國無奴隸社會發展階段研究》（西安：陝西師範大學出版社，2001
　　年），頁 89。《中國戰爭發展史》認為「作州兵」與《左傳》所載其
　　他各國「作丘甲」、「作丘賦」、「使賦、數甲兵」等接近，「實質上
　　是將擴大兵源與增加稅收統一起來，以加強國家的軍事實力和戰爭潛

如是觀之，諸家釋「作州兵」無非二途：一為擴大製造兵器，謂「州」級行政單位可製兵器，使「甲兵益多」。另一為增加兵源，謂隸屬「野」之「州」級行政單位人眾——即所謂「野人」——亦具服兵役資格。然第一說未有文獻依據，即使相關可資比附類推之例亦絕無僅有，此說難令人信服。第二說服膺者甚眾，亦有學者主張此是開放野人具服兵役資格之始。上引蒙文通、金景芳皆據《管子・度地》，認為「州」既屬「野」之範圍，居「州」之州人即野人，順理成章得出「作州兵」是野人當

力。」見中國人民革命軍事博物館：《中國戰爭發展史》（北京：人民出版社，2001 年），頁 62。劉昭祥、王曉衛亦主張「作州兵」是「打破國野界限，讓原來不服兵役、只承應勞役的野人也逐步服兵役。」見王曉衛、劉昭祥：《軍制史話》（臺北：國家出版社，2005 年），頁 34。李則鳴：「『州』是平民所居『鄉』中的一級組織，作爰田接著作州兵，是為了緩和貴族與平民之間的矛盾，擴充兵力。」見李則鳴：〈春秋戰國史中幾個問題的探討〉，收入氏著：《先秦・秦漢經濟文化史略》，頁 221-241。李學勤、孟世凱：「『州』即國野制下的野人所居之地，其居民過去是無權當兵的。『作州兵』打破了野人當兵的限制，將征兵的範圍擴大到國人以外的社會階層，以增加兵源，達到『甲兵益多』的目的。」見李學勤主編，孟世凱副主編，王美鳳、周蘇平、田旭東著：《春秋史與春秋文明》（上海：上海科學技術文獻出版社，2007 年），頁 110。陳茂同：「公元前 645 年，晉國『作州兵』，廢除了過去奴隸和平民不能充當甲士的限制，擴大了徵兵範圍，引起了軍隊成分的改變。」見陳茂同：《中國歷代官事十論》（北京：昆侖出版社，2013 年），頁 97。李孟存、李尚師：「『作州兵』就是讓國人以州為單位額外交納軍賦，以挽救『以韓之戰，兵甲盡矣』（《國語・晉語》）的危機。」見李孟存、常金倉：《晉國史綱要》（太原：山西人民出版社，1988 年），頁 32。又見李孟存、李尚師：《晉國史》，頁 69-70。

兵。然須注意者，《管子·立政》及《周禮·地官·大司徒》亦
載行政系統，[70]「州」卻置於「鄉」系統，「鄉」無疑是「郊」
之範圍，如此州人尚是野人乎？陳恩林雖已注意此問題，然卻
云：

> 《周禮》所說的「州」乃是「鄉」中的一級行政組織，屬
> 於「國」的範圍。而服兵役是國人義不容辭的義務，所以
> 如果僅在國中增兵，是個「役再籍」的問題，《左傳》不
> 會以「作州兵」為名目特別表而出之。[71]

陳氏之論乍見無疑，實有先入為主之評斷，故認為「作州兵」之
「州」非「國」中之「州」。[72]有些學者淡化處理此部分資料，
因而導出偏頗結論。筆者認為若據《左傳》相關記載，「作州
兵」可有另一角度詮釋，亦可藉此說明「州」為特殊行政單位，
將於下文申論。

## 三、《左傳》「州」之層次

「州」之義可見《說文·川部》：「水中可尻者曰州，水周
繞其旁，从重川。昔堯遭洪水，民尻水中高土，故曰九州。

---

70　關於「州」於文獻所載行政制度，將於第三節說明，於此不再贅述。
71　陳恩林：《先秦軍事制度研究》，頁131。
72　陳恩林此處所言「國」，依文意當指清人焦循《群經宮室圖》「郊內為
　　國」之「國」。

《詩》曰：『在河之州。』[73]一曰州，疇也，各疇其土而生也。」段《注》：「州本州渚字，引申之乃為九州。俗乃別製洲字，而小大分係矣。」[74]「州」本義為「水中陸地可居者」，[75]即今日所謂沙洲。「州」引申為地理單位通名，故以从水之「洲」表其本義。[76]具行政單位概念之「州」，見《周禮》、《尚書·禹貢》、《禮記》、《爾雅·釋地》、《呂氏春秋》等書。

## （一）第一層次之「州」：「九州」之「州」

　　《周禮》所載具行政單位概念之「州」可分二層次：一為「九州」之「州」，一為「鄉」所轄之「州」，清人顧炎武（1613-1682）《日知錄》與清人王念孫（1744-1832）《廣雅疏證》稱前者為「大名」而後者為「小名」。[77]第一層次之「州」如《周禮·地官·大司徒》：「以天下土地之圖，周知九州之地域廣輪之數，辨其山林、川澤、丘陵、墳衍、原隰之名物。」鄭

---

[73] 原句見《毛詩·周南·關雎》：「關關雎鳩，在河之洲。」見漢·毛亨傳，漢·鄭玄注，唐·孔穎達正義：《毛詩注疏》（臺北：藝文印書館，1993年，據清嘉慶二十年（1815）江西南昌府學版影印），頁20。

[74] 漢·許慎著，清·段玉裁注：《說文解字注》，頁574。

[75] 胡阿祥：〈「芒芒禹跡，畫為九州」述論〉，收入唐曉峰主編：《九州》第3輯（北京：商務印書館，2003年），頁34-47。

[76] 周振鶴：《中國地方行政制度史》，頁212。

[77] 清·顧炎武著，黃侃、張繼校勘：《日知錄》（臺北：臺灣明倫書局，1978年），頁628。三國魏·張揖輯，清·王念孫疏證，鍾宇訊點校：《廣雅疏證》（北京：中華書局，2004年，據清嘉慶年間王氏家刻本影印），頁127。

《注》：「九州，揚、荊、豫、青、兗、雍、幽、冀、并也。」
賈《疏》：「九州，揚、荊以下，據〈職方〉周之九州而言，故
有幽、并無徐、梁。〈禹貢〉據夏以前九州，故有徐、梁無幽、
并也。」[78]賈《疏》依鄭《注》謂其所解「九州」乃「周之九
州」，本於《周禮・夏官・職方氏》；另《尚書・禹貢》之「九
州」為「夏以前九州」，[79]二者稍異。此層次之「州」尚見《禮
記・王制》：「凡四海之內九州，州方千里。州，建百里之國三
十，七十里之國六十，五十里之國百有二十，凡二百一十國；名
山大澤不以封，其餘以為附庸間田。」[80]此雖未著明「九州」之
名，然究其義當與《周禮・地官・大司徒》及《尚書・禹貢》所
言「九州」層次同。「九州」又見《爾雅・釋地》：「兩河間曰
冀州，河南曰豫州，河西曰雝州，漢南曰荊州，江南曰楊州，濟
河間曰兗州，濟東曰徐州，燕曰幽州，齊曰營州。九州。」晉人
郭璞（276-324）《注》於「齊曰營州」云：「此蓋殷制。」宋
人邢昺（932-1010）《疏》：「『此蓋殷制』者，以此文上與
〈禹貢〉不同，下與《周禮》又異，……疑是殷制也。無正文，
故云『蓋』也。」[81]《呂氏春秋・有始覽・有始》亦載「九州」
之名：「何謂九州？河、漢之間為豫州，周也。兩河之間為冀

<hr>

78　漢・鄭玄注，唐・賈公彥疏：《周禮注疏》，頁149。
79　題漢・孔安國傳，唐・孔穎達正義：《尚書注疏》（臺北：藝文印書
　　館，1993年，據清嘉慶二十年〔1815〕江西南昌府學版影印），頁77-
　　93。
80　漢・鄭玄注，唐・孔穎達正義：《禮記注疏》，頁215。
81　晉・郭璞注，宋・邢昺疏：《爾雅注疏》（臺北：藝文印書館，1993
　　年，據清嘉慶二十年〔1815〕江西南昌府學版影印），頁25。

州，晉也。河、濟之間為兗州，衛也。東方為青州，齊也。泗上為徐州，魯也。東南為揚州，越也。南方為荊州，楚也。西方為雍州，秦也。北方為幽州，燕也。」[82]內容與《周禮・夏官・職方氏》同，以鄭《注》之見則亦「周之九州」。

　　此層次之「州」亦見《左傳》，襄公四年（569 B.C.）《左傳》載晉大夫魏絳諫晉悼公莫好田獵，引用〈虞人之箴〉：「芒芒禹跡，畫為九州，經啟九道。」（頁 507-508）《正義》：「是禹所畫分也。」（頁 508）知此「九州」即鄭《注》「夏以前九州」。[83]又昭公四年《左傳》：「四嶽、三塗、陽城、大室、荊山、中南，九州之險也，是不一姓。」（頁 727）又《國語・魯語上》：「及九州名山川澤，所以出財用也。」韋《注》：「謂九州之中，名山川澤也。」[84]二處「九州」內容未詳，未知是「夏以前九州」或「周之九州」。此外，《國語・齊語》見「荊州」之名：「遂南征伐楚，濟汝，踰方城，望汶

---

82　秦・呂不韋編，漢・高誘注，陳奇猷校釋：《呂氏春秋校釋》，頁 658。

83　「夏以前九州」主要記載為《尚書・禹貢》，至於〈禹貢〉成書年代，依近人劉起釪（1917-2012）整理，主要有五說：一、成於西周時期說；二、成於春秋時期說；三、成於戰國時期說；四、成於秦統一後之說；五、其藍本出於公元前 1000 年（當商代武丁時期）前，後迭經加工修訂而成今說。劉氏主張成於戰國，見劉起釪：〈〈禹貢〉寫成年代與九州來源諸問題探研〉，收入唐曉峰主編：《九州》第 3 輯，頁 2-13。然曲英杰認為「畫分九州當為禹時實有，其於行政區劃方面著意不多，而更近於自然風物圖。」見曲英杰：〈禹畫九州考〉，收入唐曉峰主編：《九州》第 3 輯，頁 14-33。本章重點非考證九州之說形成年代，僅附列其說以為補充。

84　三國・韋昭：《國語韋昭註》，頁 120。

山，使貢絲於周而反，荊州諸侯莫敢不來服。」韋《注》謂此事見「魯僖四年」，[85]即僖公四年《左傳》載齊桓公「以諸侯之師侵蔡，蔡潰，遂伐楚」事。（頁 201-203）知此「荊州」主要指楚國，或旁及楚周邊小國。又《國語・晉語四》：「楚不可祚，冀州之土，其無令君乎？」韋《注》：「晉在冀州。」[86]此「冀州」韋《注》直云「晉在冀州」。[87]又成公十三年《左傳》：「白狄及君同州，君之仇讎，而我婚姻也。」《集解》：「及，與也。」《正義》：「《周禮・職方氏》：『正西曰雍州』，……皆秦地也。『正北曰并州』，[88]……皆晉地也。是秦屬雍而晉屬并。白狄蓋狄之西偏，屬雍州也。」（頁 462）《會箋》：「秦以同州為仇讎，晉以異州為昏姻，晉唯好是求，秦唯利是視。」[89]晉大夫呂相至秦斷絕兩國關係，列秦不是之處，述及白狄與秦同州。《正義》以《周禮・夏官・職方氏》解之，謂秦與白狄同屬雍州，晉國屬并州。傳文雖未明言此「州」層次，然依文意與經師之解，此「州」應為「九州」之「州」。《左

---

85　三國・韋昭：《國語韋昭註》，頁 174-175。

86　三國・韋昭：《國語韋昭註》，頁 257。

87　近人姜亮夫（1902-1995）認為「九」、「冀」一聲之轉，故「九州」本為「冀州」；爾後以「九」為數字，故乃有其他八州之名相應而生。本章重點不在考證「九州」，僅附列其說以為補充。見姜亮夫：〈九州說〉，收入氏著：《古史學論文集》（上海：上海古籍出版社，1996年），頁 221-223。

88　原句見《周禮・夏官・職方氏》：「正西曰雍州。……東北曰幽州。……河內曰冀州。……正北曰并州。」見漢・鄭玄注，唐・賈公彥疏：《周禮注疏》，頁 500。

89　日本・竹添光鴻：《左傳會箋》，頁 892。

傳》尚有「九州之戎」，《國語》亦有「謝西之九州」，此二者非此層次之「九州」，將於下文說明。

## （二）第二層次之「州」：行政區劃之「州」

　　第二層次之「州」見《周禮・地官・大司徒》：「令五家為比，使之相保；五比為閭，使之相受；四閭為族，使之相葬；五族為黨，使之相救；五黨為州，使之相賙；五州為鄉，使之相賓。」鄭《注》：「閭，二十五家；族，百家；黨，五百家；州，二千五百家；鄉，萬二千五百家。」[90]此行政制度為「比」、「閭」、「族」、「黨」、「州」、「鄉」六級，是以「鄉」為最高行政單位之系統。此外，《周禮》尚見以「遂」為最高行政單位之系統，〈地官・遂人〉：「遂人掌邦之野，……五家為鄰，五鄰為里，四里為酇，五酇為鄙，五鄙為縣，五縣為遂。」鄭《注》：「鄰、里、酇、鄙、縣、遂，猶郊內比、閭、族、黨、州、鄉也。鄭司農云：田野之居，其比伍之名與國中異制，故五家為鄰。」[91]《周禮》既謂「遂人」「掌邦之野」，鄭眾又云「遂」系統與「國中異制」，是「鄉」系統為「國中之制」，「遂」系統為「野中之制」，其行政制度為「鄰」、「里」、「酇」、「鄙」、「縣」、「遂」六級。第二章第四節已述清人焦循（1763-1820）《群經宮室圖》「國」分廣狹三層之論，《周禮・地官・小司徒》：「小司徒之職，掌建邦之教法，以稽國中及四郊、都鄙之夫家、九比之數。」又〈地官・比

---

90　漢・鄭玄注，唐・賈公彥疏：《周禮注疏》，頁 159。
91　漢・鄭玄注，唐・賈公彥疏：《周禮注疏》，頁 232。

長〉：「徙于國中及郊，則從而授之。」又〈地官・載師〉：
「以廛里任國中之地，以場圃任園地，以宅田、士田、賈田任近
郊之地，以官田、牛田、賞田、牧田任遠郊之地。」又〈地官・
閭師〉：「閭師：掌國中及四郊之人民、六畜之數。」又〈地
官・司救〉：「凡歲時有天患民病，則以節巡國中及郊野，而以
王命施惠。」又〈地官・質人〉：「凡治質劑者，國中一旬，郊
二旬，野三旬，都三月。」又〈秋官・司民〉：「辨其國中與其
都鄙及其郊野，異其男女。」[92]上揭諸文將「國」、「郊」或
「近郊」、「遠郊」對舉，知「國」與「郊」所指區域的確不
同，可證上述之「國」為焦循定義最狹義之國——「城中曰國」
之「國」。若以上引鄭《注》所言「鄰、里、酇、鄙、縣、遂，
猶郊內比、閭、族、黨、州、鄉也」，知「郊內」即鄭眾所指
「國中之制」，此「國」乃焦循所言第二層次之國——「郊內曰
國」之「國」。若依鄭《注》，「郊內曰國」之「國」設若干
「鄉」為行政單位以分域治理。「郊內曰國」之「國」外即上引
〈地官・遂人〉「遂人掌邦之野」之「野」，「野」設若干
「遂」以分域治理。《周禮》除上述「鄉」、「遂」系統而另有
「采地」系統，見〈地官・小司徒〉：「九夫為井，四井為邑，
四邑為丘，四丘為甸，四甸為縣，四縣為都。」鄭《注》：「采
地制井田異於鄉、遂。」《正義》：「此小司徒佐大司徒掌其都
鄙，都鄙則三等采地是也。」[93]知「采地」系統行政制度為
「井」、「邑」、「丘」、「甸」、「縣」、「都」六級。將上

---

[92] 漢・鄭玄注，唐・賈公彥疏：《周禮注疏》，頁 168、187、198、
202、214、226、534。

[93] 漢・鄭玄注，唐・賈公彥疏：《周禮注疏》，頁 170-171。

述《周禮》三套行政制度製成「表一」：[94]

表一、《周禮》行政制度

| 「鄉」行政制度 | 「遂」行政制度 | 「采地」行政制度 |
|---|---|---|
| 比（5 家） | 鄰（5 家） | 井（9 家） |
| 閭（5 比） | 里（5 鄰） | 邑（4 井） |
| 族（4 閭） | 酇（5 里） | 丘（4 邑） |
| 黨（5 族） | 鄙（5 酇） | 甸（4 丘） |
| 州（5 黨） | 縣（5 鄙） | 縣（4 甸） |
| 鄉（5 州） | 遂（5 縣） | 都（4 縣） |

除《周禮》外，《管子》有二篇述及「州」為行政制度。〈立政〉：「分國以為五鄉，鄉為之師。分鄉以為五州，州為之長。分州以為十里，里為之尉。分里以為十游，游為之宗。十家為什，五家為伍，什伍皆有長焉。」此系統行政制度為「伍」、「游」、「里」、「州」、「鄉」五級。又〈度地〉：「故百家為里，里十為術，術十為州，州十為都。」此系統為「里」、「術」、「州」、「都」四級行政單位。《管子‧乘馬》亦見行政制度，雖未提及「州」，可與前二者比較：「五家而伍，十家而連，五連而暴。五暴而長，命之曰某鄉。四鄉命之曰都，邑制

---

94 本表參見李零〈中國古代居民組織兩大類型及其不同來源——春秋戰國時期齊國居民組織試析〉，唯李氏稱「采地」系統為「都鄙」系統。筆者認為鄭《注》、賈《疏》已釋第三套系統為采地制，當以此稱為宜。見李零：〈中國古代居民組織兩大類型及其不同來源——春秋戰國時期齊國居民組織試析〉，原載《文史》第 28 輯（北京：中華書局，1987年），頁 59-75；收入氏著：《待兔軒文存‧讀史卷》（桂林：廣西師範大學出版社，2011 年），頁 143-164。

也。」[95]此系統行政制度分「伍」、「連」、「暴」、「長」、「鄉」、「都」六級單位。另外，《銀雀山漢墓竹簡》有〈田法〉，學者多認為反映戰國時事，[96]更有學者主張是戰國齊國制度。[97]〈田法〉：「五十家而為里，十里而為州，十鄉（州）而為州（鄉）。」[98]第三句「鄉」、「州」二字當為倒易，此系統行政制度分「里」、「州」、「鄉」三級。將上引《管子》及《銀雀山漢墓竹簡・田法》所載行政制度製成「表二」：[99]

### 表二、《管子》、《銀雀山漢墓竹簡・田法》行政制度

| 《管子・立政》 | 《管子・乘馬》 | 《管子・度地》 | 《銀雀山漢墓竹簡・田法》 |
|---|---|---|---|
| 伍（5 家） | 伍（5 家） | | |
| 游（10 家） | 連（10 家） | | |

---

95　題周・管仲著，黎翔鳳校注，梁運華整理：《管子校注》，頁 65、1051、89。

96　田昌五：〈談臨沂銀雀山竹書中的田制問題〉，《文物》1986 年第 2 期（1986 年 3 月），頁 57-62。張金光：〈從銀雀山竹書〈田法〉等篇中看國家授田制〉，《管子學刊》1990 年第 4 期（1990 年 12 月），頁 54-58。楊兆榮：〈銀雀山竹書田法同於李悝田法──與田昌五先生商榷〉，《思想戰線》1996 年第 3 期（1996 年 6 月），頁 87-94。

97　胡家聰：〈〈乘馬〉著作時代考析──兼與竹書〈田法〉比較〉，《管子學刊》1992 年第 2 期（1992 年 7 月），頁 3-5。李根蟠：〈從銀雀山竹書〈田法〉看戰國畝產和生產率〉，《中國史研究》1999 年第 4 期（1999 年 11 月），頁 28-35。

98　吳九龍：〈銀雀山漢簡齊國法律考析〉，《史學集刊》1984 年第 4 期（1984 年 12 月），頁 14-20。

99　本表參見李零：〈中國古代居民組織兩大類型及其不同來源──春秋戰國時期齊國居民組織試析〉，《待兔軒文存・讀史卷》，頁 143-164。

| 里（10 游） | 暴（5 連） | 里（100 家） | 里（50 家） |
|---|---|---|---|
| 州（10 里） | 長（5 暴） | 術（10 里） | 州（10 里） |
| 鄉（5 州） | 鄉（？長） | 州（10 術） | 鄉（10 州） |
|  | 都（4 鄉） | 都（10 州） |  |

　　從「表一」、「表二」知第二層次之「州」或置「鄉」之下，或為「都」所轄。以《周禮》三套行政制度言之，隸屬「鄉」之「州」乃「國中系統」，《管子・度地》隸屬「都」之「州」係「采地系統」。「州」無論屬「鄉」或「都」，皆是基層行政單位，與第一層次「九州」之「州」相較，範圍與規模差異頗鉅。《左傳》或《國語》是否有第二層次之「州」？《國語・楚語下》：「於是乎合其州鄉朋友婚姻，比爾兄弟親戚。」[100]韋《注》於此無注，然「州」、「鄉」連言，推測此「州」或指第二層次之「州」，即「鄉」轄之「州」。《左傳》有七則「○州」形式地名，是否亦為第二層次之「州」？留待下節說明。

## （三）《左傳》、《國語》見多國設「鄉」、「里」、「都」

　　在此須釐清更重要問題：春秋時諸侯分治，是否遵守「表一」、「表二」所載行政區劃制度？《周禮》諸書所記行政制度如此規整，顯然經後人整理而成；雖未可全然相信，卻有史料價值。尤其「鄉」、「里」、「都」等行政單位可見於數國，如宣公十一年《左傳》：「（楚）乃復封陳。鄉取一人焉以歸，謂之

---

[100] 三國・韋昭：《國語韋昭註》，頁 407。

夏州。」（頁 384）又襄公九年《左傳》：「九年春，宋災。……二師令四鄉正敬享。」（頁 523-524）又襄公十五年《左傳》：「宋人或得玉，獻諸子罕。……稽首而告曰：『小人懷璧，不可以越鄉，納此以請死也。』」又《國語‧齊語》：「管子于是制國：……十連為鄉，鄉有良人焉。」又〈晉語七〉：「午之少也，婉以從令，游有鄉，處有所，好學而不戲。」又〈晉語九〉：「范獻子聘于魯，問具山、敖山，魯人以其鄉對。」韋《注》：「言其鄉之山也。」又上引〈楚語下〉「於是乎合其州鄉朋友婚姻，比爾兄弟親戚。」[101]知陳、宋、齊、晉、魯、楚皆設「鄉」。

　　諸國設「里」者見僖公十八年《左傳》：「梁伯益其國而不能實也，命曰新里，秦取之。」（頁 238）又宣公三年《左傳》：「誘子華而殺之南里，使盜殺子臧於陳、宋之間。」《集解》：「南里，鄭地。」又襄公九年《左傳》：「九年春，宋災，樂喜為司城以為政，使伯氏司里。」《集解》：「司里，里宰。」（頁 522）又襄公二十五年《左傳》：「崔氏側莊公于北郭。丁亥，葬諸士孫之里。」《集解》：「士孫，人姓，因名里。」（頁 620）又《國語‧周語中》：「定王使單襄公聘于宋，遂假道于陳。……司里不授館。」韋《注》：「司里，里宰。」又〈魯語上〉：「若罪也，則請納祿與車服而違署，唯里人所命次。」韋《注》：「里人，里宰也。」[102]知梁、鄭、宋、齊、陳、魯皆設「里」。

---

[101] 三國‧韋昭：《國語韋昭註》，頁 165-166、318、350、407。
[102] 三國‧韋昭：《國語韋昭註》，頁 51-52、121。

　　此外，莊公二十八年《左傳》：「凡邑：有宗廟先君之主曰
都，無曰邑。」《集解》：「《周禮》：『四縣為都，四井為
邑。』[103]然宗廟所在，則雖邑曰都，尊之也。」（頁 178）《左
傳》作者設凡例標舉「都」之地位，當是當時諸國之制。隱公元
年《左傳》：「請京，使居之，謂之京城大叔。祭仲曰：『都，
城過百雉，國之害也。』」（頁 35）此「都」乃鄭之京。又閔
公元年《左傳》：「還，為太子城曲沃。……士蒍曰：『太子不
得立矣。分之都城，而位以卿。』」（頁 188）此「都」乃晉之
曲沃。又成公九年《左傳》：「楚子重自陳伐莒，圍渠丘。渠丘
城惡，眾潰，奔莒。戊申，楚入渠丘。……楚師圍莒。莒城亦
惡，庚申，莒潰。楚遂入鄆，莒無備故也。……莒恃其陋，而不
修城郭，浹辰之間，而楚克其三都，無備也夫！」（頁 448-
449）此三「都」係莒之渠丘、莒與鄆。又昭公十三年《左
傳》：「曰：『若入於大都，而乞師於諸侯。』王曰：『皆叛
矣。』」（頁 806）知楚亦設「都」。又定公十二年《左傳》：
「仲由為季氏宰，將墮三都。」《集解》：「三都，費、郈、成
也。」（頁 989）知魯有費、郈、成三「都」。鄭、晉、莒、
楚、魯等國皆有「都」，諸國設「鄉」、「里」者有六，各國當
普設「鄉」、「里」、「都」。

　　因史料不足而未能確證諸國行政制度井然一致，然可推測當
有趨近之可能。下文所論《左傳》「○州」形式地名散見楚、
齊、秦、衛等國，應非巧合偶然，疑因其有共同性質而皆稱「○

---

[103] 原句見《周禮・地官・小司徒》：「四井為邑，……四縣為都。」見
　　漢・鄭玄注，唐・賈公彥疏：《周禮注疏》，頁 170-171。

州」之名。

# 四、《左傳》「○州」地名分析

## （一）楚國夏州

　　宣公十一年（598 B.C.）《左傳》載楚莊王討陳國夏氏之亂，後滅陳為縣。楚莊王聽大夫申叔時建議「乃復封陳」，並「鄉取一人焉以歸，謂之夏州。」《集解》：「州，鄉屬，示討夏氏所獲也。」《正義》：「謂之夏州者，討夏氏，鄉取一人以歸楚而成一州，故謂之夏州。」（頁 383-384）清人江永（1681-1762）《春秋地理考實》謂夏州在「北岸江、漢合流之間，其後漢水遂有夏名，而夏之名義更廣。」[104]《左傳注》據此謂「夏州蓋在今湖北省武漢市之漢陽北。」[105]依傳文知楚莊王雖復封陳國，然為旌揚滅陳之功，將陳所屬諸鄉各取一人返楚，將其置於夏州。《集解》以為既言「鄉取一人以歸」，依《周禮·地官·大司徒》知此乃「鄉」轄之「州」，謂夏州為「鄉」屬。今截取近人譚其驤（1911-1992）《中國歷史地圖集》（以下簡稱《地圖集》）為「圖一」，依江永與《左傳注》之見標記夏州位置。[106]

---

104　清·江永：《春秋地理考實》，收入清·阮元編：《皇清經解春秋類彙編》第 1 冊（臺北：藝文印書館，1986 年，據學海堂本影印），頁 852。

105　楊伯峻：《春秋左傳注》，頁 715。

106　譚其驤主編：《中國歷史地圖集》（臺北：曉園出版社，1991 年），頁 26-27。

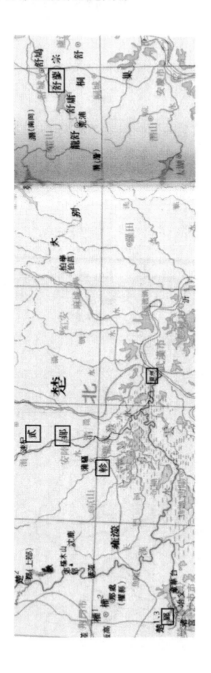

圖一、楚國部分疆域圖

依「圖一」知夏州距楚都似甚遼遠，實則魯宣公十一年、即楚莊
王十六年時，楚於長江流域腹地至少已向東推進至舒蓼。「圖
一」與夏州相距不遠之鄖首見桓公十一年《左傳》：「楚屈瑕將
盟貳、軫。鄖人軍於蒲騷，將與隨、絞、州、蓼伐楚師。」《集
解》：「鄖國，在江夏雲杜縣，東南有鄖城。蒲騷，鄖邑。」
（頁 122）《會箋》：「漢之雲杜，為今湖北安陸府京山縣。」
《左傳注》：「據《括地志》及《元和郡縣圖》則當在今安陸
縣，恐今安陸縣一帶皆古鄖國。」[107]「圖一」即依《左傳注》
將鄖標於今湖北省安陸縣一帶。鄖原為國，成公七年《左傳》：
「楚子重伐鄭，師于氾。諸侯救鄭。鄭共仲、侯羽軍楚師，囚鄖
公鍾儀，獻諸晉。」唐人陸德明（550？-630）《經典釋文》謂
「鄖，本亦作員，音云，邑名。」（頁 443）知此時鄖已滅於楚
而設為縣，故《左傳》稱鍾儀為鄖公，乃鄖縣行政長官。鄖何時
為楚所滅？《左傳》未詳載，僅知魯成公七年（584 B.C.）、即
楚共王七年時鄖已是楚縣。舒蓼滅於魯宣公八年（601 B.C.）、
即楚莊王十三年，《春秋經》：「楚人滅舒蓼。」同年《左
傳》：「楚為眾舒叛，故伐舒蓼，滅之。楚子疆之。及滑汭，盟
吳、越而還。」《集解》：「舒蓼，二國名。正其界也。滑，水
名。」《正義》：「『舒蓼，二國名』者，蓋轉寫誤，當云一國
名。」（頁 379）《會箋》：「滑汭當在今安徽廬州府東境，蓋
楚拓疆至滑汭之界也」；《左傳注》亦謂滑汭「當在今合肥市、

---

[107] 日本・竹添光鴻：《左傳會箋》，頁 167。楊伯峻：《春秋左傳注》，
頁 130。

廬江縣之東，而在巢縣、無為之間。」[108]《左傳》言楚莊王滅舒蓼後乃「疆之」，《集解》謂「正其界也。」楊氏釋「疆」有「劃定界線」義，陳克炯亦解為「確定疆界」；[109]知此時楚國東疆已達舒蓼一帶。以地望推之，知夏州處楚國腹地核心。即使如此，夏州至郢都直線距離仍甚遠，此地是否屬楚「郊內曰國」之「國」實待商榷。《周禮》已謂第二層次之「州」隸於「鄉」，而「鄉」乃「郊內曰國」之「國」行政單位。若夏州已非楚「郊內曰國」之「國」範圍，則《集解》謂夏州之「州」為「鄉屬」恐無法確知。

## （二）齊國平州、秦國瓜州、魯國陽州、衛國外州、齊國舒州

　　宣公元年《春秋經》：「公會齊侯于平州。」同年《左傳》：「會于平州，以定公位。」《集解》：「平州，齊地，在泰山牟縣西。」（頁 360）《集解》未言平州為「鄉屬」，僅謂是齊地。又襄公十四年《左傳》載晉大夫范宣子士匄謂戎子駒支：「昔秦人迫逐乃祖吾離于瓜州，乃祖吾離被苫蓋、蒙荊棘來歸我先君。」《集解》謂此「姜戎氏」為「四嶽之後，皆姓姜；又別為允姓。瓜州，地在今燉煌。」（頁 557-558）允姓之戎亦出自瓜州，昭公九年《左傳》：「故允姓之姦居于瓜州。」《集解》：「允姓，陰戎之祖，與三苗俱放三危者。瓜州，今敦

---

108　日本・竹添光鴻：《左傳會箋》，頁 719。楊伯峻：《春秋左傳注》，頁 696。

109　楊伯峻：《春秋左傳詞典》，頁 989。陳克炯：《左傳詳解詞典》，頁 844。

煌。」（頁779）瓜州是否如《集解》所言為敦煌？近人顧頡剛
（1893-1980）〈九州〉以為當在「關中秦嶺一帶」；[110]余太山
《古族新考》收錄〈允姓之戎考〉，謂瓜州「很可能在涇水上
游，今平涼至固原一帶。」[111]《地圖集》從顧氏之見，[112]本章
亦從顧氏之說。又襄公三十一年《左傳》有陽州：「齊子尾害閭
丘嬰，欲殺之，使帥師以伐陽州。」《集解》：「陽州，魯
地。」（頁685）陽州又見昭公二十五年《春秋經》、《左
傳》，《集解》：「陽州，齊、魯竟上邑。」（頁887）陽州重
見定公八年《左傳》：「公侵齊，門于陽州。」《集解》：「攻
其門。」（頁963）此時陽州已為齊地，故謂魯定公攻陽州之
門。知陽州處齊、魯邊境，初為魯國所有，後由齊國佔領。又哀
公十一年《左傳》有外州：「或淫于外州，外州人奪之軒以
獻。」《集解》：「外州，衛邑。」（頁1018）《集解》僅言
外州是衛邑，未言為「鄉屬」。又哀公十四年（481 B.C.）《春
秋經》、《左傳》有舒州，《春秋經》：「齊陳恆執其君，寘于
舒州」；又曰：「齊人弒其君壬于舒州。」（頁1030-1031）此
舒州《史記·田敬仲完世家》作徐州，唐人張守節（?-?，活
動於武則天〔690-705 在位〕時期）《史記正義》：「齊之西北
界上地名，在勃海郡東平縣。」[113]江永亦贊張氏之說，謂其在

---

[110] 顧頡剛：〈九州〉，收入氏著：《史林雜識初編》（北京：中華書局，
　　 1963年），頁46-53。

[111] 余太山：《古族新考》（北京：中華書局，2000年），頁58。

[112] 地圖請見下文「圖三」。

[113] 漢·司馬遷著，劉宋·裴駰集解，唐·司馬貞索隱，唐·張守節正義，
　　 日本·瀧川龜太郎考證：《史記會注考證》，頁715。

「順天府大城縣界，此齊之極北與燕界者也」；[114]《會箋》、
《左傳注》皆同此說。[115]

## （三）衛國戎州

最後是哀公十七年《左傳》之戎州：「初，公登城以望，見
戎州。」《集解》：「戎州，戎邑。言姬姓國何故有戎邑。削壞
其邑聚。」（頁 1046）《會箋》：

> 戎州，戎人之邑也。隱七年「戎伐凡伯於楚丘」，今山東
> 曹州府曹縣偶楚丘故城，即漢己氏縣。然《傳》云「公登
> 城以望，見戎州」；又云：「公自城上見己氏之妻髮
> 美」，皆言衛城，蓋衛之城外有己氏人居之，謂之戎州，
> 非謂衛侯登衛城能望見曹縣之戎州也。[116]

《會箋》述及隱公七年《春秋經》「戎伐凡伯于楚丘以歸」事，
《集解》謂此楚丘為「衛地，在濟陰城武縣西南。」（頁 71）
《會箋》以此楚丘在「山東曹州府曹縣東南五十里」，「與衛文
公所遷楚丘在滑之白馬者，兩地縣殊。」[117]《大事表》有〈春
秋兩楚丘辨〉，言「戎州己氏，地界曹、宋間，宋之楚丘與戎伐

114 清·江永：《春秋地理考實》，收入清·阮元編：《皇清經解春秋類彙
    編》第 1 冊，卷 254，頁 38。
115 日本·竹添光鴻：《左傳會箋》，頁 1966。楊伯峻：《春秋左傳
    注》，頁 1680-1681。
116 日本·竹添光鴻：《左傳會箋》，頁 2002。
117 日本·竹添光鴻：《左傳會箋》，頁 72。

凡伯之楚丘為一，差為近是也。」[118]《左傳注》亦從《大事表》之見，主張隱公七年《春秋經》之楚丘「當為戎州己氏之邑，地界曹國與宋國之間」；[119]知二楚丘不可混為一談。哀公十七年（478 B.C.）《左傳》記衛莊公登國都「城」上，見「城」外有戎人居住，故派軍「翦之」。《孟子·公孫丑下》：「三里之城，七里之廓。」[120]《戰國策·齊策六·田單將攻狄》：「臣以五里之城，七里之郭，破亡餘卒。」[121]知「城」、「郭」「存在著一種比例關係」，[122]亦不難見出二者距離遠近。若此「城」是城郭之內「城」，則衛莊公所見戎州定在內「城」與外「郭」間。然就情理言，內「城」與外「郭」間是焦循定義最狹義之國──「城內曰國」之「國」，豈容戎人聚居國都內「城」與外「郭」而國君竟渾然不知？知此「城」非指內「城」而是外「郭」。第二章已述《左傳》「城」、「郭」常混同不分，《左傳》謂衛莊公於「城」上見城外戎人居戎州，甚至能見戎州己氏之妻秀髮，當是在「郭」上望見「郭」牆外，此釋較合情理。此段記載尚見《呂氏春秋·似順論·慎小》：「衛莊公立，欲逐石圃，登臺以望，見戎州而問之曰：『是何為者也？』侍者曰：『戎州也。』莊公曰：『我姬姓也，戎人安敢居

---

[118] 清·顧棟高著，吳樹平、李解民點校：《春秋大事表》，頁 889-890。

[119] 楊伯峻：《春秋左傳注》，頁 53。

[120] 漢·趙岐注，宋·孫奭疏：《孟子注疏》，頁 72。

[121] 漢·劉向輯錄：《戰國策》（臺北：里仁書局，1990 年，據清嘉慶八年（1803）黃丕烈《士禮居叢書》本點校排印），頁 467。

[122] 劉敘杰：《中國古代建築史·第 1 卷·原始社會、夏、商、周、秦、漢建築》（北京：中國建築工業出版社，2009 年），頁 226。

國?』使奪之宅，殘其州。」[123]《左傳注》謂「不論登城或登臺，皆不得見他邑人之髮，故江永《考實》謂『衛之城外有己氏人居之，謂之戎州』；[124]沈欽韓《補注》又謂『州者，是其州黨之名』，[125]皆合情理。」[126]戎人居衛都帝丘「郭」牆外似有一段時日，故《呂氏春秋》載衛莊公詢問何以有戎人居此時，侍者立刻回答曰戎州。此外，《左傳》記衛莊公處置戎州曰「翦之」，《呂氏春秋》記云「奪之宅，殘其州」，兩者略有差異。《左傳》先記衛莊公「翦」戎州，後載戎州人攻衛莊公而殺太子疾及公子青，此「翦」顯非殺滅義。《左傳》又言「公入于戎州己氏」，知戎人之田宅居室未被破壞殆盡。故《左傳注》主張「翦之」是「謂毀其州黨聚落並掠其財物也，非謂殺其人。」[127]知戎人於此經營一段時日，方能有田宅財物。戎人何時於衛都帝丘「郭」牆外聚居生活，可從裝莊公事蹟推測。衛莊公蒯聵於魯定公十四年（496 B.C.）、即衛靈公三十九年時，以衛世子身分奔宋，[128]三年後晉將蒯聵送返衛之戚邑；[129]十四年後蒯聵

---

[123] 秦・呂不韋編，漢・高誘注，陳奇猷校釋：《呂氏春秋校釋》，頁1681。

[124] 清・江永：《春秋地理考實》，收入清・阮元編：《皇清經解春秋類彙編》第1冊，卷254，頁39。

[125] 清・沈欽韓：《春秋左氏傳地名補注》，收錄清・王先謙編：《經解續經解春秋類彙編》，頁2677。

[126] 楊伯峻：《春秋左傳注》，頁1710。

[127] 楊伯峻：《春秋左傳注》，頁1710。

[128] 定公十四年《春秋經》：「衛世子蒯聵出奔宋。」（頁983）

[129] 哀公二年《春秋經》：「晉趙鞅帥師納衛世子蒯聵于戚。」（頁993）

方由戚邑至衛都帝丘即位。[130]上述戎州之事載於魯哀公十七年，即衛莊公即位後第二年；《左傳》又曰：「初，公登城以望，見戎州」，此「初」極可能是衛莊公即位時。若戎人居衛都帝丘「郭」牆外發生於衛莊公未出奔前，衛莊公無由不知此事；推測戎人居此，當在衛莊公出奔後至即位前，總計十七年之久。上文已述戎人聚居於此而有田宅財產，推測應有一段時日經營。由傳文推測此戎州應無牆垣，衛莊公方能從「郭」牆望見「己氏之妻髮美」。

## （四）　「○州」地名分布分析

上引《左傳》「○州」是否為第二節所言，乃「鄉」轄之「州」？以宣公十一年《左傳》夏州之例，似有道理。此外，哀公十七年《左傳》之戎州臨近衛都「郭」牆外，似亦「鄉」轄之「州」。然上文已述陽州在齊、魯邊境，初為魯邑而後為齊所奪。哀公十四年《春秋經》、《左傳》之舒州已在齊西北邊境與燕界臨，應不屬「郊內曰國」之「國」，故此「州」當非第二層次「鄉」轄之「州」。此外，宣公元年（608 B.C.）《春秋經》之平州雖是齊地，然已在齊南境。今引《地圖集》為「圖二」，且標示平州位置於下圖。[131]

---

[130] 哀公十六年《春秋經》：「衛世子蒯聵自戚入于衛，衛侯輒來奔。」（頁 1041）

[131] 譚其驤主編：《中國歷史地圖集》，頁 26-27。

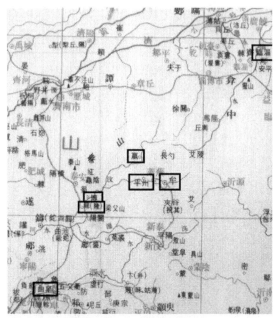

**圖二、齊、魯部分疆域圖**

依「圖二」知平州左近有牟，桓公十五年《春秋經》：「邾人、
牟人、葛人來朝。」《集解》：「牟國，今泰山牟縣。」（頁
127）又僖公五年《春秋經》：「公孫茲如牟」；同年《左
傳》：「公孫茲如牟，娶焉。」《集解》：「叔孫戴伯娶於牟
卿。」（頁 204-207）《會箋》：「牟，……今泰安府萊蕪縣東
二十里有牟城，僖五年公孫茲如牟，即此。」（頁 181）《左傳
注》亦謂牟當在「今山東省萊蕪縣東二十里」；[132]知牟為齊、
魯間小國。平州右鄰博、嬴，哀公十一年《左傳》：「為郊戰

---

[132] 日本·竹添光鴻：《左傳會箋》，頁 181。楊伯峻：《春秋左傳注》，
頁 142。

故，公會吳子伐齊。五月，克博。壬申，至于嬴。」《集解》：
「博、嬴，齊邑也，二縣皆屬泰山。」（頁 1017）《會箋》言
「博城在山東泰安府泰安縣東南三十里。……嬴亦在境內，〈檀
弓〉延陵季子葬子於嬴、博之間，知二邑固相近也。」《左傳
注》亦謂博在「今泰安縣東南三十里舊縣村」，嬴在「萊蕪縣西
北。」[133]博之南有龍，見成公二年《左傳》：「齊侯伐我北
鄙，圍龍。」《集解》：「龍，魯邑，在泰山縣西南。」（頁
421）《會箋》謂「今山東泰安府泰安縣東南五十里有龍鄉
城」，即此龍邑。《左傳注》亦言龍「在今山東泰安縣東南。」
[134]知平州處齊南鄙邊境，已臨近牟、魯二國，推測此地應不屬
齊「郊內曰國」之「國」，極可能已是「國」外之「野」。平州
既不在「郊內曰國」之「國」，則平州之「州」當不是上節所言
第二層次「鄉」轄之「州」。

　　顧氏謂瓜州在「關中秦嶺一帶」，《地圖集》從顧氏，今截
取為「圖三」：[135]

---

[133] 日本・竹添光鴻：《左傳會箋》，頁 1940。楊伯峻：《春秋左傳
注》，頁 1661。

[134] 日本・竹添光鴻：《左傳會箋》，頁 806。楊伯峻：《春秋左傳注》，
頁 786。

[135] 譚其驤主編：《中國歷史地圖集》，頁 22-23。

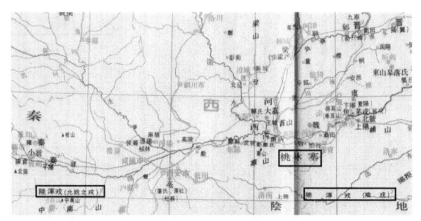

**圖三、晉、秦部分疆域圖**

《地圖集》下方標示陸渾戎（允姓之戎），即昭公九年《左傳》
「故允姓之姦居于瓜州」之瓜州。瓜州處秦嶺、中南山一帶，雖
地近秦都，然是否屬秦「郊內曰國」之「國」，因文獻不足徵而
未知。僖公二十二年《左傳》：「秦、晉遷陸渾之戎于伊川。」
《集解》：「允姓之戎，居陸渾，在秦、晉西北，二國誘而徙
之，伊川遂從戎號，至今為陸渾縣。」（頁 247）知陸渾戎於魯
僖公二十二年（638 B.C.）時，由秦、晉遷徙至伊川之地——即
《左傳注》所言「伊水所經之地」，[136]今伊水流域一帶地區。
又昭公九年《左傳》：「周甘人與晉閻嘉爭閻田。晉梁丙、張趯
率陰戎伐潁。」《集解》：「陰戎，陸渾之戎。」（頁 778）江
永認為「陸渾近陰地，故曰陰戎。」[137]《會箋》謂「宣二年

---

[136] 楊伯峻：《春秋左傳注》，頁 230。

[137] 清‧江永：《春秋地理考實》，收入清‧阮元編：《皇清經解春秋類彙
編》第 1 冊，卷 254，頁 17。

《注》云：『陰地，河南山北，自上雒以至陸渾。』[138]陸渾戎所以兼號陰戎者為此。」[139]知陸渾戎又因地近陰地而稱陰戎。此外，昭公二十二年《左傳》：「晉籍談、荀躒帥九州之戎及焦、瑕、溫、原之師，以納王于王城。」《集解》：「九州戎，陸渾戎，十七年滅，屬晉。州，鄉屬也，五州為鄉。」（頁874）依《集解》知陸渾戎稱九州之戎，乃因晉滅陸渾戎，將其地改設九州。此九州之「州」《集解》謂為「鄉屬」，又言「五州為鄉」，指原屬陸渾戎之地設置九州，故稱九州之戎。九州之戎又見哀公四年《左傳》：「士蔑乃致九州之戎，將裂田以與蠻子而城之，且將為之卜。」《集解》：「九州戎，在晉陰地陸渾者。」（頁1000）《會箋》謂「十七年荀吳滅陸渾之戎，陸渾子奔楚，其餘服屬於晉，謂之九州戎。」《左傳注》謂《左傳》「致」字之義「猶言召集，謂召集九州戎各部落之長。」[140]以此言之，似九州之戎之「九州」乃九個「鄉」轄之「州」。陸渾戎首領陸渾子為晉所敗而奔楚，餘部由晉收編而分置「九州」——九個「鄉」轄之「州」，故稱九州之戎。

顧氏另有一說，主張「『九』（kiu）、『瓜』（kua）同在見紐，其古音同為kao，今粵語猶然，音同故假借，謂之曰『九

---

[138] 原句見宣公二年《左傳》：「晉趙盾救焦，遂自陰地，及諸侯之師侵鄭。」《集解》：「陰地，晉河南山北自上洛以東至陸渾。」（頁364）

[139] 日本‧竹添光鴻：《左傳會箋》，頁1483。

[140] 日本‧竹添光鴻：《左傳會箋》，頁1650。楊伯峻：《春秋左傳注》，頁1627。

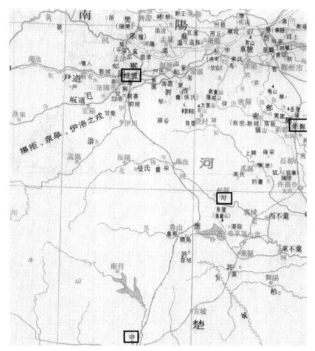

**圖四、周、鄭、楚部分疆域圖**

州之戎』者等於言『瓜州之戎』也。」[141]「九」字上古音為見母幽部而「瓜」為見母魚部，[142]顧氏謂可為通假，故九州之戎實瓜州之戎。《國語・鄭語》記鄭桓公欲遷東土，詢問史伯何處可安身立命：「公曰：『謝西之九州，何如？』對曰：『其民沓貪而忍，不可因也。』」韋《注》：「謝，宣王之舅申伯之國，今在南陽。謝西有九州，二千五伯家曰州。何如，問可居否。

---

141　顧頡剛：〈九州〉，收入氏著：《史林雜識初編》，頁 46-53。

142　郭錫良：《漢字古音手冊》（北京：北京大學出版社，1986 年），頁 180、11。

沓，黷也。忍，忍行不義。因，就也。」[143]關於謝西之九州，清人俞正燮（1775-1840）《癸巳存稿》卷二「鄭語」條：「為今南陽西山中地，時有九族，其民貪沓而忍。」[144]俞氏所指「南陽西山中地」，乃今河南省南陽市西部山陵之地。謝是周宣王時之申國，即春秋之申邑，今截取《地圖集》為「圖四」。[145]

　　〈鄭語〉謂謝西之九州之民「沓貪而忍」，意指輕慢不恭、貪求利益、忍行不義。隱公九年《左傳》記鄭公子突描述戎師：「戎輕而不整，貪而無親；勝不相讓，敗不相救。先者見獲，必務進；進而遇覆，必速奔。後者不救，則無繼矣。」《正義》：「服虔云：先者見獲，言必不往相救，各自務進，言其貪利也。」（頁76-77）《左傳注》謂戎人「輕率而無秩序，貪圖而不團結，故戰勝則爭利而不相讓，戰敗則貪生而不相救。」[146]又襄公四年《左傳》：「戎狄無親而貪。」（頁506）知戎人貪利可不顧親誼。又《國語‧周語中》：「夫戎、狄，冒沒輕儳，貪而不讓。其血氣不治，若禽獸焉。」韋《注》：「冒，抵觸也。沒，入也。儳，進退上下無列也。」[147]清人汪中（1745-1794）《國語校訛》：「冒沒，即『冒昧』，語之轉。」[148]清人陳瑑（？-？）《國語翼解》：「輕儳，猶輕賤也。……冒沒，

---

[143] 三國‧韋昭：《國語韋昭註》，頁370。

[144] 清‧俞正燮：《癸巳存稿》（臺北：世界書局，1977年），頁34。

[145] 譚其驤主編：《中國歷史地圖集》，頁24-25。

[146] 楊伯峻：《春秋左傳注》，頁66。

[147] 三國‧韋昭：《國語韋昭註》，頁49。

[148] 清‧汪中著，田漢雲點校：《新編汪中集》（揚州：廣陵書社，2005年），頁35。

猶蒙昧，亦聲相近。」[149]考諸上古音，「冒」為明母幽部而
「蒙」為明母東部，二字聲母相同；「沒」、「昧」同為明母物
部，[150]二字聲韻相同。「冒沒輕儳」係鹵莽昏昧、身分輕賤之
意。〈周語中〉以「冒沒輕儳，貪而不讓」描述戎、狄民族性
格，貪而不讓可與隱公九年（714 B.C.）、襄公四年《左傳》印
證，此即〈鄭語〉「沓貪而忍」之「貪」。「冒沒輕儳」與〈鄭
語〉「沓貪而忍」之「沓」相符，指輕慢鹵莽、不知禮義。史伯
以「冒沒輕儳，貪而不讓」描述謝西九州之民性格，似指戎人。
此外，若以方位言，春秋時九州之地確在申之西方偏北，概言之
可稱謝西，推測《左傳》九州之戎之九州或即〈鄭語〉謝西之九
州。

　　學者或許質疑：若依筆者推論，則西周之末、春秋之初，鄭
桓公東徙時已有謝西之九州，何以遲至昭公二十二年（520
B.C.）、哀公四年（491 B.C.）《左傳》，陸渾戎為晉滅後方稱
九州之戎？《國語》性質近世學者有不同意見，如顧頡剛謂
「《國語》所說的史實的信實的程度，和《三國演義》差不多，
事件是真的，對於這件事情的描寫很多是假的。又它經過了漢代
人的竄亂，當然裡邊說的古代史事雜糅著漢代的成分。」[151]然
仍有學者持肯定角度，主張《國語》有重要史料價值。至於《國
語》成書年代，近人章炳麟（1868-1936）認為作者為左丘明，

---

[149] 清·陳瑑：《國語翼解》（北京：中華書局，1991 年，據《史學叢
書》本排版），頁 18。

[150] 郭錫良：《漢字古音手冊》，頁 160、270、26、135。

[151] 顧頡剛：《中國上古史研究講義》（臺北：洪葉文化事業公司，1994
年），頁 16。

成書於左丘明晚年。[152]張永路言成書於西元前 243 年，[153]即春
秋晚期。張鶴《《國語》研究》將學者研究《國語》成書年代成
果分為五類：[154]（一）春秋末戰國初期；[155]（二）戰國中期；
[156]（三）戰國晚期；[157]（四）《史記》之後；[158]（五）非一人

---

[152] 章炳麟：〈《春秋左傳讀》敍錄〉，收入氏著：《春秋左傳讀》（臺
北：學海出版社，1984 年），頁 810-863。

[153] 張永路：〈《國語》作者與年代問題綜論──以開放文本為分析視
角〉，《經學研究集刊》第 9 期（高雄：國立高雄師範大學經學研究
所，2010 年），頁 223-238。

[154] 張鶴：《《國語》研究》（北京：學苑出版社，2013 年），頁 17-19。

[155] 王國維：《古史新證》（北京：清華大學出版社，1994 年），頁 4。梁
啟超：《要籍解題及其讀法》（臺北：華正書局，1974 年），頁 110-
114。譚家健：〈《國語》的成書時代和作者問題〉，《河北師範學院
學報》1985 年第 2 期（1985 年 5 月），頁 6-14；收入氏著：《先秦散
文藝術新探》（北京：首都師範大學出版社，1995 年），頁 179-197。
聶石樵：《先秦兩漢文學史稿》（北京：北京師範大學出版社，1994
年），頁 285。邵毅平：〈《國語》的作者與時代〉，《圖書館雜誌》
2004 年第 4 期（2004 年 4 月），頁 73-76、56。

[156] 王暉：〈從數詞組合方式的演變看先秦古籍的斷代問題〉，《唐都學
刊》1996 年第 4 期（1996 年 10 月），頁 62-67。夏經林：〈論《國
語》的編纂〉，《中國史研究》2005 年第 4 期（2005 年 11 月），頁
17-26。

[157] 沈長雲：〈《國語》編撰考〉，《河北師範學院學報》1987 年第 3 期
（1987 年 6 月），頁 134-140；收入氏著：《上古史探研》（北京：中
華書局，2002 年），頁 325-338。

[158] 孫海波：〈《國語》真偽考〉，《燕京學報》第 16 期（1934 年 12
月），頁 161-167。劉節：〈《左傳》、《國語》、《史記》之比較研
究〉，《中華文化復興月刊》第 13 卷第 2 期（1980 年 2 月），頁 10-
22。

一時一地。[159]此外，另如張國進、張居三等亦主《國語》成書於戰國。[160]本章重點非論《國語》成書年代，諸家雖意見紛陳，然大致可歸結《國語》成書於戰國。若此見無誤，則〈鄭語〉謝西之九州可能是戰國人以《左傳》九州之戎之九州稱此區域，則謝西之九州之稱或非春秋初年即有此名。

總結本節所論如下：《左傳》「○州」地名見楚、齊、秦、衛等國，性質大致為二：（一）可能為「鄉」所轄「州」者，如夏州、戎州、九州之戎之九州；（二）可能非指「鄉」所轄「州」而為一般地名者，如平州、瓜州、陽州、外州、舒州。「○州」位置則可析為四：（一）接近國都者，如戎州；（二）距國都稍遠者，如夏州；（三）處邊境者，如九州之戎之九州、平州、陽州、舒州；（四）不確定位置者，如瓜州、外州。依此二類歸納，「州」屬性分歧而似難趨近。筆者認為《左傳》、《國語》「州」之地名，除第三節所謂第一層次「九州」，其餘「○州」既以「州」為名，性質應近似。下節從其他角度，試論「○州」地名共同屬性。

## 五、「作州兵」芻議與「州」之特殊性

僖公十五年《左傳》載晉大夫郤乞對晉之國人言：「諸侯聞之，喪君有君，群臣輯睦，甲兵益多。好我者勸，惡我者懼，庶

---

[159] 衛聚賢：《古史研究》第 1 集（上海：新月書店，1928 年），頁 255。

[160] 劉國進：《中國上古圖書源流》（北京：新華出版社，2003 年），頁 356。張居三：〈《國語》的史料來源〉，《哈爾濱學院學報》第 27 卷第 12 期（2006 年 12 月），頁 89-94。

有益乎。」（頁 232）強調「作爰田」、「作州兵」不僅甲兵益多，亦可讓諸侯畏懼。至於甲兵如何益多？史冊已無更多材料討論，然若甲兵無法立即益多，恐無實質作用。上文已述甲兵不僅指兵器軍械，亦含使用兵器之戰鬥人員，故甲兵益多須同時包括兵器武備及戰鬥人員。《國語·晉語三》謂「以韓之病，兵甲盡矣。」此役不僅使晉國兵器消耗殆盡，人員折損亦然。筆者認為讓甲兵立即益多之法，是開放「州」之人任戰鬥人員，此即「作州兵」之意。

## （一）「州」為安置非本國人士之地

　　「州」之人為何？上文已析《左傳》「○州」地名，以行政單位言，有近似「鄉」轄之「州」者，亦有不屬此類者。以地理空間論，有近於國都者，亦有處邊境者。《左傳》「○州」當可從其他角度釋其性質，首先是「○州」常是安置非本國人士之地。宣公十一年《左傳》謂夏州乃楚莊王「鄉取一人焉以歸」，係安置陳人之地，此其一也。戎州乃衛都帝丘附郭之地，《左傳》謂「（衛莊）公曰：『我，姬姓也，何戎之有焉？』」（頁1046）戎人居此實非常態，至於何人安頓戎人於此已不得而知，唯戎州乃衛國戎人安頓之所，此其二也。

　　瓜州為陸渾戎（允姓之戎）原居地，然昭公九年《左傳》：「先王居檮杌于四裔，以禦螭魅，故允姓之姦居于瓜州。」《集解》：「言檮杌，略舉四凶之一。下言四裔，則三苗在其中。允姓，陰戎之祖，與三苗俱放三危者。」《正義》：「《尚書》

云：『竄三苗于三危』，[161]此言允姓居于瓜州，時同而人別，
知與三苗俱放於三危也。」（頁 779）《會箋》異於《集解》、
《正義》，謂「允姓疑即檮杌之後，故上文四凶中唯舉檮杌
也」；[162]似亦有理。實則無論允姓之戎是否為檮杌之後，或
「與三苗俱放於三危」者，可確知原不居瓜州，因「以禦螭魅」
之故而由先王安頓於此。知瓜州是安頓陸渾戎（允姓之戎）處，
爾後陸渾戎（允姓之戎）方遷至晉南鄙之陰地，此其三也。

　　昭公二十二年《左傳》稱為晉所滅之陸渾戎（允姓之戎）為
九州之戎，《集解》謂晉將陸渾戎之地劃為九個「州」安置陸渾
戎餘部。然昭公二十八年《左傳》：「秋，晉韓宣子卒，魏獻子
為政，分祁氏之田以為七縣，分羊舌氏之田以為三縣。」《正
義》：「此祈氏與羊舌氏之田，舊是私家采邑，二族既滅，其田
歸公，分為十縣為公邑。」（頁 912-913）祈氏、羊舌氏遭滅而
晉將其土田分為十縣，並遣縣大夫管理。[163]同是滅族而重劃編
制，陸渾戎設九個「州」，然晉似未遣大夫管理。何以知之？哀
公四年《左傳》：「士蔑乃致九州之戎，將裂田以與蠻子而城
之，且將為之卜。」（頁 1000）《左傳注》謂此乃「召集九州

---

[161] 原句見《尚書・舜典》：「流共工于幽洲，放驩兜于崇山，竄三苗于三
　　危，殛鯀于羽山。」見題漢・孔安國傳，唐・孔穎達正義：《尚書注
　　疏》，頁 40。

[162] 日本・竹添光鴻：《左傳會箋》，頁 1485。

[163] 昭公二十八年《左傳》：「司馬彌牟為鄔大夫，賈辛為祁大夫，司馬烏
　　為平陵大夫，魏戊為梗陽大夫，知徐吾為塗水大夫，韓固為馬首大夫，
　　孟丙為盂大夫，樂霄為銅鞮大夫，趙朝為平陽大夫，僚安為楊氏大
　　夫。」（頁 912-913）

戎各部落之長。」[164]傳文未提及管理九州之大夫而直言「致九
州之戎」，似九州仍由陸渾戎各部自主，此其四也。金景芳謂
「州」是「安置俘虜或異族的區域」，[165]田昌五與臧知非亦言
春秋「將被征服之人所居處稱為州」，[166]筆者意見與之相類。
然從上舉例證言，概括為安置非本國人士更為周延。

其次，「○州」位置常處邊鄙。除外州不詳地望，上述九州
之戎之九州、平州、陽州、舒州皆在一國邊境。至於楚之夏州雖
不在邊境，亦不知夏州人口多寡，未詳該地物產豐饒或磽薄，然
其地仍距郢都遼遠。瓜州依顧氏之說，位於今秦嶺、中南山一
帶。據「圖三」似瓜州離秦都不遠，然須考慮瓜州是否為秦國勢
力可達之地？是否真受秦國統治或管轄？因文獻不足徵，僅能闕
而不論。唯戎州較特殊，處衛都帝丘附郭之地，然衛莊公之言頗
值得玩味。衛莊公在意者似非戎人可否聚居衛國境內，乃戎人何
以能於國都臨近之地生活。即便衛莊公對該戎人「翦之」，卻非
趕盡殺絕之屠戮而僅是驅趕。由傳文知衛莊公對戎人驅逐似未達
效果，戎人反攻而殺太子疾與公子青。

## （二）「作州兵」釋義

由上分析推知，晉惠公「作州兵」之「州」應是安置外族人
士之地。由《左傳》推測，晉「作州兵」對象主要是姜戎等戎
人。襄公十四年《左傳》：

---

[164] 楊伯峻：《春秋左傳注》，頁 1627。

[165] 金景芳：〈由周的徹法談到「作州兵」、「作丘甲」等問題〉，《吉林
大學社會科學學報》1962 年第 1 期，頁 91-102。

[166] 田昌五、臧知非：《周秦社會結構研究》，頁 106。

將執戎子駒支，范宣子親數諸朝，曰：「來！姜戎氏！昔
秦人迫逐乃祖吾離于瓜州，乃祖吾離被苫蓋、蒙荊棘來歸
我先君，我先君惠公有不腆之田，與女剖分而食
之。……」對曰：「昔秦人負恃其眾，貪于土地，逐我諸
戎。惠公蠲其大德，謂我諸戎，是四嶽之裔冑也，毋是翦
棄。賜我南鄙之田，狐狸所居，豺狼所嗥。我諸戎除翦其
荊棘，驅其狐狸豺狼，以為先君不侵不叛之臣，至于今不
貳。昔文公與秦伐鄭，秦人竊與鄭盟而舍戍焉，於是乎有
殽之師。晉禦其上，戎亢其下，秦師不復，我諸戎實
然。……自是以來，晉之百役，與我諸戎相繼于時，以從
執政，猶殽志也，豈敢離逖？」（頁 557-558）

《集解》：「駒支，戎子名」；又「以為先君不侵不叛之臣」句
云：「不內侵，亦不外叛」；又「與我諸戎相繼于時」句云：
「言給晉役不曠時。」（頁 557-558）戎人所謂「殽之師」見僖
公三十三年《春秋經》：「晉人及姜戎敗秦師于殽。」（頁
288）同年《左傳》：「遂發命，遽興姜戎。……夏四月辛巳，
敗秦師于殽。」（頁 290）魯僖公三十三年（627 B.C.）即晉襄
公元年，是魯僖公十五年、即晉惠公六年「作州兵」後。據戎人
覆語，姜戎自謂「先君不侵不叛之臣」，此先君無疑是晉惠公。
推測「作州兵」時姜戎已服晉，故言「自是以來，晉之百役，與
我諸戎相繼于時」；謂晉若有軍役之事，諸戎皆供役無誤。尚須
注意「興姜戎」之「興」，楊伯峻、陳克炯釋為「發兵」，「發

動、動員」。[167]如成公二年《左傳》：「若興諸侯，以取大罰。」（頁 428）《左傳注》謂「楚伐蔡之役，楚莊王曾出動其屬國，故云『興諸侯』。」[168]又襄公二十五年《左傳》：「甲興，公登臺而請，弗許。」（頁 618）《左傳注》釋為「崔杼之甲兵起而攻莊公。」[169]又哀公二十六年《左傳》：「大尹興空澤之士千甲，奉公自空桐入如沃宮。」《集解》：「甲士千人。」（頁 1052）《左傳》另有「起」字與「興」字意近，楊氏、陳氏釋「起兵、徵兵、興兵」，「出動、徵召、徵調」。[170]如文公十六年《左傳》：「不如復大師，且起王卒。」（頁 347）《左傳注》謂「欲盡用楚眾。」[171]又昭公十三年《左傳》：「鮮虞人聞晉師之悉起也，而不警邊，且不修備。」《集解》：「五年《傳》曰『遺守四千』，[172]今甲車四千乘，故為悉起。」（頁 813）又哀公四年《左傳》：「司馬起豐、析與狄戎，以臨上雒。」《集解》：「發此二邑人及戎狄。」（頁 1000）由上揭諸例知「興」、「起」對象皆有明確隸屬關係，或為國家之軍隊，或是卿大夫之「私屬」。[173]即如成公二年（589

---

167 楊伯峻：《春秋左傳詞典》，頁 910。陳克炯：《左傳詳解詞典》，頁 995。

168 楊伯峻：《春秋左傳注》，頁 803。

169 楊伯峻：《春秋左傳注》，頁 1097。

170 楊伯峻：《春秋左傳詞典》，頁 575。陳克炯：《左傳詳解詞典》，頁 1139。

171 楊伯峻：《春秋左傳注》，頁 618。

172 原句見昭公五年《左傳》：「其餘四十縣，遺守四千。」（頁 747）

173 楊伯峻解釋「私屬」為「某氏族之武力」，陳克炯釋為「由家族成員組成的武裝力量。」楊伯峻：《春秋左傳詞典》，頁 335。陳克炯：《左

B.C.）《左傳》之例仍是服楚之屬國，故身為霸主之楚方能興諸
侯之兵。依此知晉之「興姜戎」係因姜戎屬晉，故晉可「興」之
而指揮其作戰。除姜戎外，狄人亦有服晉者。如成公二年《左
傳》：「齊侯免，求丑父三入三出。每出，齊師以帥退。入于狄
卒，狄卒皆抽戈楯冒之。」《集解》：「狄卒者，狄人從晉討齊
者。狄、衛畏齊之強，故不敢害齊侯，皆共免護之。」（頁
424）《集解》言此狄卒乃狄人與晉同討齊者，推測該狄人當如
襄公十四年（559 B.C.）《左傳》之姜戎，極可能亦是「作州
兵」對象。此外，昭公十三年（529 B.C.）《左傳》載晉與諸侯
盟於平丘，「晉人執季孫意如，以幕蒙之，使狄人守之。」《正
義》謂「有北狄之人從晉師來會，故使狄人守囚。」（頁 813）
《正義》之說雖是推測，然確有可能。上引成公二年《左傳》知
狄人已有順從晉國者，此處守囚狄人或亦如是，故隨晉人至平
丘。與筆者意見相類者如史建群、金景芳、張玉勤等，唯史氏指
「作州兵」對象泛指所有野人，已過於寬泛。[174]再如金氏、張
氏直云「作州兵」是解放野人，予以擔任戰鬥人員之資格，未論
「州」性質。此外，諸氏直將「州人」等同「野人」，似有刻意
模糊「州」在文獻有隸屬「鄉」系統——即「郊內曰國」之
「國」之記載，似過於武斷。[175]春秋「野人」性質與組成分子

---

傳詳解詞典》，頁 894。

[174] 史建群：〈試論晉「作爰田」及其影響〉，《河南大學學報（哲學社會
科學版）》1984 年第 4 期，頁 65-71。

[175] 金景芳：〈由周的徹法談到「作州兵」、「作丘甲」等問題〉，《吉林
大學社會科學學報》1962 年第 1 期，頁 91-102。張玉勤：〈晉作州兵
探析〉，《山西師大學報（社會科學版）》1985 年第 1 期，頁 75-79。

有深入探究之必要，當另撰一文討論。

　　「州」亦常見戰國楚簡，陳偉〈包山楚簡所見邑、里、州的初步研究〉成果值得關注。學者一般主張「州」是「里」之上級行政單位，[176]然陳偉分析《包山楚簡》卻提出四項反證：（一）《包山楚簡》邑名、里名前常冠以上級行政單位地名，然這些地名無稱「州」者；「州」名卻常單獨使用，不與其他地名連稱。（二）簡文常見左尹官署直接對「州」發布命令，若左尹欲了解、處理「里」中事務，須藉「里」之上級行政單位方能進行，顯示「州」、「里」對楚國中央聯繫途徑不同。（三）從「受期」簡不同地點到達郢都時間判斷，[177]「州」距楚都不遠；楚之「州」大致在郢都周邊。（四）簡文「州里公」之「里」應讀「理」，是治獄官吏而非「里」之長官，不可為「州」下轄「里」之證據。陳偉認為「州」、「里」既設「加公」、「里公」等職，表示「州」與「里」、「邑」皆確定法律當事人所在之行政單位，其規模與「里」、「邑」相當。[178]羅運環〈論包山楚簡中的楚國州制〉謂簡文「州」字前常冠人名和官名，「顯然，這種州具有食封性質」；「州是一種民戶編制，凡州前冠以人名和官名都是一種食稅州。食稅者沒有土地占有權

---

[176] 顧久幸：〈楚國地方基層行政機構探討〉，《江漢論壇》1993 年第 7 期（1993 年 5 月），頁 58-60。

[177] 所謂受期，陳偉指「簡文均記有兩個日期，前一個是指令送達的時間，後一個是要求執行指令的時間。」見陳偉：〈包山楚簡所見邑、里、州的初步研究〉，《武漢大學學報（哲學社會科學版）》1995 年第 1 期（1995 年 1 月），頁 90-98。

[178] 陳偉：〈包山楚簡所見邑、里、州的初步研究〉，《武漢大學學報（哲學社會科學版）》1995 年第 1 期（1995 年 1 月），頁 90-98。

及民政、司法權力。」[179]筆者舉《包山楚簡》為例，非同意春秋諸國之「州」可類比戰國楚國之「州」，乃藉此旁證「州」之特殊性，於戰國楚國仍可見一斑。

據上文討論可知，《左傳》、《國語》「○州」地名具二點特殊性：（一）「○州」常是安置非本國人士之地，（二）「○州」多處邊鄙。就「州」之特殊性推論，晉惠公「作州兵」對象應是姜戎等服晉之戎、狄。魯僖公十五年、即晉惠公六年時，韓原之戰折損人員與兵器甚眾，晉惠公「作州兵」允許服晉且置於「州」之戎、狄任戰鬥人員，以補充兵源、增益兵器武備，此即《左傳》所言「甲兵益多」。

# 六、結語

《周禮》所載具行政單位概念之「州」，大致分二層次：一為「九州」之「州」，一為「鄉」轄之「州」。第一層次之「州」，《左傳》、《國語》皆可得見；此外，《左傳》又見「○州」詞例地名。《左傳》「○州」地名性質大致概分為二：（一）可能為「鄉」所轄「州」者，如夏州、戎州、九州之戎之九州；（二）可能非指「鄉」所轄「州」而為一般地名者，如平州、瓜州、陽州、外州、舒州。以位置分析可析為四：（一）接近國都者，如戎州；（二）距國都稍遠者，如夏州；（三）處邊境者，如九州之戎之九州、平州、陽州、舒州；（四）不確定位

---

[179] 羅運環：〈論包山楚簡中的楚國州制〉，《江漢考古》1991 年第 3 期（1991 年 10 月），頁 75-78。

置者,如瓜州、外州。從不同角度分析「○州」地名,可得二項共同特徵:(一)「○州」常是安置非本國人士之地;(二)「○州」除戎州外,常處邊鄙。以此二項特徵檢視晉惠公「作州兵」內容,推測「作州兵」之「州」應是安置服晉戎、狄之特殊行政單位,「作州兵」即允許服晉戎、狄──即「州人」──擔任戰鬥人員,補充韓原之戰後晉國折損之人員與武器,此即僖公十五年《左傳》於「作州兵」後「甲兵益多」之意。經本章分析,不僅說明《左傳》所載行政單位「州」之特徵與特殊性,亦由此角度解釋「作州兵」內涵,較前賢掌握更多證據推求實況,提供學者思考與討論。

# 第六章 結 論

　　本書透過傳世文獻、考古材料，探討《左傳》空間地域與行政區劃，修訂筆者科技部計畫研究成果，整理為本書第二至第五的四個章節。

　　第二章探究《左傳》「郭」、「郛」差異與混同。首先，依《左傳》知「郭」、「城」位置相臨，「郭」位於「城」之外圍以保護「城」。因二者相臨而依附，故《左傳》常合稱「城郭」；有時單稱「郭」亦包括「城」，形成「城」、「郭」不分情況。其次，莊公二十八年《左傳》載鄭都新鄭有「三重城門」；酈道元《水經注》錄莒國「其城三重，并悉崇峻」；依《越絕書》之文，淹城遺址有「小城」、「大城」及「郭」三重城牆，偃師商城城牆亦具「宮城」、「小城」、「大城」三重。則可知文公十五年《公羊傳》何休之釋「恢郭」為「郭城外大郭」，係指「郭城」更外圍之「大郭」，而筆者以為此「恢郭」實《左傳》之「郛」。第三，杜正勝《古代社會與國家》已說明「郛」、「郭」差異，但謂「郛」與「鄙」、「封」連用，認為「郛」當釋「封疆」。而劉文強先生〈封與封人〉主張「封是較接近都城的界限，疆是邊境的界限」，「封」、「疆」不可混同視之。據文獻記載，可知「封」之界線與「郛」相應；入「封」乃入一國之「郛」，即入一國之「國」。更具體言，「郛」乃

「封」而非「疆」，方能精確說明「郛」之界線位置。

第四，從前人研究與文獻紀錄，已知「郛」、「封」所指為一，皆「郊內曰國」之「國」外圍界線。「封」之意作動詞時釋為冊封國家，作名詞時解為疆域、界線，《左傳》另訓為埋葬屍首，《周禮·地官·封人》賈《疏》則釋封人在界線處挖掘溝塹，將所掘土石「封」於溝塹之側；意即將土石堆累為土堆而於其上植樹，以為防止翻越土堆之阻礙。《管子·度地》載有「土閬」、「隍」，與「封」工法一致。「封」須先掘溝塹，再將所掘土石累為土堆。「土閬」指「土之高大」，作為「壕溝」之「隍」亦復如是，唯釋義偏重壕溝。〈度地〉所言在地高處掘溝塹，於地低處築堤防，皆謂挖掘溝塹與堆累土石二道工事，又須種植荊棘等以鞏固之，亦與「封」有相同措施。而「郛」、「封」所指雖為一，均為「國」與「野」、「鄙」之界線，然以考古材料與傳世文獻相互參照，知「郛」之修築有部分以「封」方式建構，輔以原有自然山川形勢可減省「封」之工事，乃「郛」之天然憑障。「郛」若無山川可作憑藉，乃以人工之「封」作為結構。最後，「封」既為受封者土地之界線，為鞏固領地安全而強化「封」之工事，輔以原有自然山川地貌為天然憑障，即成受封者領地第一道防線「郛」。又春秋設於一國「竟」、「疆」之「關」雖是一國邊境出入孔道，然平時未有重軍守護，僅稽徵貨稅及盤查人員。而《集解》釋《春秋經》、《左傳》「郛」為「郭」，已是「郭」、「郛」混同不分。「郭」係近「城」所築第二道城牆，防禦功能遠較「郛」重要，世人亦熟悉其作用。當「郭」廣為世人使用，最外圍之「郛」反為「郭」混同或取代，其義逐漸湮沒而模糊。

　　第三章以《左傳》、《國語》為文本，討論「郊」及相關制度。第一，據《說文》、《周禮》、《爾雅》「郊」之記載，知「郊」之範圍內側與「國」有關。焦循《群經宮室圖》將「國」分廣狹三層：最狹義者是國都「城」內為國，次者指國都「郊」內為國，最廣義者指全部封國。文獻謂「郊」之範圍內側界線為「國」，本章認為或可將「郊」內側界線定為「國」之「郭」牆，較符鄭《周禮・天官・大宰》注「去國百里為郊，郊外謂之野」，故「郊」外統稱為「野」，而其外側界線即《左傳》之「郛」，有時亦稱「封」。第二，《左傳》各一見「郊尹」、「郊人」，昭公十三年《左傳》所謂「郊竟」當指「郊」之區域，「郊尹」應是管理「郊」之大夫。前人認為郊人係指郊內「鄉」的長官。以文獻詞例推之，知「邊人」、「縣人」、「鄙人」皆以空間名詞為首而後綴以「人」，三者乃「邊」、「縣」、「鄙」之長官，則「鄙人」即管理「鄙」之官員。楚國職官「郊尹」為管理「郊」之長官，以類相推則「郊人」可類比「郊尹」，亦是治「郊」之官。而以文獻事例推之，其管理對象乃居「郊」之「除徒」——即《左傳》之「正夫」、「正徒」；服徭役時又稱「役人」、「役徒」，身分為「國人」之「庶人」。而鄭定公六年期間，鄭國任「郊人」者為子大叔。

　　第三，「郊人」僅見於鄭國，從《左傳》來看，「郊人」既是「郊」之長官，職掌與「鄉正」、「鄉大夫」相當，推測「郊」、「鄉」關係為「郊」上設「鄉」。「郊」之範圍是內至國都「城郭」之「郭」牆，外至國都之「郛」、「封」，在此範圍內設若干「鄉」，國都「城郭」內應僅設「里」而不設「鄉」。爬梳《左傳》、《國語》後，確實春秋時代於「郊」設

若干「鄉」。因文獻不足徵，目前僅知宋設四鄉、魯設三鄉、齊設二十一鄉。第四，學者一般認為「鄉」下設「里」，此說所指為戰國時概況。《左傳》、《國語》「里」字七見，有梁國新里、鄭國南里、宋國南里、宋國新里、衛國外里、衛國漆里，以及〈齊語〉「里」為「鄉」所轄，大致可確定春秋諸國「鄉」下應設有第二層級行政編制「里」，惟限於文獻傳世情況，每「鄉」設「里」之數，僅能付之闕如以待來者。第四，「郊」與國都之距離，以楚國東北「郊」、鄭國東「郊」、宋國西北「郊」、衛國西南「郊」為探討對象，並觀察其「郊」、「野」之距離。以廣義之「野」與「郊」相較，呈現「野大郊小」格局；然上文論春秋楚東北「郊」、鄭東「郊」、宋西北「郊」與衛西南「郊」，直線距離之 2.4 倍、2.3 倍、4.06 倍及 6.63 倍，皆呈「郊大野小」格局，明顯與典籍說法不合。或因鄭、宋、衛因地處中原而諸國林立，擴張比例已達穩定狀態，終春秋之世未有劇烈變化。至於楚國情況則可能隨疆域擴張，其「郊」、「野」範圍逐步擴大，「郊」、「野」比例亦隨之變動。

第四章集中探究「隧」字本義與《左傳》綴以「隧」字地名，擴及與「鄉遂」制度之關聯，討論春秋「隧」之制度及相關問題。首先，《會箋》、《左傳注》對「大隧」今名意見雖異，然可確定「大隧」乃隘道名，知「隧」為道路義。「隧」字從阜、遂聲，「隧」於典籍常與「遂」互為異文，「遂」又與「術」異文，知意義關涉道路時，「隧」、「遂」、「術」可為假借。魯有「隧正」一職，宋亦有此官。《集解》釋二處「隧正」較略，《正義》將前者類以《周禮》「遂人」，而後者比諸《周禮》「遂大夫」。「遂人」總管諸「遂」，是統領國中諸

「遂」之長。「遂大夫」僅司一「遂」事務,是各「遂」之長。故可如《集解》所言,「隧正」掌「隧」之「役徒」;又如《左傳》所載,「隧正」納郊保之役徒以奔火所。「遂人」總理一國「郊」外泛稱為「野」之區域,「野」分若干「遂」,各「遂」由「遂大夫」司掌。

其次,《左傳》有數例綴以「隧」字地名,如蔡國桑隧、秦國麻隧、鄭國暴隧、齊國大隧、徐國蒲隧、鄭國濟隧。《左傳》綴以「隧」字地名除前述外,另有只國與國間道路之曹隧與陳隧,而齊國郰遂為齊之「野」、「鄙」地區。故《左傳》以「隧」字地名在空間上似與「鄉遂」之「遂」重疊,極可能綴以「隧」字地名即一國「野」、「鄙」之「遂」。第三,《左傳》之「隧」及《周禮》所載「鄉遂」之「遂」,可視為廣泛區域「大名」,其下包括若干城邑與居民點。「隧」字地名具廣狹二義,既可指涉較廣泛區域「鄉遂」之「遂」名,亦可專指該區域主要城邑。「隧」、「遂」本義既為道路,且《左傳》綴以「隧」字地名又分布一國「鄙」、「野」,則「鄉遂」之「遂」乃取義於道路。意即自國都通往某一方向、地區或城邑之道路,沿此幹道及其延伸支道涵蓋大小城邑及居民點,即屬該「隧」、「遂」統轄。

第五章探討《左傳》、《國語》涉及行政單位意義及地名為「○州」者,計有「九州」、「平州」、「夏州」、「瓜州」、「陽州」、「舒州」、「外州」、「戎州」,並兼述與「州」關係密切之「作爰田」、「作州兵」。第一,諸家釋「作州兵」無非二途:一為擴大製造兵器,另一為增加兵源。亦有學者主張此是開放野人具服兵役資格之始,認為「州」既屬「野」之範圍,

居「州」之州人即野人，順理成章得出「作州兵」是野人當兵。然《管子‧立政》及《周禮‧地官‧大司徒》亦載行政系統，「州」卻置於「鄉」系統，「鄉」無疑是「郊」之範圍，如此則不可說州人即是野人。若據《左傳》相關記載，「作州兵」可有另一角度詮釋，亦可藉此說明「州」為特殊行政單位。其次，《周禮》所載具行政單位概念之「州」可分二層次：一為「九州」之「州」，一為「鄉」所轄之「州」。《周禮》諸書所記行政制度如此規整，顯經後人整理。春秋時諸侯分治，是否依此規徹底執行，因史料不足而未能確證諸國行政制度井然一致，然可推測當有趨近之可能。鄭、晉、莒、楚、魯等國皆有「都」，諸國設「鄉」、「里」者有六，各國當普設「鄉」、「里」、「都」。

第三，《左傳》有七則「○州」形式地名，為楚國夏州、齊國平州、秦國瓜州、魯國陽州、衛國外州、齊國舒州、衛國戎州。性質大致為二：（一）可能為「鄉」所轄「州」者，如夏州、戎州、九州之戎之九州；（二）可能非指「鄉」所轄「州」而為一般地名者，如平州、瓜州、陽州、外州、舒州。「○州」位置則可析為四：（一）接近國都者，如戎州；（二）距國都稍遠者，如夏州；（三）處邊境者，如九州之戎之九州、平州、陽州、舒州；（四）不確定位置者，如瓜州、外州。第四，《左傳》「○州」常是安置非本國人士之地，且位置常處邊鄙。除外州不詳地望，上述九州之戎之九州、平州、陽州、舒州皆在一國邊境。而分析推知，晉惠公「作州兵」對象應是姜戎等服晉之戎、狄。魯僖公十五年、即晉惠公六年時，韓原之戰折損人員與兵器甚眾，晉惠公「作州兵」允許服晉且置於「州」之戎、狄任

戰鬥人員，以補充兵源、增益兵器武備，此即《左傳》所言「甲兵益多」。

　　本書以乾嘉學術的考據方法為底，結合古典文獻以及考古挖掘材料，進行統整、詮釋、分析。得益於傳統小學、文獻詮釋的正規訓練，近代考古工作的大幅躍進，以及前賢相關研究的豐碩成果，確認《左傳》以及傳世文獻詞例的正確語用及語意，進而與出土材料相互佐證，以考《左傳》及諸多先秦文獻反覆出現之空間地域與行政區劃名詞，在理解《左傳》傳文之外，亦有助釐清政治、社會、經濟等先秦史、制度史的發展景況。

# 徵引文獻

## 一、傳統文獻（依年代先後排序）

題周・管仲著，黎翔鳳校注，梁運華整理：《管子校注》，北京：中華書局，2009 年，據上海涵芬樓影宋刊楊忱本為底本點校排印。

周・墨翟著，清・孫詒讓詁，孫啟治點校：《墨子閒詁》，北京：中華書局，2001 年，據上海商務印書館涵芬樓影印清宣統二年〔1910〕刊定《墨子閒詁》為底本點校排印。

周・莊周著，清・郭慶藩集釋：《莊子集釋》，臺北：貫雅文化事業公司，1991 年。

周・荀況著，清・王先謙集解，沈嘯寰、王星賢點校：《荀子集解》，北京：中華書局，1997 年，據清光緒十七年辛卯〔1891〕王先謙刻本為底本點校排印。

秦・呂不韋編，陳奇猷校釋：《呂氏春秋校釋》，臺北：華正書局，1985 年，據清畢沅《呂氏春秋校正》本為底本校釋排印。

周・韓非著，清・王先慎集解，鐘哲點校：《韓非子集釋》，北京：中華書局，1998 年，據《四部叢刊》影宋乾道本為底本點校排印。

周・佚名：《鶡冠子》，收入張元濟主編：《四部叢刊》初編第 418 冊，臺北：臺灣商務印書館，景江陰繆氏藝風堂藏明覆宋刊本。

漢・毛亨傳，漢・鄭玄箋，唐・孔穎達正義：《毛詩注疏》，臺北：藝文印書館，1993 年，據清嘉慶二十年〔1815〕江西南昌府學版影印。

漢・公羊壽傳，漢・何休解詁，唐・徐彥疏：《春秋公羊傳注疏》，臺北：藝文印書館，1993 年，據清嘉慶二十年〔1815〕江西南昌府學版影印。

漢・劉安編，何寧集解：《淮南子集釋》，北京：中華書局，1998 年，據
　　清光緒二年〔1876〕浙江書局刻莊逵吉校刊本為底本點校排印。

題漢・孔安國傳，唐・孔穎達正義：《尚書注疏》，臺北：藝文印書館，
　　1993 年，據清嘉慶二十年〔1815〕江西南昌府學版影印。

漢・司馬遷著，南朝宋・裴駰集解，唐・司馬貞索隱，唐・張守節正義，
　　日本・瀧川龜太郎考證：《史記會注考證》，高雄：復文圖書出版
　　社，1991 年。

漢・劉向：《戰國策》，臺北：里仁書局，1990 年，據清嘉慶八年
　　〔1803〕黃丕烈《士禮居叢書》本點校排印。

漢・揚雄著，清・錢繹箋疏：《方言箋疏》，北京：中華書局，1991 年，
　　據清光緒庚寅年〔1890〕刊刻紅蝠山房木為底本點校排印。

漢・班固著，唐・顏師古注：《漢書》，臺北：宏業書局，1996 年，據清
　　人王先謙《漢書補注》本為底本點校排印。

漢・袁康、吳平著，李步嘉校釋：《越絕書校釋》，北京：中華書局，
　　2013 年，據《四部叢刊》影印江安傅氏雙鑒樓藏明雙柏堂為底本點
　　校排印。

漢・許慎著，清・段玉裁注：《說文解字注》，臺北：黎明文化事業公
　　司，1994 年，據經韵樓藏版影印。

漢・趙岐注，宋・孫奭疏：《孟子注疏》，臺北：藝文印書館，1993 年，
　　據清嘉慶二十年〔1815〕江西南昌府學版影印。

漢・鄭玄注，唐・孔穎達正義：《禮記注疏》，臺北：藝文印書館，1993
　　年，據清嘉慶二十年〔1815〕江西南昌府學版影印。

漢・鄭玄注，唐・賈公彥疏：《周禮注疏》，臺北：藝文印書館，1993
　　年，據清嘉慶二十年〔1815〕江西南昌府學版影印。

漢・鄭玄注，唐・賈公彥疏：《儀禮注疏》，臺北：藝文印書館，1993
　　年，據清嘉慶二十年〔1815〕江西南昌府學版影印。

漢・蔡邕：《琴操》，收入《宛委別藏》第 71 冊，臺北：臺灣商務印書
　　館，1981 年。

漢・劉熙著，任繼昉校：《釋名匯校》，濟南：齊魯書社，2006 年，據
　　《四部叢刊・經部》影印江南圖書館藏明嘉靖翻宋本為底本點校排

印。

漢・劉安編，何寧集解：《淮南子集解》，北京：中華書局，1998 年，據
　　清光緒二年〔1876〕浙江書局刻莊逵吉校刊本為底本點校排印。

漢・桑欽著，北魏・酈道元注：《水經注》，長春：時代文藝出版社，
　　2001 年，據清人王先謙《合校水經注》為底本排印。

三國魏・張揖輯，清・王念孫疏證，鍾宇訊點校：《廣雅疏證》，北京：
　　中華書局，2004 年，據清嘉慶年間王氏家刻本影印。

三國魏・何晏注，宋・邢昺疏：《論語注疏》，臺北：藝文印書館，1993
　　年，據清嘉慶二十年〔1815〕江西南昌府學版影印。

三國吳・韋昭：《國語韋昭註》，臺北：藝文印書館，1974 年，據嘉慶庚
　　申〔1800〕讀未見書齋重雕天聖明道本影印。

晉・杜預集解，唐・孔穎達正義：《春秋左傳注疏》，臺北：藝文印書
　　館，1993 年，據清嘉慶二十年〔1815〕江西南昌府學版影印。

三國魏・王弼、晉・韓康伯注，唐・孔穎達正義：《周易注疏》，臺北：
　　藝文印書館，1993 年，據清嘉慶二十年〔1815〕江西南昌府學版影
　　印。

晉・郭璞注，宋・邢昺疏：《爾雅注疏》，臺北：藝文印書館，1993 年，
　　據清嘉慶二十年〔1815〕江西南昌府學版影印。

晉・范甯集解，唐・楊士勛疏：《穀梁傳注疏》，臺北：藝文印書館，
　　1993 年，據清嘉慶二十年〔1815〕江西南昌府學版影印。

晉・京相璠著，清・馬國翰輯：《春秋土地名》，收入《中國歷代地理文
　　獻輯刊》第 3 編，上海：上海交通大學出版社，2009 年，據清光緒
　　九年〔1883〕《玉函山房輯佚書》本影印。

南朝梁・蕭統編，唐・李善注：《文選》，北京：中華書局，1986 年，據
　　清嘉慶年間胡克家覆刻南宋尤袤《文選》李善注本點校排印。

南朝梁・顧野王著，宋・陳彭年等重修：《玉篇》，收入文懷沙主編：
　　《四部文明・魏晉南北朝文明卷》第 30 冊，西安：陝西人民出版
　　社，2007 年，景印清康熙四十三年〔1704〕吳郡張氏刊澤存堂五種
　　本。

唐・徐堅等：《初學記》，北京：中華書局，1962 年。

南唐・徐鍇：《說文解字繫傳》，北京：中華書局，1987 年，據清道光年間祁寯藻刻本影印。

宋・王昭禹：《周禮詳解》，收入《景印文淵閣四庫全書》第 91 冊，臺北：臺灣商務印書館，1983-1986 年。

宋・葉夢得：《葉氏春秋傳》，收入《景印文淵閣四庫全書》第 149 冊，臺北：臺灣商務印書館，1983-1986 年。

宋・鄭樵：《通志》，杭州：浙江古籍出版社，2000 年，據上海商務印書館編印《萬有文庫》影印。

清・顧炎武著，黃侃、張繼校勘：《日知錄》，臺北：臺灣明倫書局，1978 年。

清・王夫之：《春秋稗疏》，收入清・王先謙：《經解續經解春秋類彙編》，臺北：藝文印書館，1986 年。

清・顧祖禹著，賀次君、施和金點校：《讀史方輿紀要》，北京：中華書局，2005 年，據北京圖書館藏清代商丘宋氏緯蕭草堂寫本為底本排印。

清・王掞、張廷玉等：《欽定春秋傳說彙纂》，收入《景印文淵閣四庫全書》第 173 冊，臺北：臺灣商務印書館，1983-1986 年。

清・高士奇：《春秋地名考略》，收入賈貴榮、宋志英輯：《春秋戰國史研究文獻叢刊》第 3 冊，北京：國家圖書館出版社，2009 年，據清康熙間錢塘高氏刻本影印。

清・顧棟高著，吳樹平、李解民點校：《春秋大事表》，北京：中華書局，1993 年，據清乾隆十三年〔1748〕萬卷樓刻本為底本點校排印。

清・江永：《春秋地理考實》，收入清・阮元編：《皇清經解春秋類彙編》第 1 冊，臺北：藝文印書館，1986 年。

清・林喬蔭：《三禮陳數求義》，上海：上海古籍出版社，1995 年。

清・傅恆等：《御纂春秋直解》，收入《景印文淵閣四庫全書》第 147 冊，臺北：臺灣商務印書館，1983-1986 年。

清・汪中著，田漢雲點校：《新編汪中集》，揚州：廣陵書社，2005 年。

清・錢坫學：《說文解字斠詮》，臺北：台聯國風出版社，1986 年，據清

嘉慶丁卯年〔1807〕刻本影印。

清・洪亮吉著，李解民點校：《春秋左傳詁》，北京：中華書局，2004
年，據清嘉慶十八年〔1813〕金陵刊本點校排印。

清・和珅等：《欽定大清一統志》，收入《景印文淵閣四庫全書》第 474-
483 冊，臺北：臺灣商務印書館，1983-1986 年。

清・焦循：《群經宮室圖》，上海：上海古籍出版社，1995 年，據華東師
範大學圖書館藏清道光半九書塾刻本影印。

清・王引之：《經義述聞》，臺北：廣文書局，1979 年。

清・金鶚：《求古錄禮說》，濟南：山東友誼書社，1992 年，據北京圖書
館所藏清道光三十年〔1850〕陸建瀛木犀香館刻本影印。

清・沈欽韓：《春秋左氏傳補注》，收入清・王先謙：《經解續經解春秋
類彙編》，臺北：藝文印書館，1986 年。

清・俞正燮：《癸巳存稿》，臺北：世界書局，1977 年。

清・雷學淇：《介庵經說》，臺北：新文豐出版公司，1984 年，據商務依
畿輔叢書本排印。

清・王筠：《說文釋例》，北京：中華書局，1998 年，據清道光三十年
〔1850〕年刻本影印。

清・雷學淇：《竹書紀年義證》，臺北：藝文印書館，1977 年。

清・朱駿聲：《說文通訓定聲》，北京：中華書局，1984 年，據臨嘯閣刻
本影印。

清・俞樾：《春秋左傳平議》，收入清・王先謙：《經解續經解春秋類彙
編》，臺北：藝文印書館，1986 年。

清・孫詒讓著，王文錦、陳玉霞點校：《周禮正義》，北京：中華書局，
2000 年，據清光緒三十一年〔1905〕孫氏家藏鉛鑄版為底本點校排
印。

清・陳瑑：《國語翼解》，北京：中華書局，1991 年，據《史學叢書》本
排版。

## 二、近人專著（以姓氏筆畫排序）

《中國軍事史》編寫組：《中國軍事史・第六卷・兵壘》，北京：解放軍

出版社，1991 年。

于省吾主編，姚孝遂按語編撰：《甲骨文字詁林》，北京：中華書局，1996 年。

中國人民革命軍事博物館：《中國戰爭發展史》，北京：人民出版社，2001 年。

中國社會科學院考古研究所：《中國考古學・夏商卷》，北京：中國社會科學出版社，2003 年。

中國社會科學院考古研究所：《殷周金文集成》第 1 冊，北京：文物出版社，1984 年。

中國社會科學院考古研究所：《殷周金文集成》第 8 冊，北京：文物出版社，1987 年。

井中偉、王立新編著：《夏商周考古學》，北京：科學出版社，2013 年。

日本・竹添光鴻：《左傳會箋》，臺北：天工書局，1998 年。

王玉哲：《中國遠古史》，上海：上海人民出版社，2000 年。

王玉哲：《古史集林》，北京：中華書局，2002 年。

王國維：《古史新證》，北京：清華大學出版社，1994 年。

王國維：《觀堂集林》，北京：中華書局，1959 年。

王貴民：《商周制度考信》，臺北：明文書局，1989 年。

王曉衛、劉昭祥：《軍制史話》，臺北：國家出版社，2005。

丘光明著，張延明譯：《中國古代計量史》，合肥：安徽科學技術出版社，2012 年。

史念海：《中國古都和文化》，北京：中華書局，1998 年。

史鳳儀：《中國古代的家族與身分》，北京：社會科學文獻出版社，1999 年。

田昌五、安作璋、孟祥才：《中國歷代經濟史（一）先秦兩漢卷》，臺北：文津出版社，1998 年。

田昌五、臧知非：《周秦社會結構研究》，西安：西北大學出版社，1996 年。

白壽彝主編：《中國通史・第三卷・上古時代》，上海：上海人民出版社，1994 年。

曲英杰：《先秦都城復原研究》，哈爾濱：黑龍江人民出版社，1991 年。

何茲全：《中國古代社會》，北京：北京師範大學出版社，2001 年。

余太山：《古族新考》，北京：中華書局，2000 年。

吳榮曾：《先秦兩漢史研究》，北京：中華書局，1995 年。

李文治、江太新：《中國地主制度經濟論：封建土地關係發展與變化》，
　　北京：中國社會科學出版社，2005 年。

李玉潔：《中國早期國家性質：中國古代王權和專制主義研究》，開封：
　　河南大學出版社，1999 年。

李玉潔：《楚國史》，開封：河南大學出版社，2001 年。

李亞農：《李亞農史論集》，上海：上海人民出版社，1978 年。

李孟存、李尚師：《晉國史》，太原：三晉出版社，2014 年。

李孟存、常金倉：《晉國史綱要》，太原：山西人民出版社，1988 年。

李則鳴：《先秦・秦漢經濟文化史略》，武漢：長江文藝出版社，2004
　　年。

李家浩：《著名中年語言學家自選集・李家浩卷》，合肥：安徽教育出版
　　社，2002 年。

李索：《左傳正宗》，北京：華夏出版社，2011 年。

李朝遠：《西周土地關係論》，上海：上海人民出版社，1997 年。

李學勤主編，孟世凱副主編，王美鳳、周蘇平、田旭東著：《春秋史與春
　　秋文明》，上海：上海科學技術文獻出版社，2007 年。

李學勤著，宮長為編：《李學勤說先秦》，上海：上海科學技術文獻出版
　　社，2011 年。

李鑫：《商周城市形態的演變》，北京：中國社會科學出版社，2012 年。

杜正勝：《古代社會與國家》，臺北：允晨文化實業公司，1992 年。

杜正勝：《周代城邦》，臺北：聯經出版事業公司，1979 年。

杜正勝：《編戶齊民》，臺北：聯經出版事業公司，1990 年。

沈長雲：《上古史探研》，北京：中華書局，2002 年。

沈長雲：《先秦史》，北京：人民出版社，2006 年。

周自強：《中國經濟通史・先秦經濟卷》，北京：經濟日報出版社，2000
　　年。

周振鶴：《中國地方行政制度史》，上海：上海人民出版社，2014年。

屈萬里：《尚書集釋》，臺北：聯經出版事業公司，1994年。

林澐：《林澐學術文集》，北京：中國大百科全書出版社，1998年。

林澐：《林澐學術文集》，北京：中國大百科全書出版社，1998年。

邱德修：《尚書覆詁考證》，臺北：聖環圖書公司，2013年。

侯外廬：《中國古代社會史論》，石家莊：河北教育出版社，2002年。

姜亮夫：《古史學論文集》，上海：上海古籍出版社，1996年。

姜義華主編，劉澤華本卷主編：《中國通史教程・第 1 卷・先秦兩漢時期》，上海：復旦大學出版社，2005年。

故宮博物院：《古璽匯編》，北京：文物出版社，1981年。

胡阿祥、彭安玉、郭黎安：《兵家必爭之地──中國歷史軍事地理要覽》，海口：海口出版社，2007年。

胡厚宣：《甲骨文合集釋文》，北京：中國社會科學出版社，1999年。

軍事科學院主編，黃樸民著：《中國軍事通史・春秋軍事史》，北京：軍事科學出版社，1998年。

唐嘉弘：《先秦史新探》，開封：河南大學出版社，1988年。

孫翊剛主編，陳光焱副主編：《中國賦稅史》，北京：中國稅務出版社，2003年。

徐中舒：《左傳選》，北京：中華書局，1963年。

徐中舒：《先秦史十講》，北京：中華書局，2009年。

徐復觀：《兩漢思想史》，上海：華東師範大學出版社，2002年。

徐復觀：《周秦漢政治社會結構之研究》，臺北：臺灣學生書局，1975年。

徐復觀：《徐復觀論經學史二種》，上海：上海書店出版社，2002年。

晁福林：《先秦社會形態研究》，北京：北京師範大學出版社，2003年。

晁福林：《春秋戰國的社會變遷》，北京：商務印書館，2011年。

晁福林：《夏商西周的社會變遷》，北京：中國人民大學出版社，2010年。

晁福林：《夏商西周社會史》，北京：北京師範大學出版社，2010年。

袁行霈、嚴文明、張傳璽、樓宇烈：《中華文明史》第 1 卷，北京：北京

大學出版社，2006 年。

馬承源：《商周青銅器銘文選（三）》，北京：文物出版社，1988 年。

張正明：《楚史》，武漢：湖北教育出版社，1995 年。

張亞初：《殷周金文集成引得》，北京：中華書局，2001 年。

張長壽、殷瑋璋主編，中國社會科學院考古研究所編：《中國考古學·兩周卷》，北京：中國社會科學出版社，2004 年。

張廣志、李學功：《三代社會形態──中國無奴隸社會發展階段研究》，西安：陝西師範大學出版社，2001 年。

張鶴：《〈國語〉研究》，北京：學苑出版社，2013 年。

梁方仲：《中國歷代戶口、田地、田賦統計》，北京：中華書局，2008 年。

梁啟超：《要籍解題及其讀法》，臺北：華正書局，1974 年。

章炳麟：《春秋左傳讀》，臺北：學海出版社，1984 年。

許秀霞：《左傳職官考述》，臺北：花木蘭文化出版社，2009 年。

許倬雲：《西周史（增訂本）》，北京：三聯書店，1995 年。

許倬雲：《求古編》，臺北：聯經出版事業公司，1994 年。

郭錫良：《漢字古音手冊》，北京：北京大學出版社，1986 年。

陳克炯：《左傳詳解詞典》，鄭州：中州古籍出版社，2004 年。

陳茂同：《中國歷代官事十論》，北京：昆侖出版社，2013 年。

陳恩林：《先秦軍事制度研究》，長春：吉林文史出版社，1991 年。

陳振中：《先秦手工業史》，福州：福建人民出版社，2009 年。

陳偉：《戰國楚簡地名輯證》，武漢：武漢大學出版社，2010 年。

陳槃：〈春秋大事表列國爵姓及存滅表譔異（下一）〉，《中央研究院歷史語言研究所集刊》第 28 本冊上（臺北：中央研究院歷史語言研究所，1956 年），頁 393-440。

陳槃：〈春秋大事表列國爵姓及存滅表譔異（中）〉，《中央研究院歷史語言研究所集刊》第 27 本，臺北：中央研究院歷史語言研究所，1956 年。

程濤平：《楚國農業及社會研究》，武漢：湖北教育出版社，2012 年。

童書業著，童教英校訂：《春秋左傳研究（校訂本）》，北京：中華書

局，2006 年。

黃聖松：《《左傳》國人研究》，臺中：天空數位圖書有限公司，2013
　　　年。

黃懷信、張懋鎔、田旭東著，李學勤審定：《逸周書彙校集注》，上海：
　　　上海古籍出版社，1995 年，據《四部叢刊》影印明嘉靖二十二年
　　　〔1543〕四明章檗校刊本為底本點校排印。

黃寶實：《中國歷代行人考》，臺北：臺灣中華書局，1969 年。

楊伯峻：《春秋左傳注》，北京：中華書局，2000 年。

楊伯峻：《春秋左傳詞典》，臺北：漢京文化事業公司，1987 年。

楊寬：〈論西周金文中「六𨺈」、「八𨺈」和鄉遂制度的關係〉，原載
　　　《考古》1964 年第 8 期（1964 年 8 月），頁 414-419；收入氏著：
　　　《楊寬古史論文選集》，上海：上海人民出版社，2003 年。

楊寬：《中國古代都城制度史研究》，上海：上海古籍出版社，1993 年。

楊寬：《古史新探》，北京：中華書局，1965 年。

楊寬：《先秦史十講》，上海：復旦大學出版社，2006 年。

楊寬：《西周史》，臺北：臺灣商務印書館，1999 年。

萬國鼎：《中國田制史》，北京：商務印書館，2011 年。

葛志毅：《周代分封制度研究》，哈爾濱：黑龍江人民出版社，2004
　　　年。

蒙文通：《經史抉原》，成都：巴蜀書社，1995 年。

趙世超：《周代國野關係研究》，臺北：文津出版社，1993 年。

銀雀山漢墓竹簡整理小組：《銀雀山漢墓竹簡・孫子兵法》，北京：文物
　　　出版社，1976 年。

劉師培著，鄔國義、吳修藝編校：《劉師培史學論著選集》，上海：上海
　　　古籍出版社，2006 年。

劉國進：《中國上古圖書源流》，北京：新華出版社，2003 年。

劉敘杰：《中國古代建築史・第 1 卷・原始社會、夏、商、周、秦、漢建
　　　築》，北京：中國建築工業出版社，2009 年。

潘英：《中國上古國名地名辭彙及索引》，臺北：明文書局，1986 年。

衛聚賢：《古史研究》第 1 集，上海：新月書店，1928 年。

聶石樵：《先秦兩漢文學史稿》，北京：北京師範大學出版社，1994 年。

魏嵩山：《中國歷史地名大辭典》，廣州：廣東教育出版社，1995 年。

譚其驤：《中國歷史地圖集》，臺北：曉園出版社，1991 年。

顧德融、朱順龍：《春秋史》，上海：上海人民出版社，2001 年。

顧頡剛：《中國上古史研究講義》，臺北：洪葉文化事業出版公司，1994 年。

顧頡剛：《史林雜識初編》，北京：中華書局，1963 年。

## 三、單篇論文（以姓氏筆畫排序）

于琨奇：〈井田制、爰田制新探〉，《安徽師大學報（哲學社會科學版）》1986 年第 3 期（1986 年 6 月），頁 59-68。

中國科學院考古研究所洛陽發掘隊著：〈洛陽澗濱東周城址發掘報告〉，《考古學報》1959 年第 2 期（1959 年 6 月），頁 15-43、133-150、180-182。

日本・大西克也：〈試論新蔡楚簡的「逑（遂）」字〉，《古文字研究》第 26 輯（2006 年 11 月），頁 270-274。

日本・江村治樹：〈春秋・戰國・秦漢時代の都市の規模と分布〉，《名古屋大學文學部研究論集・史學》44 號（1998 年 3 月），頁 79-121。

日本・佐原康夫撰，趙叢蒼摘譯：〈春秋戰國時代的城郭〉，《文博》1989 年 6 期（1989 年 12 月），頁 42-49。

日本・原宗子：〈『左伝』所述「爰田」考：環境史の立場から〉，《史學》84 卷 1-4 號（2015 年 4 月），頁 287-305。

日本・曾我部靜雄：〈周禮の鄉・遂と稍・縣・都について：卷頭言にかえて〉，《集刊東洋學》50 号（1983 年 10 月），頁 1-3。

王秀臣、陳彥輝：〈春秋城邦社會特徵簡論〉，《哈爾濱工業大學學報（社會科學版）》2004 年第 1 期（2004 年 2 月），頁 78-82。

王暉：〈從數詞組合方式的演變看先秦古籍的斷代問題〉，《唐都學刊》1996 年第 4 期，頁 62-67。

史建群：〈試論晉「作爰田」及其影響〉，《河南大學學報（哲學社會科

學版）》1984 年第 4 期（1984 年 8 月），頁 65-71。

田昌五：〈談臨沂銀雀山竹書中的田制問題〉，《文物》1986 年第 2 期
　　（1986 年 3 月），頁 57-62。

曲英杰：〈禹畫九州考〉，收入唐曉峰主編：《九州》第 3 輯，北京：商
　　務印書館，2003 年，頁 14-33。

余永梁：〈〈柴誓〉的時代考〉，收入顧頡剛主編：《古史辨》第 2 集，
　　臺北：藍燈文化事業公司，1993 年，頁 75-81。

吳九龍：〈銀雀山漢簡齊國法律考析〉，《史學集刊》1984 年第 4 期
　　（1984 年 12 月），頁 14-20。

宋煥文：〈從應山春秋墓看楚三關的地位和作用〉，《江漢考古》1987 年
　　第 3 期（1987 年 10 月），頁 40-46。

宋煥文：〈從應山春秋墓看楚三關的地位和作用〉，《江漢考古》1987 年
　　第 3 期（1987 年 10 月），頁 40-46。

李自智：〈東周列國都城的城郭形態〉，《考古與文物》1997 年 3 期
　　（1997 年 5 月），頁 69-75。

李自智：〈略論中國古代都城的城郭制〉，《考古與文物》1998 年 2 期
　　（1998 年 3 月），頁 60-66。

李根蟠：〈從銀雀山竹書〈田法〉看戰國畝產和生產率〉，《中國史研
　　究》1999 年第 4 期（1999 年 11 月），頁 28-35。

李隆獻：〈晉作「爰田」、「州兵」蠡論〉，《臺大中文學報》第 3 期
　　（1989 年 12 月），頁 431-464。

李零：〈中國古代居民組織兩大類型及其不同來源——春秋戰國時期齊國
　　居民組織試析〉，原載《文史》第 28 輯，北京：中華書局，1987
　　年，頁 59-75；收入氏著：《待兔軒文存・讀史卷》，桂林：廣西師
　　範大學出版社，2011 年。

杜正勝：〈關於周代國家型態的蠡測——「封建城邦」說芻議〉，《中央
　　研究院歷史語言研究所集刊》第 57 本第 3 分（1986 年 9 月），頁
　　465-498。

杜正勝：〈關於齊國建都與齊魯故城的討論（上）〉，《食貨月刊》第 14
　　卷第 7 期（1984 年 11 月），頁 11-20。

杜正勝：〈關於齊國建都與齊魯故城的討論（下）〉，《食貨月刊》第 14 卷第 8 期（1984 年 11 月），頁 25-33。

杜勇：〈關於春秋時代晉縣的性質問題〉，《天津師範大學學報（社會科學版）》2009 年第 1 期（2009 年 1 月），頁 41-45。

肖夢龍：〈淹城吳都考〉，《東南文化》1996 年第 2 期（1996 年 6 月），頁 117-121。

周長山：〈漢代的城郭〉，《考古與文物》2003 年 2 期（2003 年 3 月），頁 45-55。

周蘇平：〈周代國家形態探析〉，收入陝西歷史博物館編：《第二次西周史學術討論會論文集》，西安：陝西人民教育出版社，1993 年 6 月。

林甘泉：〈中國封建土地所有制的形成〉，《歷史研究》1963 年第 1 期（1963 年 2 月），頁 95-116。

林甘泉：〈從《左傳》看中國古代城邦的政治體制〉，《中國社會科學院研究生學報》1998 年第 6 期（1998 年 11 月），頁 20-29。

林志方：〈淹城早期歷史探秘〉，《江蘇地方志》2010 年第 6 期（2010 年 12 月），頁 29-31。

河南省博物館新鄭工作站、新鄭縣文化館：〈河南新鄭鄭韓故城的鑽探和試掘〉，收入文物編輯委員會編：《文物資料叢刊》第 3 輯，北京：文物出版社，1980 年。

邵毅平：〈《國語》的作者與時代〉，《圖書館雜誌》2004 年第 4 期（2004 年 4 月），頁 73-76、56。

金景芳：〈由周的徹法談到「作州兵」、「作丘甲」等問題〉，《吉林大學社會科學學報》1962 年第 1 期（1962 年 3 月），頁 91-102。

胡阿祥：〈「芒芒禹跡，畫為九州」述論〉，收入唐曉峰主編：《九州》第 3 輯，北京：商務印書館，2003 年。

胡家聰：〈〈乘馬〉著作時代考析——兼與竹書〈田法〉比較〉，《管子學刊》1992 年第 2 期（1992 年 7 月），頁 3-5。

胡新生：〈西周春秋時期的國野制與部族國家形態〉，原載《文史哲》1985 年第 3 期（1985 年 4 月），頁 57-65；收入文史哲編輯部編：

《早期中國的政治與文明》，北京：商務印書館，2011 年。

胡新生：〈西周春秋時期的國野制與部族國家形態〉，原載《文史哲》
　　　1985 年第 3 期（1985 年 4 月），頁 57-65；收入文史哲編輯部編：
　　　《早期中國的政治與文明》，北京：商務印書館，2011 年。

夏經林：〈論《國語》的編纂〉，《中國史研究》2005 年第 4 期（2005 年
　　　11 月），頁 17-26。

孫海波：〈《國語》真偽考〉，《燕京學報》第 16 期（1934 年 12 月），
　　　頁 161-167。

孫曉春：〈中國古代國家形成問題初論〉，收錄於吉林大學古籍整理研究
　　　所編：《吉林大學古籍整理研究所建所十五周年紀念文集》，長
　　　春：吉林大學出版社，1998 年。

徐中舒：〈試論周代田制及其社會性質──并批判胡適井田觀點和方法的
　　　錯誤〉，原載《四川大學學報（哲學社會科學版）》1995 年第 2 期
　　　（1955 年 5 月），頁 51-90；收入氏著：《徐中舒歷史論文選
　　　輯》，北京：中華書局，1998 年。

徐杰令：〈試論先秦鄉官制度〉，《求是學刊》2000 年第 2 期（2000 年 3
　　　月），頁 113-118。

徐衛民：〈秦都咸陽城郭之再研究〉，《文博》2003 年 6 期（2003 年 11
　　　月），頁 70-74。

袁廣闊、曾曉敏：〈論鄭州商城內城和外郭城的關係〉，《考古》2004 年
　　　3 期（2004 年 3 月），頁 2、59-67。

馬先醒：〈中國古代城郭形制考述〉，《簡牘學報》8 期（1979 年 11
　　　月），頁 1-108。

馬良民：〈試論戰國都城的變化〉，《山東大學學報》1988 年第 3 期
　　　（1988 年 9 月），頁 18-24、17。

張永路：〈《國語》作者與年代問題綜論──以開放文本為分析視角〉，
　　　《經學研究集刊》第 9 期（2010 年 10 月），頁 223-238。

張玉勤：〈晉作州兵探析〉，《山西師大學報（社會科學版）》1985 年第
　　　1 期（1985 年 4 月），頁 75-79。

張居三：〈《國語》的史料來源〉，《哈爾濱學院學報》第 27 卷第 12 期

（2006 年 12 月），頁 89-94。

張金光：〈從銀雀山竹書〈田法〉等篇中看國家授田制〉，《管子學刊》
　　1990 年第 4 期（1990 年 12 月），頁 54-58。

張國碩、王瓊：〈史前夏商城址城郭之制分析〉，《中原文物》2014 年 6
　　期（2014 年 12 月），頁 12-16、53。

張國碩：〈試析洹北商城之城郭佈局：兼談大城城垣的建造〉，《考古與
　　文物》2015 年 4 期（2015 年 8 月），頁 35-39。

張榮明：〈《周禮》國野、鄉遂組織模式探原〉，《史學月刊》1998 年第
　　3 期（1998 年 5 月），頁 2-8。

張樂時、文旭東：〈西周至春秋基層組織的歷史考察——鄉、里〉，收入
　　夏毅輝等：《中國古代基層社會與文化研究》，湘潭：湘潭大學出
　　版社，2012 年。

張樂時：〈中國早期形態的基層社會組織的衍生〉，收入夏毅輝等：《中
　　國古代基層社會與文化研究》，湘潭：湘潭大學出版社，2012 年。

張懷通：〈先秦時期的基層組織——丘〉，《天津師大學報（社會科學
　　版）》2000 年第 1 期（2000 年 2 月），頁 35-39、49。

梁雲：〈戰國都城形態的東西差別〉，《中國歷史地理論叢》21 卷 4 輯
　　（2006 年 10 月），頁 124-136。

陳恩林：〈談中國古代國家形成的道路及特點〉，《河南大學學報（社會
　　科學版）》2003 年第 4 期（2003 年 7 月），頁 15-18。

陳偉：〈包山楚簡所見邑、里、州的初步研究〉，《武漢大學學報（哲學
　　社會科學版）》1995 年第 1 期（1995 年 1 月），頁 90-98。

陳習剛：〈「義陽三關」的演變與地位〉，《信陽師範學院學報（哲學社
　　會科學版）》2004 年第 2 期（2004 年 2 月），頁 110-114。

傅道彬：〈春秋：城邦社會與城邦氣象〉，《北方論叢》2001 年第 3 期
　　（2001 年 5 月），頁 4-17。

彭適凡、李本明：〈三城三河相套而成的古城典型——江蘇武進春秋淹城
　　個案探析〉，《考古與文物》2005 年第 2 期（2005 年 3 月），頁
　　43-51。

黃啟標：〈試論春秋戰國的商業對中國古代城市發展的影響〉，《廣西教

育學院學報》1999 年第 5 期（1999 年 10 月），頁 1-6。

黃聖松：〈《左傳》「州」芻議──兼論「作州兵」〉，《成大中文學報》第 55 期（2016 年 12 月），頁 1-50。

黃聖松：〈《左傳》「役人」考〉，《文與哲》第 18 期（2011 年 6 月），頁 81-104。

黃聖松：〈《左傳》「役人」續考〉，《文與哲》第 20 期（2012 年 6 月），頁 1-40。

黃聖松：〈《左傳》「郊」考〉，《文與哲》第 25 期（，2014 年 12 月），頁 131-182。

黃聖松：〈《左傳》「郭」、「郛」考〉，《臺大中文學報》第 42 期（2013 年 10 月），頁 53-112。

黃聖松：〈《左傳》「輿人」考〉，《文與哲》第 6 期（2005 年 6 月），頁 35-68。

黃聖松：〈《左傳》綴以「隧」字地名與「鄉遂」制度蠡測〉，《文與哲》第 31 期（2017 年 12 月），頁 53-100。

黃聖松：〈先秦一國多名現象芻議──兼論曾、隨二名之關係〉，《中國文哲研究集刊》第 45 期（2014 年 9 月），頁 1-50。

黃錫全：〈楚武王「郢」都初探──讀清華簡《楚居》札記之一〉，收入清華大學出土文獻研究與保護中心：《清華簡研究‧第 1 輯：清華大學藏戰國竹簡（壹）國際學術研討會論文集》，上海：中西書局，2012 年。

楊兆榮：〈銀雀山竹書田法同於李悝田法──與田昌五先生商榷〉，《思想戰線》1996 年第 3 期（1996 年 6 月），頁 87-94。

楊寬：〈商代的別都制度〉，《復旦學報》1984 年第 1 期（1984 年 1 月），頁 38、81-86；收入氏著：《楊寬古史論文選集》，上海：上海人民出版社，2003 年。

群立：〈臨淄齊國故城勘探紀要〉，《文物》1972 年第 5 期（1972 年 5 月），頁 45-54。

趙世超：〈論早期國家〉，收入陝西歷史博物館編：《第二次西周史學術討論會論文集》，西安：陝西人民教育出版社，1993 年。

劉文強：〈再論「作爰田」〉，原載《中山人文學報》第 3 期（1995 年 4
　　月），頁 1-19；收入氏著：《晉國伯業研究》，臺北：臺灣學生書
　　局，2004 年。

劉文強：〈封與封人〉，原載《慶祝龍宇純先生七秩晉五壽慶論文集》，
　　臺北：臺灣學生書局，2002 年；收入氏著：《晉國伯業研究》，臺
　　北：臺灣學生書局，2004 年。

劉文強：〈爰田與州兵〉，原載《大陸雜誌》第 83 卷第 2 期（1991 年 8
　　月），頁 28-35；收入氏著：《晉國伯業研究》，臺北：臺灣學生書
　　局，2004 年。

劉起釪：〈〈禹貢〉寫成年代與九州來源諸問題探研〉，收入唐曉峰主
　　編：《九州》第 3 輯，北京：商務印書館，2003 年。

劉暉：〈中國古都宮、城、郭、國的位置與朝向關係初探〉，《古建園林
　　技術》2002 年 3 期（2002 年 9 月），頁 19-22。

劉節：〈《左傳》、《國語》、《史記》之比較研究〉，《中華文化復興
　　月刊》第 13 卷第 2 期（1980 年 2 月），頁 10-22。

劉學勇：〈春秋聚居考〉，《管子學刊》1997 年第 3 期（1979 年 9 月），
　　頁 90-93。

鄭紹昌：〈秦以前中國農業勞動生產率的初步估計〉，《中國社會經濟史
　　研究》1985 年第 1 期（1985 年 4 月），頁 1-8。

韓連琪：〈西周的土地所有制和剝削型態〉，原載《中華文史論叢》1979
　　年第 1 輯（1979 年 1 月），頁 81-102；收入氏著：《先秦兩漢史論
　　叢》，濟南：齊魯書社，1986 年。

韓連琪：〈周代的軍賦及其演變〉，原載《文史哲》1980 年第 3 期（1980
　　年 3 月），頁 3-14；收入氏著：《先秦兩漢史論叢》，濟南：齊魯
　　書社，1986 年。

羅運環：〈論包山楚簡中的楚國州制〉，《江漢考古》1991 年第 3 期
　　（1991 年 7 月），頁 75-78。

譚家健：〈《國語》的成書時代和作者問題〉，《河北師範學院學報》
　　1985 年第 2 期（1985 年 5 月），頁 6-14；收入氏著：《先秦散文藝
　　術新探》，北京：首都師範大學出版社，1995 年。

顧久幸：〈楚國地方基層行政機構探討〉，《江漢論壇》1993 年第 7 期
　　　（1993 年 5 月），頁 58-60。

## 四、學位論文（以姓氏筆畫排序）

趙世超：《周代國野關係研究》，成都：四川大學中國文學系博士論文，
　　　1988 年。
劉文強：《論《左傳》之「作爰田」「作州兵」與「被廬之蒐」》，香
　　　港：香港大學博士論文，1994 年。

國家圖書館出版品預行編目資料

《左傳》空間地域與行政區劃析論

黃聖松著. – 初版. – 臺北市：臺灣學生，2022.12
面；公分

ISBN 978-957-15-1895-4 (平裝)

1. 左傳 2. 研究考訂

621.737                                    111013763

《左傳》空間地域與行政區劃析論

著　作　者　黃聖松
出　版　者　臺灣學生書局有限公司
發　行　人　楊雲龍
發　行　所　臺灣學生書局有限公司
地　　　址　臺北市和平東路一段 75 巷 11 號
劃　撥　帳　號　00024668
電　　　話　(02)23928185
傳　　　眞　(02)23928105
E - m a i l　student.book@msa.hinet.net
網　　　址　www.studentbook.com.tw
登記證字號　行政院新聞局局版北市業字第玖捌壹號
定　　　價　新臺幣四○○元
出　版　日　期　二○二二年十二月初版
I　S　B　N　978-957-15-1895-4